베트남
모르고 가면
큰코다친다

베트남 모르고 가면 큰코다친다

초판 1쇄 인쇄   2008년 10월 4일
초판 1쇄 발행   2008년 10월 9일

지 은 이   이창근
펴 낸 이   손형국
펴 낸 곳   (주)에세이퍼블리싱
출판등록   2004. 12. 1(제315-2008-022호)

주   소   157-857 서울특별시 강서구 방화3동 822-1 화이트하우스 2층

홈페이지   www.essay.co.kr
전화번호   (02)3159-9638~40
팩   스   (02)3159-9637

ISBN 978-89-6023-198-6 03810

이 책의 판권은 지은이와 (주)에세이퍼블리싱에 있습니다.
내용의 일부와 전부를 무단 전재하거나 복제를 금합니다.

베트남
모르고 가면
큰 코 다친다

이창근 지음

작가의 말

그간 조선일보 통달인 클럽에서 무역통을 맡아서 몇 년간 진행해 오면서 세계 각국에 있는 무역인과 소통을 하며 보람 있는 시간을 보냈습니다. 제 자신 무역에 대한 공부도 많이 하게 되었고 제 지식을 무역학도들과 공유하기도 했습니다. 나 때문에 인생의 항로를 바꾸신 분들도 있었습니다. 많은 분들이 책을 내라고 말씀하였으나 미루고 있다가 이제야 발간하게 되었습니다.

베트남은 음기가 가득한 나라라고 합니다. 그래서인지 베트남에 온 남자들은 다시 베트남을 찾게 되고 실제로 베트남의 여인들이 2만 여명 한국으로 시집갔습니다. 한국인들끼리 결혼을 해도 서로를 이해하지 못해 이혼을 하는데 하물며 의사소통이 잘 되지 않는 이국인들끼리 결혼했으니 어찌 문제가 없지 않겠습니까? 그래도 결혼인구가 점점 늘어나므로 이제 한국과 베트남은 사돈의 나라가 되어가고 있습니다.

실제로 베트남은 NEXT CHINA 라고 하듯이 한국기업들에게 중국의 대안으로 떠오르고 있습니다. 저임금을 활용하기 위해 중국으로 투자했던 기업들은 이제 중국에서 견디지 못 하고 중국을 떠나가고 있습니다. 베트남이 기회의 나라라고 생각하고 1,500개 이상의 기업들이 정식으로 투자했고 그 보다 훨씬 많은 기업들이 현지인 명의로 사업을 벌이고 있습니다. 베트남은 여러모로 중국을 닮아가고 있기 때문에 언젠가는 어디로 떠나야할지 고민하게 될 기업들도 많이 생겨날 것입니다.

2006년에 몰아친 부동산과 증권의 붐으로 열심히 일하는 사람들이 바보처럼 느껴지고 실제로 마음이 들떠 열심히 일하지 않는 베트남인들이 많이 생겨났으나 이제야 정신들을 차리고 있습니다. 세계적인 불황의 여파가 베트남에도 들이닥쳤으나 외국인들은 더 투자하는 반면에 한국의 투자는 많이 줄어들고 있습니다. 투자 1위국에서 이제 4위국을 지키기도 힘든 상태가 되었습니다. 위기를 기회로 삼는 여유가 한국인들에겐 부족하다는 생각을 하게 됩니다. 그래도 내년에는 교민수가 10만 명 가까이 될 것이고 한국에 사는 베트남교민도 5만 명이 넘어설 것입니다.

필자는 18년을 베트남에 살면서 헐벗은 베트남에서 싱싱하게 세련되어가는 베트남을 목격한 몇 안 되는 외국인 중의 한 사람이 되었습니다. 긴 머리의 베트남 여인들이 파리의 여인들처럼 세련되어 가는 과정을 보면서 그리고 성공한 교민들보다 실패한 교민들이 훨씬 많은 아픔을 눈 여겨 보면서 스케치를 하듯 베트남의 전경을 그려보았습니다. 이 책이 베트남을 방문하거나 투자하는 사람들에게는 아오자이 속이 어떤지 알게 되는 계기가 되고 베트남에 사는 분들에게는 베트남에 산 시간들을 되돌아보고 공감하는 계기가 되었으면 좋겠다는 바람입니다.

끝으로 이 책이 나오도록 물심양면으로 지원해 준 서울 고등학교 이상갑 후배와 (주)에세이퍼블리싱 관계자 여러분께 감사드립니다.

2008년 9월
이창근

contents

1부
사업 이야기

- 10년 만의 승소　10
- 후진국과의 무역　15
- 채권과 채무　19
- 무역의 시작　22
- 도망자를 위하여　25
- 신용장　29
- 색즉시공 공즉시색　34
- 한 우물을 파라　40
- 수출 2000억불　44
- 셀러와 바이어　49
- 분쟁의 해결법　54
- 촌놈 마라톤　58
- 베트남의 무역과 투자환경　62
- 동업의 한계　66
- 베트남 비즈니스 추진상의 주의사항　72
- 2008년 베트남 투자환경　76

2부
베트남 이야기

- 베트남의 여인들 1　84
- 베트남의 여인들 2　88
- 베트남의 여인들 3　93
- 조폭과의 대결　95
- 오토바이 이야기　101
- 사랑이 뭐길래　104
- 프놈펜과 호찌민　107
- 졸부이야기　110
- 윗물은 맑아도 아랫물은…　114
- 베트남인과 베트남시장의 특성　119
- 베트남의 한류　123
- 베트남의 보통사람들　128
- 베트남을 아시나요?　132

3부
골프 그리고 인생 이야기

행운을 부르는 법 138
인간만사 새옹지마 142
소통과 꼴통 147
생활의 발견 152
미워도 다시 한 번 156
경험주의 철학 161
첫 단추 165
잃어버린 나를 찾아서 169
중독 173
골프와 인생 176
원칙과 타협 180
육체적인가 정신적인가 184
이기고 싶은가? 188
기본기와 이미지 193
프로와 아마추어 197

4부
교민사회 이야기

용감한 사람들 204
룰에 대하여 209
The Good, The Bad and The Ugly 213
부활 217
황 사장 바람났네! 221
이해와 오해 225
개인과 단체 230
한국의 청년실업자 어디로 가야 하나? 234
초대장 238
지선을 위한 소통 243
베트남 교민사회 247
동상이몽 252

1부 사업 이야기

Socialist Republic of Vietnam

10년 만의 승소

　베트남의 법정은 우리가 영화에서 보던 중세 프랑스풍을 연상케 하는데 다만 다른 것은 판사들이 가발을 쓰지 않고 양복을 입고 있고 검사(서방의 검사와는 좀 다른 기구이지만)는 열차 검표원들이 입는 제복 비슷한 것을 입고 있으며 변호사들은 검사와 동열에 있지 못하고 피고석이나 방청석과 동열에 낮게 위치하여 있다. 한마디로 변호사들 끗발이 없는 나라다. 변호사들에게 의뢰하면 고작 순경정도와 내고 하는 수준이니까 변호사들이 해결하는 건은 명백한 사실이 아니면 어렵다.
　명백한 사실이더라도 상대가 정부이거나 거물이면 힘들다. 일생을 살면서 송사에 휘말리지 않고 순탄하게 살아가는 것도 하나의 복이니 가난하다고 한탄 말고 기초생활이 보장되면 감사하며 살아가자. 사업을 하다보니까 본의 아니게 송사에 참여하게 되었는데 그래서 이렇게 타국에서 10년간 송사를 벌이다 마침내 극적으로 승소했다. 혼자 간직하고 지내기에는 너무 무겁고 좀 아쉬운 면이 있어 투고하여 독자 여러분들과 기쁨과 슬픔을 함께 나누고자 한다.

　1990년 경영하던 회사에서 베트남으로 나무젓가락을 만드는 기계를 수출하였는데 수출대금은 약 13만 불이었다. 신용장을 받아 수출한 건인데 수출대금을 지불하지 않고 몇 달을 끌더니 호찌민시 옆 동네인 동나이의 국영회사인 바이어 회사에서 마침내 4달에 걸쳐 분납하겠다는 확약서를 보내왔다. 기계는 이미 통관

해 갔고 수출대금은 6개월이 지나도록 지불하지 않았으니 상식을 벗어난 수출입이 횡행하던 시대였다. 신용장의 개념이 중국, 러시아, 베트남 등 공산주의 지역의 것은 모두 휴지에 불과한 시대였다.

요즈음의 베트남 신용장은 많이 개선되어 믿을만하나 10년 전만 해도 신용장자체의 의미를 모르는 것 같았다. 20여 년간 무역하면서 이런 황당한 경험은 처음이었다. 신용장 거래에서는 은행이 지불의무가 있으며 지불하지 않으려면 선적서류를 네고은행으로 되돌려 보내야 하는데 선적서류는 바이어에게 주어버렸고 바이어는 그 선적서류로 통관해서 물건을 찾아갔다. 여기까지는 후진국 은행에서는 가끔 일어나는 일이다.

그러나 베트남에서 저명한 은행인 VIETCOM BANK VUNGTAU 지점에서는 바이어와 야합하여 서류를 내주고도 한국의 부산은행 강남지점으로 몇 달 간 지불하지 않았다. 나의 거래은행인 강남지점에서는 베트남 은행에 서류를 돌려보내든지 지불하든지 하라고 했으나 묵묵부답이었으니 베트남 은행의 당시 신용도는 말을 하지 않아도 다 알 것이다.

베트남 은행에서는 바이어에게 심한 독촉을 했다. 그래서 바이어는 은행에 4번에 걸쳐 지불하겠다는 확약서를 제출했고 은행에서는 바이어가 이렇게 지불약속을 했으니 좀 기다렸다가 약속날짜에 받아가라고 해서 통보해 왔다.

그러나 약속 날짜가 되어도 지불하지 않아 베트남에 있는 대리인에게 지불하도록 독촉하고 결과를 알려달라고 했다. 그런데 그 베트남 사람은 바이어와 짜고 반만 주면 해결하도록 하겠다고 모의하여 13만 불의 반인 6만 5천불을 받아갔다. 베트남 사람들의 특성은 거짓말을 잘하면서 거짓말에 대한 죄의식이 없다. 그리고 그 거짓말에 대한 증거가 나타날 때까지는 절대로 자백하지 않는다.

1991년 베트남에 출장 와서 그 대리인(Mr. Manh)에게 지불관계는 어떻게 되었느냐고 물었더니 아직 못 받았다고 하기에 그럼 같이 동나이에 가보자고 했더니 자기는 바빠서 갈수 없다고 했다. 통역을 하나 데리고 그 회사에 가보았더니 Mr. Manh에게 이미 지불했고 자기들은 이제 지불의무가 없다고 했다. 원 세상에! 은행으로 지불해야할 돈을 Mr. Manh의 지정구좌(모 자선단체)로 송금하고 모 자선단체 회장과 나누어 가졌던 것 같았다.

그래도 희한한 것은 Mr. Manh이 도망가지 않고 나를 만나서 20,000불만 줄 테니 없던 것으로 하자고 뻔뻔히 나와 대좌하고 말했다. 한국사람 같으면 벌써 도망갔을 터인데 많은 베트남 사람들이 이런 식이다. 실컷 쥐어박고 싶었지만 때렸다간 도로 코너에 몰릴 것이 뻔 한 사실이므로 참았다. 해결하기 위해서 유명변호사에게 의뢰하는 등 별짓을 다해보았지만 결과는 가재는 게편이라고 모든 베트남 사람들이 한편이라는 사실을 몇 년 후에야 깨달았다. 외국인(부르조아) 돈을 빼앗아서 인민들이 나누어 가지는 것이 무슨 죄냐는 이론일 것이다.

그 당시 13만 불은 내 회사 월 매출액의 10%도 되지 않았으므로 이것만 해결하려고 남아 있을 수도 없는데다가 다른 베트남 수출건 60여만 불도 지불되지 않아 회사가 흔들리기 시작했다. 설상가상으로 동구로 수출하기로 되었던 아크릴 양말 700여만 불어치도 원자재 파동, 노사분규 등으로 100만 불도 수출 못하고 손들고 말았다. 732만 불의 신용장은 오스트리아 바이어가 개설한 한 장짜리 깨끗한 신용장이었는데 선적하면 할수록 적자가 나서 바이어에게 정중히 사과하고 신용장을 돌려주었다.

　우여곡절 끝에 회사를 정리하고 Mr. Manh을 사냥하러 베트남으로 왔다. 1991년부터 3년간 고생한 끝에 Manh과 자선단체 회장인 그 아줌마를 감옥에 넣는데 성공했다. 와중에 경찰서를 통하여 받아낸 돈이 10,000여 불이었으나 그 악당 두 사람은 수의를 입고 법정에 섰고 여러 신문에서 이 사실을 보도했다.

　그 후 그 아줌마는 빽이 좋아선지 실제 혐의가 벗어진 것인지 몰라도 2심 재판에서 석방되었고 Manh은 16년 선고를 받고 아직도 복역 중이다. 동시에 바이어 회사를 상대로 소송을 했었으나 호찌민 법정에서는 Manh의 사건이 종결 되는대로 바이어회사를 입건하기로 했다. Manh의 사건이 종결나자 호찌민 법원에서는 소관을 동나이 법정으로 이관하였다.

　몇 년 간 동나이 법정으로 쫓아다녔는데 동나이 법원은 사건자체를 접수하기를 거부했다. 그러나 계속 쫓아다니며 귀찮게 했더니 민사로 돌리면 접수해주겠다고 하여 할 수 없이 민사로 돌렸다. 그랬더니 법원에서 바이어 회사가 망했기때문에 인민위원회로 고소하라고 했다. 그렇게 했더니 또다시 아직 회사가 아직 살아있으니 그 회사로 고소하라고 해서 또 그렇게 했다.

　그러나 결국 패소했다. 바이어 회사는 인민위원회 산하 회사이고 동나이 법원은 누구 편을 들겠는가? 상소를 하려면 10일 내로 호찌민 법원에 하라고 했다. 또 답답해서 변호사를 찾았다. 어떤 변호사도 이건을 맡으려고 하지 않았고 하노이에서 온 얼치기 변호사 하나가 이 사건을 맡았는데, 중간 중간 돈만 뜯어 가는데 신경을 쓰니 결국 또 외롭게 투쟁하는 수밖에 없었다.

상소를 하고 난 후 재판 날이 잡힐 때마다 나는 변호사 없이 꼬박 꼬박 참석했다. 피고인(현 동나이 인민 위원회 경리부장)은 두 번 참석하지 않다가 세 번째에 참석했는데 나를 볼 때마다 지겨운 넘 쳐다보듯 고개를 절레절레 흔들곤 했다. 그리고 나의 통역에게는 매국노 취급을 하며 야유를 해대곤 했다. 그리고는 이제 마지막이라는 듯 빙글빙글 대고 있었다. 그때가 2001년 7월 어느 날 비가 억수로 내리던 날. 수상에게 편지도 쓰고 아는 사람에게 부탁도 해놓았지만 나는 지칠 대로 지쳐서 마지막 진술 시에는 판사들에게 이렇게 말했다.

"이건으로 인해서 10년간 경찰서, 법원의 출입회수가 100여 회이며, 오늘이 이기든 지든 끝나는 사실만으로 반갑습니다. 사건 당시에는 베트남이 막 개방하던 참이어서 신용장 거래가 무엇인지 몰랐다고 이해되나 이제는 베트남도 국제무대의 한 일원으로서 이 정도의 상식은 갖추었다고 믿습니다. 그러므로 국제법과 상식 그리고 정의를 바탕으로 한 판결을 내려 주십시오."

나는 마이크를 입에 바짝 갖다 대고 큰 법정이 쩌렁쩌렁 울리도록 고함을 치고 있었다. 원고 없이 영어로 마구 지껄이고 난후 통역에게 베트남 말로 통역하도록 했으나 통역은 나와는 반대로 겁먹은 목소리로 통역을 하는데 오히려 죄인같이 기어들어가는 목소리였다. 동족에 대한 반역자 취급을 당하는 듯 했다.

약 1시간 기다린 후 판결문이 나왔다. 피고는 원고에게 65,000

불과 이자를 합쳐 지불하라는 판결이었는데 약 10만 불이 되었다. Mr. Manh이 가져간 65,000불은 Mr. Manh에게 받고 나머지 금액 65,000불과 이자를 지급하라는 판결문이었다. 그리고 5년이 지난 지금까지 피고는 돈을 지급하지 않고 있다.

또 10년을 기다려야 하나?

이 돈 받기 위하여 또 베트남 사람을 써서 받으면 20%를 주기로 했으나 이 친구 아직까지 받아내지 못하고 있다.

이것이 베트남이다. 내가 얻은 소득은 참고 기다리는데 달인이 된 것이다.

후진국과의 무역

요즘 국내 체감 경기가 IMF 때와 마찬가지라고 한다. 정치인들이 잘하지 못하여 경제를 어렵게 만드는 경우가 많다. 그런데 그 정치인들을 뽑은 사람들은 국민들이므로 국민들에게도 책임이 있지 않을까. 그러므로 잘하지 못한 정치인이나 정당은 다음 선거 때까지 기다렸다가 선택하지 말아야 국민들이 피해를 덜 입게 된다.

아무튼 햇볕정책이라고 하면서 국민들 돈으로 북쪽을 밀어주어 평화무드를 조성하려고 했지만 오히려 전쟁 준비를 하게 밀어주는 격이 되었으니 정치에 문외한인 내가 이러쿵저러쿵 할 처지는 아니지만 이미 엎질러진 물이 되어버린 것 같다. 새로운 당선자가 잘 해 나가시겠거니 기대하면서 우리 경제인들은 우리 할 일이나 잘 해 나가야겠다.

　내수 경기를 살리는 첩경은 그래도 무역에 있다고 생각한다. 조그만 나라에서 우물쭈물 거리지 말고 세계 전체를 우리의 시장으로 생각해야 한다. 후진국에다가는 생산 거점을 마련하고 수출을 늘리고 한국에서 경제성이 없는 품목은 수입해서 사용하고 그야말로 세계를 우리의 품안에 안아야 살아남을 수 있지 않을까 생각된다.

　이런 의미에서 오늘은 후진국으로의 수출입에 대하여 살펴보기로 한다.

　후진국으로의 수출에 있어서 가장 사고가 잦은 부분은 대금 결제 부분이다. 그래서 일본의 대부분의 업체에서는 절대 외상을 주지 않는 것으로 유명하다. 신용장도 믿지 않는다. 그저 T/T IN ADVANCE만 주장하고 있다. 그러나 한국의 수출업체들은 모험심이 강하고 상대편을 잘 믿는 관습이 있으며 또한 수출 실적 때문에 혹은 자금의 회전 때문에 불가피하게 USANCE L/C나 D/A 거래를 하는 경우가 있다.

　요즈음의 대기업은 그래도 수출 실적 위주보다는 실리 위주로 많이 선회하여 전체적으로 바람직한 무역을 잘 해나가고 있으며 자체의 연구소 등에서 연구한 분야를 실제 활용해 나가고 있어서 국제 경쟁력과 합리적인 운영으로 우리의 경제를 리드해 나가고 있다고 생각되나 분식 회계 등의 비정상적인 운영으로 국민의 재산을 축내는 문제는 차츰 시정해 나가야 할 과제이다.

문제는 중소기업에 있는데 정부에서는 중소기업 진흥책을 많이 내세우고 있으나 구호에만 그칠 뿐 은행 대출은 대기업에만 편중하고 중소기업에의 대출은 담보 없이는 사실상 불가능하다. 대기업의 부도율보다 당연히 중소기업의 부도율이 훨씬 높기 때문이다. 그러니 막연히 은행만 욕할 일은 아니다.

은행을, 우산이 필요할 때는 우산을 뺏고 우산이 필요 없을 때에는 우산을 빌려주려고 하는 나쁜 집단이라고 욕하는 중소기업 사장들을 많이 보아왔다. 그러나 은행의 입장에서는 어쩔 수 없는 일이 아닌가.

신용으로 대출해 주었다가 부도가 나서 변재하지 못하면 지점장이나 대리 등이 모두 책임을 져야 하니 바꿔 생각하면 그들을 욕할 일만은 아닌 것 같다.

중소기업들은 어쩔 수 없이 자력으로 수출해야 하는데 문제는 자금력의 부족으로 사는 집을 담보로 심지어는 친척집을 담보로 넣고 수출입 전선에 임한다. 벼랑에 서서 배수진을 치고 사업에 임하게 되는데 대체로 여유 자금이 없이 빠듯하게 돌아가기 때문에 클레임 등 한 번의 사고에 치명적인 상처를 입는 경우가 많다.

노름을 하더라도 자금이 많으면 승률이 많게 된다. 포커페이스는 자금 여유가 있을 때 가능하지 자금 여유가 없으면 마음의 여유도 없어지고 감정이 상대편에게 노출될 때가 많게 되어 승률을 기대하기는 힘든 법이다.

후진국으로의 수출은 절대 외상 거래를 해서는 안 되는 법이다. 보통 반은 물건 인수전에 지불하고 나머지는 인수 후 한 달 이내로 결재한다고 하나 거래가 활성화 될 때는 이 약속이 잘 지켜져 나가고 있다가 거래가 불확실해지고 경기가 침체되면 거의 다가 나머지 돈을 지불하지 않는다. 마켓 클레임을 제기하기도 하고 사라져 버리기도 한다.

경기는 항상 호황 다음에 불황이 이어지게 되어 있음을 명심하여야 한다. 그러나 외상 거래가 불가피한 경우에는 후일 문제가 발생할 경우를 대비하여 고소할 서류를 완벽하게 갖추어 놓아야 한다.

후진국으로 부터의 수입은 품질 검사를 잘 해야 한다. 이것은 아무리 강조하여도 지나치지 않는 부분이다. 후진국 사람들과 선진국 사람들의 품질에 대한 척도는 당연히 다를 수밖에 없다. 그러므로 선적 전 INSPECTION 기능을 갖추지 않으면 언제든지 사고를 당하게 되어 있는 법이다.

형편없는 물건을 인수한 후 클레임을 제기해 봐야 십중팔구 지불 받지 못하게 된다. 그러므로 가능하면 후불의 조건을 내세우는 것이 좋다.

후진국 사람들의 속성은 거짓말 잘하고 책임감이 없고 장래를 생각하지 않는다. 이런 사람들과 거래를 할 때에는 눈높이를 낮추어서 같은 수준으로 생각하고 결정하여야 한다.

상식의 기준이 다르기 때문이다. 그래서 계약서 등의 서류는 항상 완벽하게 갖추어 놓아야 사고를 미연에 방지할 수 있다. 상담을 마치고 상담 결과를 피차 사인을 해 놓지 않으면 내가 언제 그랬냐 혹은 그런 의미가 아니었다고 하기가 일쑤다.

후진국과 수출입 상담을 할 때는 통역이 낄 때가 있는데 통역들이 장난칠 때가 많으니 또한 주의해야 할 사항이다. 상담자의 뜻을 제대로 전하지 않고 자기 생각을 반쯤 섞어서 전하여 의도하는 바대로 진행을 못할 경우가 많이 발생하니 통역을 사용할 경우에는 양질을 선택하고 상담 내용을 항상 문서화하는 습관을 가져야 한다.

채권과 채무

사람이 살아가면서 악성채권과 채무가 없다면 일단 성공한 삶이라고 할 수 있을 것이다. 혹자는 돈을 빌려 주고 못 받아서 가슴앓이를 하는가 하면 혹자는 돈을 빌리고 갚지 못해서 쩔쩔 매는 경우가 있을 것이며 양자 모두 걸쳐져 있어서 답답한 사람들도 있을 것이다.

이것이 돈에만 한한 것이 아니라 물건인 경우에도 마찬가지일 것이다. 그래서 사업에서 가장 중요한 파트가 경리부나 관리부이고 채권과 채무 등을 관리하는 부서가 영업부나 생산부보다 더 파워가 있는 것이 아닐까. 필자는 영업부 출신이어서 관리 부분에 약점이 있는 줄도 모르고 무역회사를 80년대 중반에 설립하여 고전 분투한 경험이 있다.

제조업을 겸비한 무역회사가 그렇게 힘든 줄은 정말 몰랐었다.

그것도 전자나 기계류가 아니고 의류를 수출하는 무역회사였으니 더욱 고전할 수밖에 없었다. 의류 수출사업을 넝마장사라고 자조하였을 정도로 참으로 힘든 시절이었다. 그래도 한국 수출의 견인차 역할을 한 것은 섬유 수출이었다. 그러나 그때는 수출한다는 자부심이고 뭐고 생각할 여유조차 없이 하루하루가 급박하게 돌아가고 있었다.

영업 출신인 필자가 오너인 회사에 오더만 받아 주면 직원들이 잘 해 나갈 것이라 착각하고 오더를 많이 받아서 회사에 집어넣었다. 그래서 회사는 날로 성장하면서 보람을 느끼고 있었다. 그러나 고도성장이 결코 좋은 것이 아니라는 것을 깨달았을 즈음에는 이미 여기저기에서 펑크가 나기 시작한 것이다.

원부자재 수급이 잘 되지 않고 생산에 문제가 빈발한 그 즈음에 자금 사정까지 악화되어 가고 있는 것이었다. 더군다나 노사분규로까지 번져나가기 시작하였다. 그 후 늦게나마 깨달은 것이 사장이라는 것이 그렇게 최전선에서 뛰는 것이 아니로구나 하는 것이었다. 오더 받는다고 사장이 해외로 돌아다닐 때 내부는 물이 새고 있었던 것이다. 그래서 장기에 보면 초나 한의 장은 그 테두리를 벗어나지 못하도록 규정지어 놓은 것이리라.

5년 만에 남은 것은 채권과 채무였는데 불행히도 채무가 채권보다 많았고 채권이라는 것은 악성뿐이어서 빚만 잔뜩 짊어진 신세가 되었다. 은행에 저당 잡힌 살고 있는 집을 내어 놓아야 하는 아픔을 맛보기도 했다. 자식들이 길에 나 앉게 되었을 때의 처절한 기분을 어떻게 표현할 수 있을까.

필자가 존경하는 사람들은 정경 유착이 없이 착실히 성공한 기업인이고 가장 부러운 사람들은 안정된 직장의 월급쟁이들이다. 한번 실패한 후 재기한다는 것이 얼마나 힘든 일인가. 그러나 아직 희망을 버리지 않고 열심히 노력하며 살아가고 있다. 채권을 해결하기 위하여 베트남에서 10년을 법정 투쟁하여 승소하였으나 아직 몇 년 간 돈을 받지 못하고 있다. 베트남 집달관 말로는 한국의 대사관에서 집행여부의 공문을 한번 보내면 집행할 수 있다고 귀띔해준다. 그러나 대사관은 다른 업무로 많이 바쁜 모양이다.

만약 이 글을 읽는 독자가 악성채권과 채무가 없는 분이라면 당신은 성공한 삶을 영위하고 있다고 생각해도 좋다. 돈이 많아서 행복한 것이 아니고 채권과 채무가 없거나 균형을 이루고 있을 때 행복한 것이 아닐까.

돈을 빌려 줄 때는 받을 기대는 하지 말고, 돈을 빌릴 때는 확실히 갚을 대안이 있을 때만 빌리는 것이 좋다는 것은 누구나 안다. 그러나 이런 평범한 진리를 지키기는 참 힘든 것이다. 왜냐하면 빌려 줄 때는 저 사람은 틀림없이 갚을 것이라는 착각을 하게 되고 돈을 빌릴 때는 틀림없이 갚을 수 있을 것이라고 생각하고 빌리게 되는 것이기 때문이다.

무역의 시작

해외로 다니다 보면 누구나 무역에 관한 아이디어가 많이 떠오를 것이다. 처음 보는 물건을 보면 저거 한국에 들여가면 잘 팔릴 것인데 혹은 한국산 어떤 제품을 현지에 가져오면 잘 팔릴 것인데 등을 생각할 때가 있을 것이다.

무역이란 쉽게 말해서 사고파는 것인데 국가 간에 이루어지는 교역을 말한다. 그러므로 언뜻 생각하면 어렵게도 느껴지고 또한 쉽게도 느껴진다. 어렵게 느끼는 사람은 실패가 적은데 비해 쉽게 생각하면 큰코다치는 수가 많다. 예상외의 복병이 당신의 목을 따갈지도 모른다.

필자는 대학을 졸업하고 지금까지 줄곧 무역 일에만 종사해 왔지만 아직도 어렵게 느껴진다. 오늘 무역 이야기를 시작하려는 이유는 쉽게 생각하다가 얻어맞고 필자에게 찾아와서 상담하는 사람들이 늘어나기 때문이다.

모든 일이 그렇듯이 시작할 때 사고가 많이 난다. 무식하면 용감하다는 말이 있듯이 무역회사를 거치지 않고 직접 수출입을 하다가 사고가 빈발하는 경우가 많다. 물론 경험이 많으면 구태여 무역회사를 거치지 않고 직접 수출입을 해도 된다. 그러나 경험이 없을 때에는 반드시 전문가들을 찾아가서 상담을 한 후 시작해도 늦지 않을 것이다.

필자가 베트남에 오게 된 동기도 무역을 쉽게 보았다가 한방 맞고 KO되어 베트남에 들어 눕게 된 것이다. 무역의 복병은 형체가 없어 어디에 숨어 있는지 모른다. 전문가들은 예상하여 미리 복병을 피해가면서 피해를 방지하는 것이다.

  필자가 한국에서 한 사업은 섬유 제조 무역업이었다. 주로 선진국에 섬유를 수출하다가 섬유 수출이 채산성이 없어 후진국으로 섬유 기계 수출을 시작하다가 낭패를 본 것이다.

  실패의 요인을 분석해 보았다.

  첫째, 섬유류를 수출하다가 섬유 기계를 처음 수출하면서 섬유 기계에 대한 지식이 부족하였다.

  둘째, 미국, 유럽, 일본 등 선진국으로 수출하다가 후진국으로 처음 수출하였다. 후진국으로 무역하는 것은 선진국보다 리스크가 훨씬 크다는 것을 간과하였다.

  셋째, 물량을 소량으로 시작하여 문제점을 살핀 후 대량 수출을 해야 하는데 처음부터 대량 수출을 하였다. 잽을 맞으면서 시작해야 할 것을 한번에 KO펀치를 맞게 된 것이다.

  이 세 가지만으로도 실패 요인은 충분한 것이다. 그러나 그 때는 정말 몰랐다. 섬유류나 섬유 기계류나 뭐 그게 그거지 또 선진국으로 수출했는데 후진국으로 수출하는 것은 뭐 식은 죽 먹기지 이렇게 쉽게 생각한 것이다. 그리고 신용장을 받고 수출하는데 지들이 돈 안주고 배겨? 이렇게 생각하는 하룻강아지 범 무서운 줄 모르던 때였다. 그 때가 태권도로 말하면 초단 정도 되었을 것이다. 무서운 것이 없고 누구든지 한번 붙어 보고 싶을 때였으니까.

  벼가 익으면 고개를 숙인다는 말을 깨달을 즈음에는 인생도 황혼녘에 머무는 것이다. 누구 말처럼 황혼을 벌겋게 물들이려는 의지는 있으나 여건이 따라 주지 않는다. 그렇지만 내가 해야 할 일이 아지도 있다. 얕은 지시이나마 배우고 겪은 것들을 글들로 옮

겨서 지식을 공유하는 것이다.

오토바이 이야기라는 칼럼으로 이미 교민잡지에 졸필을 여러 회 올렸다가 오토바이 밑천이 떨어져서 칼럼을 중단하였었다. 이제 필자의 전문 분야인 무역 이야기로 여러분과 지식을 공유해 보고자 한다. 무역에 관하여 전문적으로 공부해 보고자 하는 분 혹은 무역업을 시작하려는 분들은 물론 무역학 원론 정도는 통독하여야 할 것이다. 그러나 원론 한 권 정도로 수많은 복병들을 피해가기는 힘들 것이다. 케이스 스터디를 하려면 아래 주소로 들어가 보면 쓸 만한 정보를 얻을 수 있다.

cafe.chosun.com/lckin의 이전 자료실로 가며 된다.

그 외 무역에 관한 유익한 사이트가 있으면 서로 알려 주어서 지식을 공유했으면 좋겠다. 이렇게 정보를 교환하여 KO펀치를 면하는 것이 외화를 낭비하지 않는 애국하는 길임을 무역을 하는 분들은 잊지 말아야 할 것이다.

희나리를 부른 가수 구창모 님을 아시는지? 일전 베트남에 왔을 때 필자와 골프 한 라운드를 한 적이 있었다. 그 분 말씀이 러시아 연방에서 자동차 관련 무역을 하여 돈을 많이 벌었었는데 그 번 돈으로 녹용을 한 컨테이너 사서 한국으로 수출하다가 한방에 다 날렸다고 한다.

돈을 버는 것도 중요하나 그 돈을 잘 관리하는 것이 무역에서는 더 중요한 것이다.

도망자를 위하여

여명의 사이공 강변 풍경은 수채화라고 하기에는 강물이 너무 검어서 묵화라고 하는 것이 적합한 표현이리라. 떠오르는 아침 해와 부자들이 사는 동네인 안푸지역의 지붕들만 주황색일 뿐 강변에 늘어선 야자수마저도 검게 보인다.

한국의 경제수준보다 적어도 20년은 뒤졌을 이 도시에서 나는 지금 무엇을 하고 있는 것인가. 내가 묻힐 곳이 한국일까 베트남일까 아니면 제3국 어느 곳일까. 이런 저런 생각을 하노라면 해는 어느새 하얗게 변하고 강물은 황색을 띠고 야자수들은 녹색을 되찾는다.

열대 지방의 출근시간은 좀 더 이르다. 8시에 출근하여 이런 저런 일을 보고 있는 중 미국에서 전화가 왔다. 친한 친구 수철이다. 웬일이냐고 물었더니 그냥 전화 해 본 거란다. 그의 목소리에 외로움이 묻어났다. 날씨, 건강 등 일상적인 물음뿐 별다른 대화 없이 5분간의 통화가 끝났다.

수철이는 연간 매출이 1,000억 원을 상회하는 회사의 대표이사였다. 무역, 유통, 건설 등을 망라한 제법 큰 회사의 사장이었으나 실제 오너는 아니고 월급을 받는 사장이었는데 회장이라는 분은 5공 시절 막강한 권력을 가졌던 분이어서 회사가 승승장구 하더니 정권이 바뀌면서 회사가 어려워졌다.

회사는 규모가 커지면 불가피하게 어음과 수표를 쓰게 되는데 급속 성장한 회사들은 외부 요인이 변하면 쉽게 무너진다. 무너질 때 이음 수표를 발행하지 않았으면 그럭저럭 수습이 가능하니 이

음과 수표는 지불 날짜를 기입해 놓았기 때문에 어려울 때엔 가난한 집 제삿날처럼 지불기일이 자주 다가온다.

그래서 자금난이 심하면 경리부장은 매일 부도 막기에 전전긍긍해야 하는 것이다. 해가 지면 경리부장과 사장은 아 오늘도 무사히 지나갔구나하고 한숨을 쉬며 잠들게 된다. 만약 결제를 하지 못 하였으면 일차 부도가 나고 다음날 변제하지 못하면 결국 부도가 공고되는 것이다. 수철이네 회사가 그런 경우였는데 그가 발행한 수표의 미결제액이 500억을 넘었고 담보로 들어간 백지수표가 수십 장이 되었다고 한다.

이런 경우에는 재빠르고 영악한 사람들은 챙기기에 들어가서 회사는 부도가 나도 개인들은 평생 먹고 살 돈은 챙겨 놓는데 수철이네 회사도 필자의 경우와 같이 가는 데까지 가다가 부도가 났다. 결국 일간지에 대서특필로 부도사실이 게재되고 수철이는 도망자의 신세가 되었다.

부도가 나면 수표를 발행한 당사자들은 잠수를 해야 한다. 당좌수표나 가계수표를 부도내면 자동 고발이 되어 자수를 하지 않으면 수배자 명단에 오른다. 주소지에 살지 못하고 도망자 신세가 되는데 이렇게 되면 수사기관에서 기소를 하려고 해도 당사자가 나타나지 않으니 기소중지자로 블랙리스트에 올려놓는 것이다.

수표뿐만 아니라 이런 저런 사건으로 인한 기소중지자가 100만을 넘는다고 하니 결국 백만 명도 넘는 도망자들이 국내외에서 숨어서 지내는 것이다. 죄질이 나쁘고 형량이 클 기소중지자들은 경찰이 추적을 하지만 그렇지 않으면 불심검문에 걸려야 잡힘으로 기소중지자들은 공소시효가 끝나기를 기다리는 것이 일반적이다.

부정수표 단속법에 의하면 수표의 부도로 인한 공소시효는 5년으로 되어있다. 그러므로 악질 기업인들은 거액을 부도내고 돈을 챙겨 해외로 도주하는 경우가 많이 발생하여 정부에서는 1995년부터는 해외에서 거주한 기간은 공소시효에 가산하지 않는 법을 제정하여 1997년부터 시행하였다.

　필자와 수철이의 경우에 백지수표만 없었다면 5년이 지나면 공소시효가 만료되어 정상적인 생활을 할 수가 있는데 필자는 베트남에서, 수철이는 미국에서 생활한 관계로 해외에 거주한 기간은 공소시효에 가산하지 않는 법으로 인하여 귀국하여 정상적인 생활을 할 수 없는 입장이 되어 버렸다.

　필자는 91년도에 부도가 났으므로 백지수표만 아니면 96년에 공소시효가 만료되므로 자유로워질 수가 있었는데 백지수표 소지인이 몇 년 마다 백지수표를 발행하는 바람에 평생을 기소중지자로 지내야 하든지 귀국하여 심판을 받든지 양단간에 결정을 내려야 하였다.

　법조계에 있는 친구들 그중에 특별검사까지 지낸 저명한 변호사 친구에게 상담을 하였다. 한 교실에서 공부했던 친구 중 한 사람은 유명한 변호사가 되었고 한 사람은 죄인이 되어 상담을 하는 신세가 되어 버렸다.

　최 변호사의 얘기는 해외 체류기간은 공소시효 기간에 가산되지 않기 때문에 별다른 방법이 없고 정당한 심판을 받는 길밖에 없으니 귀국하라는 것이다. 상습범이 아니고 초범인 경우에 제반 정황을 입증하면 가벼운 형량으로 끝낼 수 있으니까 최선을 다해 보자는 것이었다.

불구속으로 진행하더라도 몇 달 간은 감옥에 있어야 하는 판결이 날지도 모른다는 예상이다. 필자는 지금까지도 남의 구속을 받고 사는 것을 가장 싫어하여 자유롭게 의사결정을 하면서 지내왔는데 구속이라는 말은 정말 싫었다. 차라리 곤장을 몇 천 대 맞더라도 구속만은 싫었던 것이다.

그래서 귀국하기 전에 나름대로 알아 볼만큼 알아보고 가자는 마음에서 한 달 간을 인터넷에 매달려서 부정수표단속법을 비롯하여 관련 법규를 공부하기 시작하였다. 요즘은 초고속이 되어서 서핑하기가 쉽지만 당시만 하더라도 인터넷 속도는 너무 느려서 웬만한 인내심이 없으면 찾아들어가기가 쉬운 일이 아니었다.

한 달 쯤 공부하던 중 로마켓이라는 사이트를 발견하고 그곳에 나의 사건을 올려 보았다. 올린 지 하루도 되지 않아서 이 변호사라는 분이 나의 케이스는 공소시효가 지났으니 염려 말고 귀국하여 소주나 한잔 합시다 하는 메일을 보내왔다. 그 분이 백지수표에 대한 판례를 알려주며 백지수표의 공소시효 기산은 백지수표를 건네준 시점부터이지 백지수표를 받은 사람이 나중에 금액을 기입하여 교환에 돌린 시점이 아니라는 것이다.

이 변호사의 이력을 검색해보니 판검사를 지낸 경력도 없는 무명 변호사였다. 변호사도 의사와 같이 전문분야가 있다는 것을 그 때 처음 알았다. 아무리 유명한 변호사도 자기의 전문분야가 아니면 잘 모를 수가 있는 것이다.

필자가 백지수표를 건네준 시점을 보니 90년이었으니 95년에 공소시효가 완성되는 것이었다. 그것도 모르고 몇 년 간을 전전긍긍하며 지냈던 것이다. 수철이도 백지수표 때문에 어려움을 겪고 있었기 때문에 이 기쁜 사실을 수철에게 알려 주었다. 그런데 수철이가 백지수표를 건네준 시점은 92년도였으며 97년부터 해외 체류기간에 대한 법이 발효되었기 때문에 수철이는 몇 달 상간으로 공소시효가 완성되지 못하여 귀국을 포기할 수밖에 없었다.

한 때는 잘 나가던 기업의 사장이 이제 미국에서 신발 장사를 하면서 연명하고 있다. 몇 천 만 불을 주무르던 그가 이제는 몇 만 불짜리 수출입 상담을 가끔 필자와 하고 있지만 그나마 성사되지 않아서 안쓰럽다. 그러나 필자는 그가 언젠가는 재기하리라 굳게 믿고 있다.

신용장

무역하면 가장 먼저 떠오르는 단어가 신용장(L/C, Letter of Credit)이다. 이 신용장 때문에 울고 웃는 경우가 많이 발생하게 된다. 무역회사 업무부에서는 항상 엘씨 타령이다.

"어이 이 과장 5만 불짜리 미국 엘씨 왜 아직 안 오는 거야?"

"내일 쯤 올 겁니다."

그러나 기다리는 엘씨는 대개 제 때에 오는 법이 없다. 선적일이 임박해서야 오는 경우가 허다하다 . 그래서 L/C Number(신용장 번호)라도 달라고 다그치는 경우도 많이 발생한다. 무역회사는 하루도 조용한 날이 없다.

오늘도 한국의 거래처에서 불평하는 전화가 왔다.

"이 사장님. 베트남 신용장은 이제 믿을 수 있다고 해서 네고 했는데 우리 은행에서 그 건이 아직 입금되지 않았다고 이번 선적 건을 네고 시켜 주지 않습니다. 보름이 지났는데 왜 아직 입금 안 시키는지 은행에 항의 좀 해 주세요."

수입지역에 있는 신용장 개설은행(Issuing bank, Opening bank)에서는 수출지에 있는 매입은행(Negotiating bank)으로부터 선적서류(Shipping documents)를 받았을 때 통상 일주일 이내에 지급을 하여야 한다. 그러나 베트남 등 후진국에 있는 은행들은 국제적인 신용보다 고객을 우선으로 생각하기 때문에 고객에게 문의한 후 지불하는 것이 상례이다.

한국의 은행에서는 이런 식으로 국제적인 룰을 잘 지키지 않는 은행을 블랙리스트에 올려 놓아 그런 은행에서 온 신용장은 믿지 않는다. Joint stock bank라고 이름 지어진 베트남 은행들은 자본금이 영세한 신용금고 급 정도여서 이런 은행들이 발행한 신용장은 항상 문제성을 내포하고 있다. 베트남의 잘 알려진 국영은행에서 발행한 신용장은 요즘 믿을 수가 있다고 보면 된다. 그러나 지방의 지점에서 개설된 엘씨는 아직 문제점이 많다고 보아야 할 것이다.

그에 비하면 한국의 은행들은 지방의 지점이나 지방은행에서 개설되었다고 하더라도 시중은행의 엘씨와 별로 다를 것 없이 믿어도 되며 은행하면 믿을 수 있는 곳이라는 등식이 성립된다. 그런 만큼 한국의 은행들은 신용을 바탕으로 자라왔으나 서민들과 영세한 중소기업들에게는 높은 문턱이 가로 막혀 있다.

중소기업에서 신용장을 개설하려고 하면 담보를 맡기든지 현금을 신용장 금액만큼 예치시키든지 하여야 가능하다. 그렇게 철저한 관리를 기본으로 하는 한국의 은행들도 정경유착에 의한 대기업들에게는 관대했다. 대기업이 부도나면 은행은 그 막대한 손실을 안게 되어 부실해 지는 것이다.

베트남의 은행들을 보자. 보통 국영기업에서 신용장을 개설할 때 마진(보증금)을 10%에서 20%정도 밖에 걸지 않는다. 그러나 개인 기업에서는 100% 마진을 걸든지 상응하는 담보를 제공하든지 하여야 신용장 개설이 가능하다.

필자는 무역에 관한 한 누구보다도 많이 알고 있다고 자신감을 가지고 있지만 신용장에 관하여 중대한 실수를 범하여 막대한 손실을 입은 사실을 고백한다.

필자의 회사는 80년대에는 한국에서 선진국으로만 수출을 했으므로 신용장이란 바로 돈이라는 등식을 믿어왔는데 후진국으로 수출하면서부터 신용장이 종잇조각에 불과할 수도 있다는 사실을 깨달았다. 그러나 깨달았을 때에는 거금이 날아간 후였다.

90년대 초에 베트남의 일류은행인 Vietcom Bank에서 30만 불 짜리 신용장을 받았다. 나무 젓가락을 만드는 기계였다. 30만 불을 180일 후에 지급하는 Usance L/C였는데 그 때는 180일이 지나면 입금될 줄 알았던 순진한 무역상이었다.

동나이 성에 소재한 국영회사에서 신청하여 개설한 신용장이었는데 그 30만 불이 200일이 지나도 300일이 지나도 지불되지 않는 것이었다. 만약 그 때 지불되었으면 그 돈을 베트남 동나이 성에 다시 투자하여 합작 공장을 만들 계획을 가지고 있었다. 그랬다면 필자가 동나이 성에 투자한 한국 기업 제1호가 되었을 지도 모른다.

그런데 설상가상으로 양말 기계를 호찌민으로 60만 불 어치 수출하였는데 그것도 지불되지 않았다. 그것도 호찌민의 유명한 Exim Bank에서 개설한 신용장이었다. 당시는 수교도 되기 전이었는데 내가 뭘 믿고 그렇게 많은 금액의 기계를 후진국으로 수출하였는지 모르겠다. 그만큼 그 때는 정보가 어두운 시절이었다. 나는 신용장은 돈이라고만 생각했으나 신용장도 신용장 나름이고 돈도 돈 나름이라는 사실을 간과한 것이다.

요즈음은 얼마나 좋은 시절인가. 모르면 인터넷을 통하여 문의할 때도 많고 조속한 답변도 들을 수 있어서 가지 않아야 될 길은 피해서 갈 수도 있다. 그 때는 베트남에 대해서 알 수 있는 정보라고는 베트남에 미리 진출한 몇 사람 밖에 없었다.

그 사람들이 다행히 무역 전문가였으면 좋았을 텐데 무역에 대해서 잘 모르면서도 모르는 것이 없는 듯이 말하는 사람들뿐이었다. 누구를 탓하랴. 전형적인 한국의 무역 인답게 저돌적으로 대쉬한 내 탓인 것을!

베트남에 수업료를 필자만큼 많이 낸 사람도 없을 것이다. 그만큼 당했고 그만큼 벌었으니 피장파장이긴 하지만 당하고 벌지 못한 사람들이 더 많다. 한・베 수교 전에 와 있던 백여 명의 사람들 중에 아직도 이곳에서 버티고 있는 사람들은 소수에 불과하다. 돌아간 사람들 중에 돈을 벌어 갔다는 얘기는 듣지 못했다.

한국과 선진국의 신용장은 믿을 수 있으나 후진국의 신용장은 믿지 않는 것이 좋다는 것이 필자의 결론이다. 그러나 한국은 후진국일 때도 한국의 은행 신용장은 선진국에서 믿어 주었다. 그것이 한국 경제 고속 성장의 원동력이 되었는지도 모른다.

신용장의 얼굴을 보자. 치장을 많이 한 신용장은 조심해야 한다. 화장을 진하게 한 여자를 조심해야 하듯이. 즉 복잡한 신용장은 복잡한 내용 중에 비수를 숨겨 놓는 경우가 많다. 이른바 독소 조항이다. 후진국의 신용장은 대체로 2장 정도로 길고 복잡하다. 반면에 선진국의 신용장은 간단명료하다. 간단한 몇 가지 조건만 갖추면 바로 현금을 지급하겠다는 표시이다.

현대의 무역은 은행을 배제하고 생각할 수 없고 또한 많은 물량의 교역은 신용장을 배제하고 생각할 수가 없다. 그만큼 신용장은 무역에 있어서 중요한 교량 역할을 하는 것이다.

27년간 무역을 해오면서 별의별 신용장을 보아 왔으며 신용장이 어쩌면 여자 같다는 생각을 해 본다. 믿을 수도 없고 안 믿을 수도 없고…. 여자 개인에 대한 판단을 하기가 어려울 때는 그 여자의 가정을 보아서 판단하듯이 신용장도 개설한 은행을 보아서 판단하는 것이 바람직하다.

신용장을 해독하고 그 신용장이 문제가 있을 것인지 없을 것인지 미리 판단할 수 있을 때 무역 전문가냐 아니냐를 판단하는 기준으로 삼을 수도 있다.

함정이 있을 듯한 조항은 Amendment(수정)를 받아 놓아야 안전하다. 후진국에서 신용장을 받으면 개설은행이 수출지의 은행에 블랙리스트에 올라 있는지 확인한 후 작업에 들어가는 것이 안전하다. 바이어를 잘 모르는 상태에서 거래가 성사되어 개설된 신용장은 반드시 확인 절차를 거쳐야 후회를 하지 않게 된다. 설마가 사람 잡는다는 옛말을 무시하면 '혹시나 했더니 역시나'로 변할 수 있음을 명심하자.

색즉시공 공즉시색(色卽是空 空卽是色)

〈옛날 옛적에〉 이창우라는 사람이 살았는데 제세실업인지 산업인지 하는 무역회사를 설립한 후 급성장하여 금방 재벌이 될 것 같더니 파산하고 난 후 펴낸 책 제목이었다. 회사명도 거창하게 세계를 제패한다는 뜻으로 제세라고 하였더라.

그리고 신선호라는 사람은 율산이라는 무역회사를 설립하여 사세를 확장하여 율산 그룹을 형성하였다. 이 또한 급성장하더니 파산하였다. 둘 다 일류학교를 나온 당시 젊고 똑똑한 사람들이었으나 정경유착에 실패하여 재벌의 꿈은 일장춘몽이 되어버린 대표적인 케이스였다.

대우도 무역으로 성장하여 한국의 몇째 가는 기업으로 성장하였으며 정경유착에 성공하여 일익 번창하더니 정권이 바뀌자 창업주인 김우중 씨는 사기꾼으로 낙인 되어 고국으로 돌아가지 못하는 신세가 되었다. 당시 그가 쓴 〈세계는 넓고 할 일은 많다〉라는 책은 베스트셀러가 되었고 무역하는 사람들에게 꿈을 주기에 충분하였다.

　70년대와 80년대 당시 무역하는 사람들은 꿈이 있었다. 비록 실패했지만 이창우와 신선호를 보며 다른 젊은 무역 인들은 꿈을 키웠다. 또한 당시 무역으로 성공한 기업인 김우중을 동경하며 사나이의 꿈을 펼치기 위하여 세계를 돌아 다녔다. 그들이 그랬듯이 필자도 반평생을 무역을 생업으로 살아왔으나 필자의 무역의 길도 결코 순탄하지는 못했다.

　보통 한 회사가 부도가 나면 한 가족만 힘든 것이 아니다. 주위의 친지와 친구들에게까지 피해가 가게 되는 것이 일반적이며 그 파장은 심각해지는 것이다. 그 빚은 평생을 갚아도 힘들 만큼 커지는 것이 보통이다. 그래서 보증을 서는 일은 절대 해서는 안 되고 보증을 설 때는 사고가 나면 그만큼 물어 주겠다는 각오가 없이는 서지 말아야 한다. 돈을 빌려주는 일도 마찬가지다.

　이 사람을 믿으니까 그리고 이 사람은 절대 돈 떼어 먹을 사람이 아니라는 안이한 생각은 버려야 한다. 그것이 형제간일지라도 지켜야 하는 것이다. 그런 말이 있지 않은가. "돈이 속이지 사람이 속이는가?"

　사면초가란 말이 있다. 진퇴양난이란 말도 있다. "NO WAY OUT" 이런 경우엔 어떻게 해야 하나? 보통 부도난 기업주들은 먼저 자살을 생각한다. 필자도 부도 당시 그런 극단 처방을 생각해 보지 않은 것이 아니다. 그러나 어린애들을 그대로 두고 자살한다는 것은 아무리 생각해도 비겁한 길이라 생각되었다. 물론 자살하면 가장 편한 방법인 줄을 왜 모르겠는가? 하루에도 몇 천만 원을 결제하던 사람이 수중에 10만 원도 없게 되었을 때를 생각해 보았는가? 친지들과 친구들에게 손 벌리기 싫어서 학창시절 고시 공부한다고 들어간 경상도 깊은 산골 청암사라는 곳으로 다시 들어갔다. 그곳에서 반야심경을 공부하며 허탈한 마음을 달래고 있었다.

반야심경을 무조건 다 외어 보았다. 반야심경의 참뜻을 범부가 어찌 알리오 마는 염불을 하듯 자꾸 읽고 외우다 보니 이 부분이 마음에 닿았다. "색불이공 공불이색 색즉시공 공즉시색" 나름대로 해석하면 존재와 비존재는 같지 않지만, 있는 것이 없는 것과 같고 없는 것이 있는 것과 같다는 나름대로의 깨달음이 있었다.

이런 깨달음이란 극한 상황에 다다르지 않고는 얻을 수 없다고 느껴졌다. 필자의 극한상황이라는 것은 돈이 한 푼도 없을 때였다. 오랫동안 살고 정들었던 잠실의 아파트도 은행에 담보물로 들어갔었는데 베트남에서 수출대금이 지급되지 않자 은행으로 집도 넘어가서 가족들은 살 곳이 없었다. 길거리에 나 앉는다는 말이 나에게 현실로 다가왔던 것이다.

적막한 산사에서 하릴없이 반야심경을 외우고 있다가 깨달은 '색즉시공 공즉시색'은 나에게 새로 시작할 수 있는 용기를 주었다. 色을 돈이라고 가정했을 때 돈은 있다가도 없을 수 있고 없다가도 있을 수 있다는 마음가짐으로 새로 시작하기로 작정하고 하산하여 비행기 표도 외상으로 끊어서 베트남으로 왔다.

90년대 초의 베트남 무역 상황은 황야의 무법자들이 판치던 시절이었다. 일본의 종합상사들이 신중하게 거래하는 틈새에서 한국의 용감한 종합상사들과 대기업들이 베트남 시장을 휘저었다. 베트남의 국영기업과 급성장한 개인 기업들에게 USANCE L/C로 거래를 하다가 몇 천만 불씩 물려서 전전긍긍하였다.

필자도 무역계에서 이름난 건맨으로 겁 없이 베트남에 진출했다가 크게 물렸다. 몽땅 털렸으나 악당 한 넘을 잡아서 감옥으로 보내 16년을 살게 한 것이 전과라면 전과이겠지만 그것이 무슨 소용이 있는가. 감형을 받았으면 그는 지금 베트남 어딘가에 살고 있을 것이다. 그가 숨겨둔 돈으로 사 놓은 땅이 많이 올라서 엄청난 부자가 되어 있을지도 모르고 타인 명의로 사 놓았다가 다른 사람이 부자가 되었을지도 모른다.

좌우간 베트남 무역으로 인하여 모든 것을 잃었다. 모든 것을 잃고 난 후에 모든 것을 잊기 위하여 염불을 외우다가 깨달은 것이 색즉시공 공즉시색이다. 이 말의 참뜻은 잘 모르겠으나 스스로 깨달은 것은 "있는 것은 없어지고 없어진 것은 다시 있게 된다"는 것이다.

그래서 맨손으로 다시 무역을 시작하여 잃은 만큼 돈을 벌었다. 없어진 것이 다시 있게 된다는 진리를 증명한 셈이다. 모든 것을 잃었을 때 비굴하지 말고 의연하게 처신하면 기회가 다시 오는 법이라는 것도 깨달았다 .여기 저기 돈을 빌려 갚지 못하여 평판이 나빠지면 재기하기가 점점 힘들어지므로 어려울수록 신용을 지키고 정직하면 기회가 다시 오게 된다.

아직까지 베트남 무역환경이 좋다고 말할 수는 없다. 필자가 현재 하고 있는 중고자동차 무역환경을 살펴보자.

한국의 수많은 중고차 수출업체들이 베트남의 중고차 바이어들에게 당하여 도산했으나 많은 중고차 바이어들은 거부가 되어 그 중 몇 명의 베트남인들은 골프를 할 정도로 여유를 가졌다. 당한 수출업자들은 베트남 바이어들을 마구 욕한다. 그러나 냉정한 관점에서 보면 당한 수출업자들에게도 책임이 있다. 중고차량을 보낼 때 바이어에게 미리 미리 이런 부분은 나쁜 부분이다 그러므로 가격은 얼마라고 해 놓으면 분쟁의 요소를 미연에 방지할 수가 있는데 대체로 오퍼 할 때에 품질은 좋다하면서 좋은 부분만 사진을 찍어 보내준다. 그것이 후일 클레임을 발생시키는 요인이 되는 것이다.

중고차 수출의 지불방법은 L/C와 D/P가 많이 이용된다. L/C로 하면 수출업자가 선적 직후 은행에 선적서류를 제출하여 바로 현금을 찾을 수 있지만 D/P로 하게 되면 차량이 도착할 즈음 차량을 점검한 후 지불하게 되므로 약 15일 이후에 돈을 받게 된다. 그래서 수출업자들은 신용장을 선호한다.

그러나 L/C라고 해서 안전한 지불방법이 아닌 것이, 베트남 은행들은 툭하면 Discrepancy notice를 네고은행으로 보내어 지불 거절을 해 놓으며 고객들을 보호한다. 그간에 바이어들은 품질의 나쁜 점을 들어서 클레임을 제기한다. 수출업자들은 이 상황에선 꼼짝없이 당하게 되어있다.

네고은행은 수출업자에게 이미 현금을 지급했는데 개설은행에서는 신용장과 선적서류의 상위사항을 들어 지불하지 않겠다는 전문을 보내 왔으니 수출업자에게 돈을 환불하라고 야단을 칠 것이고 현금이 충분하지 않은 수출업자들은 바이어들의 과도한 클레임에 항복하고 보통 10% 정도 깎아주고 지불을 받는다.

이런 문제를 예방하려면 중고차 수출업자들은 베트남 바이어들이 어떤 부분에 민감한 클레임을 제기하는지 알아서 예상 클레임에 해당하는 사항을 미리 고지하면 되는데 보통 이런 문제를 가볍게 여겨서 항상 클레임을 당하는 악순환을 되풀이 하게 되는 것이다.

초기에는 외상을 주다가 많이 물려서 도산한 수출업체들이 많았지만 요즈음은 외상은 거의 주지 않는다. 그리고 선사를 통하여 D/O(Delivery Order)라고 하는 출하지시서를 주지 않고 바이어들에게 잔금을 받고 난 후 주는 방법으로 잔금이 있는 부분은 받아낼 수 있어서 베트남 무역의 편리한 점도 있다.

색즉시공 공즉시색이라는 철학과 무지하게 골치 아프고 세속적인 중고차 이야기로 섞어찌개를 만들려고 하니까 맛이 나지 않는다. "맛없는 섞어찌개 드시느라고 고생이 많았습니다." 그러나 불교신자도 아니면서 색즉시공 공즉시색이라는 말을 나름대로 깨달아서 이렇게 글을 쓰는 이유는 두 가지가 있다.

무역으로 성공하는 사람들보다 실패하는 사람들이 더 많은 것 같으니 완전히 실패하더라도 좌절하지 말고 색즉시공 공즉시색을 생각해 보시라는 것이다.

다른 하나는 셀러든 바이어든 당했다고 생각하여 상대방을 감정적으로 비난하지 말고 나에게도 잘못이 분명 있을 것이라는 가정을 하시라. 그리고 그 잘못을 깨닫는 노력을 하라. 분명히 자기에게도 잘못이 있다는 것을 발견하게 될 것이다. 천주교에서도 말하는 "내 탓이오!"라는 깨달음이 있을 때 다시 시작하라. 그러면 반드시 성공할 수 있을 것이다.

한 우물을 파라

인터넷의 발달이 현대의 무역환경에 많은 변화를 가져왔다. 정보의 공유로 인하여 웬만한 것은 검색하여 방법을 모색할 수 있게 되었다. 이런 상황에서 어떻게 무역으로 성공할 수 있는가를 알아내지 못하면 살아남지 못하게 되었다.

홈쇼핑의 발달로 소비자들은 백화점이나 스토아에 가지 않아도 저렴한 가격으로 살 수 있게 되었다. 그러나 대량으로 수출입하는 품목은 국제무역의 방식을 취하지 않고서는 아직 해결하기 어렵다. 나라마다 항구에 있는 CY(container yard)에는 컨테이너들이 산처럼 쌓여있고 벌크선들은 쌀, 비료, 철근 등을 싣고 오대양을 오가고 있다.

인건비가 비싼 국가에서는 저렴한 인건비를 활용하기 위하여 후진국으로 공장을 이전하는 것이 세계적인 추세다. 세계가 하나의 시장으로 형성되어 가고 있는 것이다. 이러한 때에 성공할 수 있는 길은 오직 하나 한 우물을 파는 것이다.

대표적인 예가 이동통신 산업의 Nokia brand 이다. Nokia 핸드폰은 세계 시장을 주름잡고 있으며 Nokia 주식은 수백 배로 올라서 주식을 가지고 있는 사람들도 따라서 부자가 되었다고 한다. Samsung Anycall 도 한국 시장을 비롯하여 중국 그리고 베트남 등으로 시장을 확대해 가며 market share를 늘려가고 있는 현실이다.

90년대 초에 필자가 베트남에서 산 핸드폰은 모토롤라 브랜드로 2,300불을 주고 샀는데 그 크기가 지금 쓰고 있는 보통 핸드폰의 6배 정도가 되었으며 전화를 받을 때도 요금이 지불되는 시스템이었는데 현재는 어떤가? 그렇게 큰 핸드폰은 볼 수도 없을 뿐 아니라 훨씬 작고 성능이 우수한 것을 10분의 1 가격인 230불만 줘도 살 수 있다. 이제는 핸드폰으로 사진을 찍을 수도 있는 정도로 발전하였다.

핸드폰 같이 고도의 기술을 요하는 품목이 아니라도 우리 주변에는 한 제품을 집중 개발하여 성공한 품목들이 많다. 필자와 골프를 가끔 하는 친구 중에 행주를 만드는 친구가 있다. 행주라고 하면 옛날에는 못 쓰는 헝겊조각을 사용하였었는데 시대가 발전하면서 행주도 고급화하면서 세계 시장의 수요가 엄청난 가정 필수품이 되었다.

이 친구는 초창기부터 행주만 만들어 팔더니 품질 개발을 통하여 세계 시장을 석권하였다. 세계에서 가장 큰 행주 공장을 한국에서 운영하더니 이제는 인건비가 저렴한 베트남으로 와서 공장을 짓고 세계 최대 생산량을 만들 수 있는 공장을 가동하고 있다. 그간에 많은 시련이 있었을 것이다. 그러나 이 친구는 행주를 버리지 않았다. 행주 하나만 붙들고 늘어진 것이다. 행주를 들고 세계시장을 누빈 것이다.

다른 친구 하나는 70년대 말 봉제완구를 재봉틀 몇 대 놓고 시작하더니 봉제완구를 수출하여 점점 사세가 확장되어 세계에서 제일 큰 봉제완구 생산 공장을 서울 근교에 만들어서 일익 성장하더니 세계적인 추세에 따라 인도네시아, 중국 등으로 공장을 이전하고 본 공장은 아파트를 지어 팔아 거부가 되었다. 봉제완구에 관한 한 어느 누구보다도 많이 그리고 깊이 알고 있어서 가격 경쟁을 할 수 있었고 꾸준한 품질 개발로 세계의 바이어들에게 알려져 있어서 성공의 가도를 달릴 수 있었다.

봉제완구는 지금도 하고 있지만 봉제완구의 세계시황은 공급이 수요보다 넘칠 정도가 되었음을 간파하고 다른 사업에도 손을 대어 지금은 그룹의 회장이 되어 별명이 "반조"가 되어 있다. 반조가 무엇인지 아는가? 5,000억을 의미한다. 현금 동원력 반조! 대단하지 않은가? 봉제완구라는 한 우물을 파서 성공하여 이룩한 금자탑이 반조!

이 친구가 봉제완구만 수출할 때 필자는 의류를 비롯한 여러 품목을 수출하고 있었다. 한 사람은 한 우물만 파고 있을 때 다른 한 사람은 여러 우물을 파고 있었던 것이다. 누가 성공하겠는가? 아무리 정보가 공개되어 있는 인터넷 시대에도 장인정신으로 한 품목을 집중개발하면 성공할 수 있으며 이제는 그래야 살아남을 수 있는 시대가 되었다.

한 우물을 파라는 타이틀로 칼럼을 쓰다 보니까 10여 년 전 한 기업에서 베트남 시장을 개척하라고 한 사람을 보내어 품목을 선정하라고 1억 원을 주어 보낸 일화가 생각난다.

그 회사는 건설회사로서 급성장하였다. 자금의 여유가 있어서 건설 이외의 다른 품목에도 관심을 갖고 그 사람에게 부여한 임무가 어떤 품목을 하면 베트남에서 성공할 수 있겠는가를 연구하라고 하였다. 6개월이 지난 후 이 사람이 본사에 보고한 유망품목은 생수와 렌터카 사업 두 가지였다. 당시에는 마땅한 생수가 별로 없었고 차량도 별로 없어서 본사에서는 타당하다고 생각하고 좀 더 깊이 조사 보고할 것을 지시하였다.

먼저 생수에 관하여 이곳저곳 더 알아보았으나 마땅한 수질을 발견할 수 없어서 생수 생산은 어렵다고 보고를 하였고 렌터카 사업이 더 낫겠다고 보고하였다. 그래서 그 회사에서 100만 불 정도를 투자하여 베트남과 합자회사를 만들었는데 결과적으로 그 회사는 도산한 것이나 다름없을 정도로 시름시름 앓고 있다.

렌터카 사업을 시작하려면 임원중에 하나라도 렌터카 사업에 조예가 깊은 사람이 있었어야 했고 베트남 시장의 전문가가 하나쯤 있었어야 했는데 결과적으로 베트남 사람들 좋은 일만 하고 자본은 날아가 버린 것이다.

차라리 생수에 대하여 좀 더 깊이 파고들었으면 성공할 수 있었을 것이다. 그 예로 그 회사가 생수 사업을 하지 않기로 포기한 후 프랑스 기업에서 La Vie라는 브랜드의 생수를 만들어 떼돈을 벌었다. 지금은 다국적 기업에서 Aqua Fina라는 브랜드로 생수 시장을 석권하고 있어서 La Vie 는 지방으로 밀려나고 또 다른 베트남 브랜드의 생수들이 나오고 있다.

그 회사가 건설 회사였으면 건설로서 한 우물을 파야 성공할 수 있었을 것이다. 당시 그 회사는 실제로 베트남에서 제일 높은 빌딩을 짓기로 계획하고 도면도 그려 놓고 군대 회사와 합자회사도 만들 계획을 세워 놓고 있었는데 그랬다면 그 빌딩부터 짓는 것으로 한 우물을 파야 했을 것인데 회장님은 무역에도 관심이 있고 렌터카 사업에도 관심이 있어서 한 곳에 집중하지 못하고 여러 우물을 팠던 것이 실패의 원인이었을 것이다.

성공하고 싶은가? 한 우물을 계속 파고들어라. 물이 나오지 않는다? 물이 나오도록 연구하고 개발하라. 중단하지 마라. 지구 끝까지 파고들면 물은 틀림없이 나오게 되어 있는 것이다. 세계에서 가장 화려한 도시 라스베이거스는 물 한 방울 나지 않는 사막에 건설된 도시이다. 빈털털이인 한 사나이가 한 우물을 파서 만들어 놓은 도시인 것이다.

수출 2,000억불

한국의 수출목표 2,000억불이 올해 달성될 전망이다. 40년 전인 1965년의 수출실적이 얼마인지 아는가? 1억 불이었다. 연간 평균 50억 불씩 수출이 신장된 셈이다. 1970년도에는 10억불 수출을 달성하였다. 5년 사이에는 연간 2억 불씩 신장하더니 그 후 기하급수적으로 수출이 신장되었다.

자원이 부족한 한국은 "수출만이 살길이다"라는 구호를 외치며 수출역군들이 밤잠을 설쳐가며 세계 어느 나라 국민들보다 열심히 일했다. 1975년 전까지만 해도 한국은 필리핀이나 베트남보다 못 살았다. 그러나 지금은 어떤가? 우리는 선진국의 문턱에 왔고 우리보다 잘 살던 나라들은 아직도 후진국에서 맴돌고 있다. 후진국의 젊은이들은 한국에 가서 일하는 것이 꿈이다. 불법적으로라도 한국에 가서 돈 벌어 보겠다고 아우성들이다.

얼마나 신나는 일인가? 한국인으로 태어난 것이 자랑스럽다. 그러나 오늘이 있기까지 우리의 형님, 누나들 그리고 형제자매들이 얼마나 고통스러운 나날을 보냈는지 잊어서는 안 된다. 아직도 못 사는 사람들이 많지만 한국은 북한보다 잘 사는 나라이고 북한을 도와주는 나라의 하나다. 언젠가는 통일이 될 것이고 통일이 되면 혼란의 고통도 감수해야 할 것이다. 우리의 시각을 항상 긍정적인 곳으로 바라보자고 제안하고 싶다. 요즘 인터넷을 보면 부정적으로 글을 올리는 네티즌들이 너무 많은 것 같다. 비난이 아닌 비판을 하자. 비난은 대안이 없는 것이고 비판은 대안이 있을 때 가능한 것이다.

　수출 2,000억불이라는 말을 들으니 감회가 새롭다. 필자가 80년도 초반에 바잉 에이전트를 할 때 삼성이나 대우 등 종합상사들의 상담실을 방문하면 수출목표 1억 불을 크게 써서 붙여 놓고 목표 달성을 위하여 열심히들 일하고 있었다. 그 때는 퇴근 후에도 개인 약속들을 못하고 오로지 회사를 위하여 스케줄을 짰으며 가족과 개인을 위한 약속은 일요일에도 할 수 없었다. 그러한 수출 역군들의 노력이 오늘의 한국 경제 성장에 많은 기여를 한 것은 부인할 수 없을 것이다.

　1965년의 한국의 수출 실적이 1억 불이었는데 현재 베트남으로 수출하는 중고차 실적만 연간 2억 5천만 불이다. 중고차 가격을 평균 10,000불을 잡아 보면 연간 25,000대의 중고차가 베트남으로 수출되었다. 베트남 국내 여행을 해보라. 거리거리마다 대부분의 한국산 중고 버스와 트럭 등이 베트남 거리를 누비고 있는 것을 볼 수 있을 것이다. 달리고 있는 승용차에서 잠깐 잠들다 깨어 보면 한국에 있는 듯한 착각을 할 정도이다.

대형 버스들은 수유리, 대방동 등 노선버스의 한글 표지판을 그대로 달고 다니고 미니버스들은 속셈학원, 태권도 등 한국말을 지우지 않고 다니고 있다. 현대, 대우, 아시아 등 한국산 트럭과 버스들이 베트남 거리를 누비고 있다.

요즘 호찌민에는 통관을 기다리는 중고차들이 항구에 가득 차 있다. 주차 공간이 없을 정도이다. 바이어들이 수입을 해 놓고 자금이 부족하여 통관을 해 가지 않는 까닭이다. D/P로 거래한 수출회사들은 곤욕을 치르고 있다. 한 달이 지나도 바이어들이 은행에 도착한 서류들을 인수하지 않고 있어서 베트남의 은행들이 한국의 은행으로 송금을 하지 않기 때문이다.

통관을 해 가지 않는 이유는 바이어들의 자금이 회전되지 않기 때문이다. 우기인데다 음력 7월에 물건을 사면 재수 없다는 소비자들의 미신 때문이란다. 사실 베트남에는 미신을 믿는 장사꾼들이 많다. 물건을 살 때뿐만 아니라 이사를 할 때나 결혼을 할 때에 거의가 택일을 한다. 길일에는 여기저기서 결혼식을 올리는 풍경을 볼 수 있다. 미신 때문인지 불경기 때문인지 정확한 진단을 할 수 없으나 바이어들이 셀러들에게 지불을 하지 않아 셀러들도 자금 회전이 되지 않아 아우성이다. 이런 때에는 클레임도 난무한다. 자금이 회전되지 않으니 바이어들은 일단 과다한 클레임을 제기해 놓고 시간과 돈을 벌려고 한다.

며칠 전 한국의 중고차 수출업체에서 필자에게 도와달라는 의뢰가 왔다. 하노이에 있는 바이어가 돈을 지불하지 않으니 필자가 가서 좀 받아 달라는 것이다. 송금하면 될 것이지 왜 내가 직접 가서 받아야 되느냐고 문의 했더니 사연을 설명해 주었다.

하노이에 있는 바이어가 트럭을 5대 수입했는데 신용장 거래였다고 한다. 신용장 거래에서 L/C Amount는 모두 지급했지만 잔금을 지불하지 않는다고 하는 것이다. 중고 차량은 실제 금액의 70% 정도가 신용장이나 D/P 거래이고 나머지 30% 정도의 잔금은 현금으로 지급하는 관행이 있다. 신용장 금액과 잔금이 완불되었을 때 셀러는 D/O를 준다. D/O가 있어야 바이어는 물품을 인도해 갈 수 있는 것이다.

그렇다면 70%의 돈을 받고 D/O를 holding 하고 있으니 뭐가 문제냐고 그 수출회사에 문의 했더니 이 바이어가 잔금 30%를 지불하지 않는다는 것이다. 이렇게 되면 사실 바이어가 더 답답한 지경이다. 셀러는 30%의 자금회전이 되지 않을 뿐인 것이다. Total Amount가 10만 불이면 잔금은 3만 불이다. 그러나 3만 불이라도 셀러의 입장에서는 신경이 쓰이고 자금회전을 해야 하는데 그 바이어는 한 달이 지나도 두 달이 지나도 잔금을 지불하지 않는다는 것이다.

알고 보니 바이어는 8천불 정도의 클레임을 제기했고 셀러는 부당하다고 생각했으나 5천불의 클레임으로 합의했었다. 바이어가 셀러에게 잔금을 줄 때에 5천불을 공제하고 지급하면 끝이 나는데 만약 잔금 지급 후 셀러가 D/O를 주지 않으면 어떻게 하느냐하는 불안함 때문에 밀고 당기고 있었던 것이다.

양자가 클레임을 합의했지만 피차가 서로를 믿지 못하기 때문에 해결하지 못하고 있다가 생각해 낸 것이 제3자의 개입이었다. 필자가 제3자로 지목된 것이다. 바이어는 필자에게 3만 불을 주고 셀러가 D/O를 바이어에게 준 후 필자가 셀러에게 송금하는 방법이었다. 제3자는 양측의 신임이 있어야 해결 할 수 있는 것이다.

셀러는 필자에게 하노이로 가서 3만 불을 받아 달라고 의뢰했었고 경비나 수고비에 대해서는 언급하지 않았다. 못 마땅했지만 그렇게 해 주겠다고 약속을 하고 다음날 출발하는 하노이행 비행기 표를 구매하려고 하다가 구매를 하지 않았다. 언뜻 갑자기 스케줄이 바뀔 수 있다는 생각이 들었고 그 예감은 적중했다. 무역을 오래하다 보니 점쟁이가 되기도 한다.

셀러로부터 전화가 왔다. 서울에서 하노이로 출장을 가서 자기가 해결하겠다고 하는 것이다. 그 후 하노이를 방문하여 일주일간 머무르고 호찌민으로 온 셀러가 필자에게 찾아왔다.

필자가 웃으며 물었다.

"그래 돈을 받았습니까?"

그는 울상이 되어 대답했다.

"못 받았습니다."

사연인즉, 바이어가 자기를 믿지 못한다고 하면서 D/O부터 달라고 했다. 셀러는 한국 음식점에 돈을 맡겨 놓으면 D/O를 해제해 주겠다고 했다. 바이어는 그 한국 음식점을 어떻게 믿느냐면서 돈을 주지 않았고 왜 갑자기 스케줄을 변경하여 셀러 자신이 왔느냐고 의심을 했을 것이다. 일주일간 밀고 당기는 줄다리기를 하다가 셀러는 감정이 폭발하여 싸우고 왔다고 했다.

이 사건이 어떻게 진행될지 모르겠지만 셀러와 바이어가 불신을 하기 시작하면 갈등이 생기며 일은 점점 꼬여들고 제 삼자의 개입이 필요해 지는 것이다. 그리고 셀러와 바이어는 상담 후 말로만 그치지 말고 문서화하여 남겨 놓아야만 분쟁 시 해결하기 쉬워진다. 후진국 사람들은 구두 약속은 잘 지키지 않으므로 문서화한 후 사인을 받아 놓아야 후환을 없앨 수 있다. 후진국과의 무역은 문서보다 더 중요한 것이 신뢰이고 신뢰보다 더 중요한 것이 현금이다.

무역을 하면서 상황이 쉽게 종결되는 경우가 드물다. 품질과 납기 그리고 지불문제에까지 힘한 풍파를 겪으면서 우리의 수출역군들은 2,000억 수출이라는 금자탑을 만든 것이다.

셀러와 바이어

무역의 당사자는 셀러와 바이어다. 바이어가 없이는 셀러의 존재 이유가 없다. 또한 셀러가 없이는 바이어라는 말조차 생기지 않았을 것이다. 남과 여 그리고 음과 양의 법칙과 같이 셀러와 바이어가 존재한다.

남과 여가 없이는 인류가 번성할 수 없다. 남자만 있는 세상은 100년이면 끝날 것이고 여자만 있는 세상도 마찬가지다. 사랑을 하든 미워하든 남과 여가 공생을 해야만 인류는 존속이 가능한 것이다. 무역도 마찬가지로 셀러와 바이어가 공존하여만 계속적인 교역이 가능한 것이다.

바이어! 이 말은 70년대와 80년대 수출 드라이브 정책 시절에 수출 역군들에겐 가장 소중한 단어였다. 엄처시하의 공처가들도 바이어와 만나야 한다는 말로서 늦게 귀가하거나 귀가를 하지 않아도 양해되는 면죄부였다.

술을 아주 좋아하는 친구가 있었다. 이 친구는 퇴근시간 되면 그냥 귀가하는 법이 없었다. 하고 많은 날 흠씬 취해서 늦게 귀가하는 친구에게 부인이 왜 늦었냐고 물으면 정답은 "바이어하고 마셨어"였다. 바이어가 그렇게 매일 있으면 그 회사는 돈 벌겠는데 왜 집에 주는 돈은 쥐꼬리만 하냐고 투덜대면서 세월이 흘러갔다.

그런데 불행히도 그 친구가 다니던 무역회사가 부도가 났다. 한동안 백수로 지내던 시절에도 이 친구는 어김없이 취해서 늦게 들어오는 것이다. 늦은 이유를 부인이 물으면 습관적으로 "바이어하고 마셨어"였다. 부인이 말했다. 백수도 바이어하고 마시나? 하고 물으며 핀잔을 주자 이 친구는 아예 외박을 하고 귀가하는 습관이 생겨 버렸다. 그 후 외박의 이유를 초상집에 갔다 왔다는 것으로 핑계대면서 누구의 아버지가 돌아가셨다, 그 후엔 누구의 아버지가 돌아가셨다, 이렇게 둘러대다 보니까 나중에는 한 친구의 아버지를 두 번 죽이는 해프닝도 있었다.

요즈음의 젊은 부부들에겐 바이어건 초상집이건 잘 통하지 않는 시대가 되었다. 이제 기초적인 생계 수단이 해결된 마당에 회사보다 가족이 중요한 시대가 도래한 것이다. 그러나 이렇게 가족 중심의 인간다운 생을 누리게 된 이면에는 수출 역군들의 희생적인 투쟁이 있었다. 2,000억불의 수출목표가 달성되는 올해에는 무역 인들은 여러 가지 잔치를 준비하고 있다.

200,000,000,000불을 한화로 환산해 보자. 1불을 1,000원으로만 계산한다고 해도 200조원이 된다. 이렇듯 엄청난 수출을 할 수 있었던 이면에는 셀러와 바이어간에 얼마나 많은 희비쌍곡선이 연출되었을까? 수많은 실패와 성공이 있을 것이다. 그러나 무역 인들은 그런 이야기를 글로 표현하지 않고 친한 친구 몇 명에게만 말하고 만다. 참 아쉽다. 글로 표현하여 후배들에게 가야할 길, 가지 않아야할 길을 알려 주는 것도 애국하는 일인데 말이다.
　국제 무역이 아니더라도 개인이 일반 가게에서 물건을 사면 바이어가 되며 그 가게는 셀러가 된다. 작년에 호찌민 시내의 꽤 큰 전자상가에서 냉장고를 하나 샀다. 필자가 원하는 크기의 냉장고가 국산이 없어서 잘 알려져 있지 않은 브랜드의 일제 냉장고를 구입했다. 브랜드나 제조회사가 생소해서 판매원에게 어느 나라 제품이냐고 물었더니 "Made in Japan"이라고 하였다. 브랜드를 잘 모를 때는 어느 나라 제품인가로 품질을 믿고 사는 것이 상식화 되었다.
　그런데 이 냉장고가 얼마나 시끄러운 소리를 내는지 밤새 잠을 잘 수 없었다. 다음 날 전화를 하여 시끄러워 사용할 수 없으니 교환해 달라고 요청했다. A/S 요원이 와서 하는 말이 원래 이것은 이 정도 시끄러운 것이며 교환해도 마찬가지라고 했다.
　그래서 다음 날 전자 상가 매니저에게 전화하여 다른 브랜드로 바꿔 달라고 했다. 그런데 매니저의 대답 보소. 한번 사간 제품은 교환이 불가능하다고 자른다. 다음 날 전자 상가를 찾아가서 매니저를 보고 사장 만나게 해 달라고 했더니 부재중이라고 한다. 언제 만날 수 있는지 연락을 달라고 했으나 연락이 없었고 여러 번 전화했으나 사장을 만나는 것은 거의 불가능하다는 것을 알았다. 이메일과 팩스를 여러 번 보냈으나 회신이 없었다. 신문사에 이 사실을 알리겠다고 했으나 콧방귀도 뀌지 않았다. 사이공 타임즈에 기사화하려고 이메일을 보내곤 하였으나 아무런 연락이 없었다. 약이 올라 소비자 보호센터라는 것이 있을 것이라고 생각하고 수소문하여 이 사실을 알렸다. 알고 보니 소비자 보호센터가 아니고 NGO(Non Government Organization)에서 이 사건을 담당해 주었다.

그때서야 사장을 만날 수 있었는데 보통 베트남 여인 같이 생기지 않은 뚱뚱하고 험악한 인상의 여사장이 나타났다. NGO에서 세 사람이 나와서 자초지종을 듣고 판결을 해 주었는데 다른 제품으로 바꾸어 주라고 판결해 주었다. 그래서 다른 제품으로 바꿀 수 있었는데 그 여사장은 사뭇 억울한 표정이었다. 한 번 사간 제품을 어떻게 바꾸어 주어야 하는지 도저히 이해가 가지 않는 표정으로 이번에는 제품을 인도하기 전에 소리를 들어보고 가져가라고 했다.

알고 보니 그 A/S 요원은 그 상가의 전속이 아니고 여러 브랜드를 함께 A/S하는 곳이었고 소리가 요란하던 제품은 일제가 아니었다. 아니나 다를까 그 상가는 일 년을 넘기지 못하고 상호를 다른 이름으로 바꾸었다. 사장이 바뀌었는지 자세히는 알 수 없으나 아무리 후진국이라 하지만 그런 세일즈맨 십으로 어떻게 성공할 수 있겠는가.

국내에서 냉장고 하나 사는데도 이런 해프닝이 일어나는데 국제 무역에서는 어떻겠는가? 별의별 상황이 다 발생할 수 있는 것이다.

그 중 하나를 소개한다.

80년대 초 유럽의 한 바이어가 중국의 스웨터 공장에 스웨터 5,000장을 주문하였다. 오리지널 샘플과 똑 같이 만들라고 지시하고 오리지널 샘플 한 장을 보낸 후 세일즈맨 샘플을 기다렸으나 세일즈맨 샘플 12장을 보냄과 동시에 5,000장을 선적을 하였다. 그런데 세일즈맨 샘플 12장이 하나같이 가슴팍에 구멍이 뚫려 있는 것이 아닌가. 왜 그렇게 구멍이 나 있는지 중국 셀러에게 물었더니 오리지널 샘플과 똑 같이 만들라고 해서 그렇게 뚫어 놓았다고 했다. 가슴이 뜨끔해진 바이어가 그럼 본 선적분 5,000장은? 하고 물었더니 다 뚫어 놓았지 하고 셀러가 의기양양하게 대답하였단다.

그러므로 첫 거래에서는 선적 전 검사(Inspection)가 필수적이다. 바이어 스스로 검사를 할 수 없을 때에는 바이어 대리인을 시켜서라도 검사를 하여야만 사고를 미연에 방지할 수 있는 것이다.

셀러와 바이어의 의식수준, 지식수준 그리고 상품의 품질을 가름하는 잣대가 다르므로 국제 무역에서는 선적 전 검사는 필수적이며 셀러의 수준이 낮다고 판단되면 바이어는 생산 도중에도 QC(Quality Control)를 게을리 하지 말아야 한다.

한 지붕에 사는 부부간에도 의사 전달이 명확하지 않아 티격태격 싸우게 되는데 멀리 떨어진 셀러와 바이어간에 분쟁이 없을 수가 없는 것이다. 품질에 대한 분쟁뿐만 아니라 납기 그리고 지불관계 등 셀러와 바이어 간에는 항상 말썽이 생기면서 수출입이 진행되는 것이다. 분쟁은 초기에 많이 발생하므로 첫 거래에서는 말로만 상담을 끝내지 말고 문서화하여 후일 분쟁을 미연에 막도록 하는 것이 중요하며 그래야 계속 거래가 유지되면서 분쟁이 줄어드는 것이다.

셀러와 바이어가 오래된 부부와 같이 서로 이해할 때에 국제 무역이 성공할 수 있는 것이다. 셀러는 바이어의 이익을 염두에 두고 수출을 하고 바이어는 셀러의 이익을 스스로의 이익보다 먼저 생각할 때에 함께 성장할 수 있을 것이며 이는 남녀 관계에 있어서도 마찬가지라고 생각된다.

분쟁의 해결법

"킬러를 보내겠습니다. 그 자식 사진 좀 보내 주세요."

조 사장은 화가 잔뜩 나 있었다. 분명 모기 잡는 F- killer가 아닌 사람 잡는 킬러를 이야기하는 것이다. 화물이 호찌민 항구에 도착한지 두 달이 지나도 수출대금 90,000불이 들어오지 않자 이제는 돈도 필요 없고 수입해 간 그 넘만 죽이면 화가 풀릴 것이라는 얘기다.

한국의 A사는 2004년 9월에 베트남의 다낭시에 있는 B사에 15톤 중고 덤프트럭 96년식 4대를 수출하였다. A사는 호찌민에 있는 에이전트인 C사에 대당 24,000불에 오퍼 하였고 C사는 호찌민에 있는 무역회사인 D사에 이 가격을 오퍼 하였다. D사는 다낭에 있는 B사에 이 트럭을 파는 과정에서 브로커 역할을 하였다. 몇 번의 흥정을 거쳐 22,500불에 합의를 하여 계약을 하였다. 따라서 4대의 Total Amount는 90,000불이 된다.

신용장은 계약서보다 우위의 효과가 있으며 선진국에서는 은행에서 계약서 같은 것을 요구하지 않고 Proforma invoice나 Offer sheet만 있으면 되지만 베트남 같은 후진국에서는 계약서를 꼭 요구한다. 그러므로 신용장을 받았을 때는 계약서와 상위한 부분이 있는지 검토하고 문제가 있으면 신용장 어멘드를 요청하여야 한다.

A사가 B사의 사인된 계약서를 받아보니 검사조항이 들어 있는데 화물 도착 후 검사를 한 후 지불한다는 조항이었다. A사는 이 조항을 수용하지 않고 수정할 것을 요구하였으나 B사는 수정을 하지 않은 채 신용장을 개설해 버렸다. A사는 당연히 신용장 어멘드를 요청했으나 B사는 어멘드 할 것 없이 검사증을 미리 발급해 주겠다고 하면서 D사를 통하여 검사증을 팩스로 보냈다.

실제 수입가격이 대당 22,500불이라면 17,000불 정도로 계약을 맺고 나머지 잔액은 현금으로 주는 것이 관행이다. 관세를 적게 물기 위한 편법이다. 화물이 사이공 항구에 도착하자 바이어는 검품을 하였는데 예상했던 품질보다 떨어져서 인수를 거부하였다. 셀러의 입장에서 보면 검사증도 확보한 상태이고 선적서류도 하자사항이 없는데 품질 운운하는 것은 타당하지 않다고 반박한다.

한 달이 되어도 지불하지 않자 에이전트인 C사는 브로커인 D사에 이유를 물었다. 품질이 나빠서 바이어가 인수를 하지 않으니

D/C(discount)를 요청한다고 하여 동의했다. 그러나 D/C를 동의한 후에도 은행지불과 잔금지불이 되지 않아서 또 이유를 물으니 D사는 그때부터 횡설수설이다. 브로커의 속성은 문제가 발생하면 해결하려 하지 않고 발뺌을 하는 것이다.

더 이상 브로커에게 문의해 보아야 시간 낭비임을 아는 에이전트는 직접 다낭에 조회를 해 보았다. 바이어인 다낭의 국영회사 사장은 자기들은 대당 17,000불에 샀으며 잔금에 대한 것은 알지도 못하니 68,000불만 은행지불을 하고 4대를 인수하겠다고 하는 것이다. 그리고 ANNEX(실제금액의 이면 계약서)에 적힌 22,500불은 알지도 못하고 그 사인은 누가 했는지도 모른다는 것이었다.

이 과정에서 문제점은 아래와 같다.

1. 계약서는 원본이 없고 팩스로만 오갔다.
2. 계약서의 고무방과 ANNEX 그리고 검사증의 고무방은 일치하나 B사는 계약서에만 사인을 했고 다른 것들에 대한 사인을 하지 않았다고 주장한다.
3. 은행에서도 B사의 이런 주장을 받아들여 지불을 보류하고 있다.
4. 브로커인 D사에서 양측 몰래 대당 1,500불씩 4대에 대한 6,000불을 Over Value하였다. 이 O/V를 숨기기 위해서 ANNEX와 검사증을 위조했을 가능성이 많다.

문제점을 해결하기 위해서는 허위사실을 걷어내고 정직하게 서로가 오픈하는 것이 최선이다. 그러므로 에이전트인 C사는 이렇게 해결하였다.

1. 계약서 원본이 없으나 D사로부터 팩스를 받을 때 D사의 팩스번호가

자동으로 찍혀져 있어서 팩스가 원본과 동일하다는 주장을 할 수가 있다.
2. ANNEX와 검사증의 고무방은 B사의 직원이 찍었을 가능성이 많으나 실사인은 B사의 대표가 하지 않았고 브로커가 위조했을 가능성이 많다.
3. 은행에서는 이런 주장으로 지불을 미룰 수가 없다. 은행에 직접 닦달하면 은행에서는 더 이상 지불을 미룰 수가 없다. 은행은 결국 지불을 하였다.
4. 이 문제는 브로커가 과도한 차익을 남기기 위하여 양측을 속임으로서 발생된 것이다. A사가 B사를 고소하면 결국 브로커는 쇠고랑을 면하기 힘들다. 그러나 고소를 하지 않고 해결해야 하는 것은 양측이 불법으로 거래를 하였기 때문에 상당한 벌금과 징계가 따를 수 있다.

킬러를 보내려던 A사의 조 사장은 결국 은행 지불금액인 68,000불은 받았지만 실제 잔액인 22,000불 중 8,800불 정도만 받고 이 건을 종결하게 된다. 브로커의 위조 서류와 거짓말 그리고 과도한 O/V로 수출업자와 수입자 모두 손해를 보게 되었고 브로커나 에이전트 또한 한 푼의 수입도 없이 이 건은 종결 된다.

분쟁이 났을 때 해결법은 될수록 법적으로 해결하려 하지 말고 대화로서 풀어 나가야 한다. 화가 나 있을 때는 피차가 죽이고 싶도록 밉지만 한 발짝 뒤로 물러서서 생각하는 여유를 가져야 한다. 조 사장의 즉흥적인 결정은 가미가제식의 너 죽고 나죽자는 식이다.

셀러 측은 변호사를 선임하고 법적 수속을 하기 위한 만반의 준비를 하였지만 에이전트의 중재로 피차 손해 보는 선에서 끝을 맺었다. 셀러가 이 계약으로 인하여 8,000불 정도의 손실을 보았지만 바이어 또한 2,000불 정도의 손실이 있었다. 그 후 다낭의 바이어는 같은 품목의 덤프트럭 10대를 셀러와 다시 계약하게 되었고 이제는 검품을 하러 한국에 직접 가기로 했다.

에이전트는 한국의 조 사장에게 전화를 하였다. "죽이려고 하던 넘이 스스로 한국으로 갑니다. 킬러를 베트남으로 보낼 필요가 없습니다. 그곳에서 처리를 하든지 술 한 잔 받아 주든지 알아서 하십시오."

촌놈 마라톤

사업에 성공하려면 여러 가지 조건을 갖추어야 하지만 그 중 빼놓을 수 없이 중요한 것이 타이밍이다. 남녀가 운우지정을 나눌 때도 타이밍이 중요하듯이 너무 빨라도 너무 느려도 성공을 기약하기가 힘든 것이다.

사업이 뜻대로 되지 않을 때에는 운으로만 돌릴 것이 아니라 예리한 분석이 필요하다. 사실 사업이 순조로울 때에는 그 리듬을 깨지 말고 그대로 잘 나가면 되지만 순조롭지 못할 때에는 무엇이 문제인지 리뷰를 해 볼 필요가 있다.

필자도 나름대로 열심히 했지만 성공의 궤도에 진입하지 못했다고 판단하고 분석해 본 결과 그 중 가장 큰 문제점이 무엇인지 발견한다. 타이밍이다. 너무 빨랐던 것이다. 친구들이 과장을 할 때에 사장을 하였고 친구들보다 10년은 먼저 해외로 나돌았다.

70년대 후반 홍콩 지점장을 할 때에 아무도 가지 못했던 중국을 몰래 드나들었다. 당시에는 중국이나 마카오 등 공산 지역을 갈 때에는 영사관에 신고를 하고 허가를 받아서 출입을 하여야 하였지만 그것이 싫어 중국 입국 비자를 100불에 암매해서 드나들었다. 무엇이든지 남보다 앞서야겠다는 생각이 강했던 것이다. 그때 중국에서 본 것은 상상을 초월한 싼 인건비였다. 그래서 홍콩인들은 중국에 공장을 가지고 있는 사람들이 많았다.

그 후 80년대 중반에 독립하여 무역을 하다가 80년대 후반에 베트남을 들락거리기 시작했다. 양국이 수교도 하기 몇 년 전에 수출을 시작했고 공장 건설을 시작하였으니 지금 생각하면 너무 앞서가는 우를 범한 것이 실패의 원인이었다.

당시 필자의 파트너는 그 후 현재 삼성전자의 파트너가 되었다. 삼성전자가 베트남에서 성공한 것을 보면 필자가 파트너를 잘 못 만나서 실패했다고 변명할 수도 없다. 너무 앞서 간 필자의 잘못이었다.

호찌민의 3군에 타이츠(두꺼운 팬티스타킹)를 생산하는 공장을 건설하였다. 지금 생각하면 꽤 큰 액수인 육십만 불의 투자를 해서 공장 건설을 하다가 후속 자금이 부족하여 공장을 6개월 세워 둔 후에 기계 해체 작업을 하였다.

40만 불어치의 기계를 5년간 파트너의 창고에 넣어 두었다. 현재 베트남에서 성공한 일류 기업인 풍국의 사장님도 당시 그 기계를 팔아주기 위해 손수 창고를 뒤지며 땀을 흘리셨으나 그 기계는 팔지 못하고 몇 년을 더 썩힌 뒤 고철로 팔아 버렸다.

40만 불어치의 기계를 얼마에 팔았는지 아는가? 4만 불이었다.

그간의 창고비를 공제하고 필자가 받은 금액은 2만 불도 되지 못했다. 기계 철거 당시 20만 불에 팔 수 있는 기회를 놓친 뒤 몇 년을 방치한 끝에 필자에게 돌아온 돈은 2만 불 정도였다. 타이밍을 잃은 손실이 얼마나 큰 지를 깨닫게 하는 뼈아픈 추억이다. 사실 타이츠를 한 소재로 소설 한 권을 써도 괜찮을 만큼 우여곡절이 많았으나 타이밍을 주제로 한 칼럼에서 시시콜콜 밝힐 수 없는 입장이다.

80년대 중반 의류에 관한 사업을 한창 하고 있을 때 미국 IBM에 근무하는 친구가 한국에 출장 와서 필자에게 의류 사업을 중단하고 컴퓨터 사업을 시작할 것을 권했다. 그 친구는 머지않아 컴퓨터를 사용해야만 하는 시대가 올 것이고 당시라도 늦지 않으니 공부하면서 시작하라고 했다. 그러나 당시 컴퓨터에 관해서 문외한이었던 필자는 그 권유를 받아들이지 못했다.

컴퓨터에 관한 지식이라고는 컴퓨터가 어떤 질문이든 답해 준다는 상식이었고 이런 퀴즈도 성행할 때였다. 어떤 사람이 컴퓨터에게 물었다.

"1,000원으로 세계 일주를 하려면?"

컴퓨터가 대답했다.

"웃기지 마라."

만약 필자가 그 때라도 컴퓨터 공부를 하고 관련 사업을 시작했다면 지금쯤 굉장한 부자가 되어 있을지도 모르는 일이다. 그 때가 30대 중반의 나이였는데 왜 그렇게 스스로 늦었다고 판단했는지 모른다. 이런 말이 있다. 늦다고 생각한 때가 오히려 빠른 때이다. 컴퓨터 사업을 하라고 권유하던 그 친구는 현재 서울대학교

교수를 하고 있으며 미국에서 본 경제의 흐름을 읽고 당시 후진국에 있는 친구에게 새로운 사업을 권유했던 것이다. 물론 당시에도 토플러의 〈제3의 물결〉 등을 탐독하며 미래의 사회구조가 어떻게 변할 것이라는 예언을 접하곤 했지만 그런 것들이 현실감 있게 느껴지지는 않았다.

앞서가는 사람들이 성공한 예도 많이 있다. 그 분들은 사전 철저한 준비를 하였고 모험을 할 수 있는 자금을 갖춘 후에 시작하였다. 자금이 부족하면 동업이나 창업 투자회사 등을 이용하였다.

필자가 주장하는 것은 앞서 가더라도 시대가 요구하는 품목이나 흐름을 잘 파악한 후 철저한 준비를 한 후에 타이밍을 맞추어 시작하라는 것이다. 베트남에 오는 기업들도 마찬가지다. 허겁지겁 투자를 하지 말고 지역 전문가들에게 충분한 대가를 지불하고 정보를 입수하든지 본사의 요원을 파견 보내어 1년 정도는 그냥 정보 수집만 하도록 투자를 하여야 실패를 예방할 수 있는 것이다.

촌놈 마라톤이라는 말이 있다. 마라톤 풀코스의 계획이 없이 초반을 마구 달리다가 중반도 못 미쳐 헐떡거리다가 쓰러지고 만다. 사실 필자는 베트남 진출 시 촌놈이 마라톤 하듯 달려 왔다고 고백한다. 삼성 전자가 전열을 갖추어 타이밍을 맞추어 들어와 베트남에서 가장 성공한 기업의 대열에 진입한 것은 우연이 아니다.

베트남의 무역과 투자환경

요즘 베트남으로 많은 한국인들이 몰려들고 있다. 매스컴에서 베트남에 대한 환상을 갖도록 부추기는 역할을 한 탓이 많을 것이다. 문제는 넉넉한 여유자금을 가지고 오는 경우에는 별로 큰 문제가 아니나 대부분이 1억 원 미만의 소자본으로 무엇을 해 볼까 하고 기웃거리는 사람들이 많아지는 것이다.

호찌민 소재 KOCHAM(상공인 연합회)를 찾아오거나 SBC(중소기업 진흥공단)을 찾아오는 경우에는 대부분 필자가 만나서 상담을 해 준다. 1억 원 미만으로 무엇을 해 볼까 하는 경우에 해답이 없다. 온 지 얼마 되지 않은 경우에는 아무 일도 하지 말고 말이나 배우면서 현지인 수준의 생활을 하기를 권유한다. 왜냐하면 10여 년을 베트남에서 살고 있는 성공한 사람이나 실패한 사람들에게 물어봐도 대답은 마찬가지였기 때문이다.

사업은 때를 잘 맞추어서 시작해야 성공할 수 있는 법이다. 만약 10년 전에 1억 원을 가지고 와서 필자에게 물었다면 권유할 만한 사업이 많았을 것이다. 그러나 지금의 베트남 무역과 투자 환경은 그 때 그 시절과는 많이 달라져 있다. 쉽게 말해서 한국에서 1억 원으로 무슨 사업을 할 만한 것이 없다면 베트남도 이제는 마찬가지란 뜻이다.

인간이 살아가는 데 있어서 필요한 의식주 중에서 가장 중요한 것이 먹는 것이다. 호찌민은 사계가 없고 일 년 내내 30도 전후를 오르내리는 더운 날씨이기 때문에 입는 것과 자는 곳이 없어도 사실 살아갈 수는 있다. 그러나 먹지 않으면 죽는다. 그래서 느느니

식당인 것이다. 벌써 100개가 넘는다고 하니 이해가 갈 것이다. 보통 교민 1,000명에 한 개 정도의 식당이 있으면 적당하다고 하는데 교민이 20,000명이라 치더라도 20개면 충분한 것이다. 식당이 늘어나는 이유를 보더라도 별로 해먹을 만한 것이 없다는 증거이다.

무역대행을 해 주다가 보니 무역 경험이 없는 분들이 찾아와서 한 두 번씩 대행을 하다가 계속 대행을 하지 않는다. 대부분 더 이상 무역을 계속할 수 없을 만큼 베트남 시장에 무엇을 판다는 것은 어렵다는 증거이다. 무역이란 사실 쉽게 생각하면 별로 어려울 것이 없어 보이지만 예상치 못한 장벽에 부딪치는 경우가 많다. 베트남에서 타국으로 수출하는 경우도 마찬가지이다.

베트남 상품은 대체로 중국 상품에 비해 가격 면에서 밀리고 품질도 그다지 우위를 점하지 못하기 때문에 일반 상품을 수출하는 경우도 몇 번 하고 마는 경우가 허다하다. 지금 필자가 말하는 것은 책자나 인터넷 정보에 나와 있는 투자 사업에 관한 이야기가 아니고 무경험자들의 저돌적인 무역과 투자를 말하는 것이다. 그러므로 자기가 모르는 분야를 무역이든 투자이든 무조건 시작하는 것은 미련한 짓이다.

보통 외국으로 이민 가는 사람들의 직업은 공항에 마중 나오는 사람에 의해서 정해지는 경우가 많다고 한다. 무엇을 해야 하겠다고 미리 사업 계획안을 가지고 가도 낯선 땅에서 언어소통도 되지 않을 뿐만 아니라 전통과 관습이 다른 이국에서 자기주장대로 뜻을 펼쳐 나가기는 쉬운 일이 아닐 것이다. 베트남으로 오는 분들도 마찬가지이다. 처음 누구의 소개로 왔더라도 그 사람을 모두 믿고 의지해서는 안 된다. 마중 나온 사람 혹은 소개 받은 사람에게 전적으로 의지 하지 말고 스스로 다녀 보고 여러 사람을 만나 보도록 하는 것이 좋다. 베트남은 치안이 잘 확보된 나라이기 때문에 이리 저리 돌아 다녀도 신변 위험이 그렇게 따르지 않는다. 그러나 소매치기나 들치기, 여장남자들의 갑작스런 습격 등은 조심하여야 한다. 미소 짓고 다가와서는 불알을 꽉 잡아서 힘을 빼 놓고 지갑을 빼간다.

베트남의 무역과 환경이라고 거창하게 제목을 달아 놓고 시시껄렁한 소리만 지껄이는 격이 되어 버렸다. 이제 좀 격식을 갖추어 실제 규모 있는 자본으로 무역과 투자를 하는 이야기를 해 보자.

먼저 무역에 대해서 이야기 해 보면 한국의 일반상품 즉 의류나 화장품, 주방제품 등을 베트남에 수출하려면 보통 40% 정도의 무거운 관세 때문에 베트남 시장에 가져다 팔기는 힘들다. 보따리 무역으로 몇 년간 관세 장벽을 피해 다녔으나 베트남 정부의 각종 단속으로 이제는 그렇게 해서 수출하기는 상당히 어려운 지경에 이르렀다. 기계류, 부품류 혹은 전자부품 등은 중국이나 대만보다 가격이 비싸서 품질을 내세워야 하나 품질로 따지면 일제나 서구 제품보다 뒤지므로 어중간한 입장에 서게 되므로 베트남에 한국 상품을 수출하는 데에는 여러 가지 대안을 만들어 나가야 한다. 그래서 KOTRA나 SBC 등 정부에서 투자한 기관에서 여러모로 무역 확대 방안을 강구하고 있는 것이다.

베트남 같은 후진국에는 한국 상품을 수출하는 것보다 저임금을 이용하기 위한 투자진출이 바람직하다. 그래서 섬유, 신발, 가방 등 인건비가 많이 드는 사업은 한국에서 대량 수출하기 힘들기 때문에 중국이나 베트남 등 저임금 국가로 투자 진출을 하게 되는 것이다. 베트남은 주변국가보다 투자 환경이 좋아서 심지어 중국으로 진출했던 기업들도 베트남으로 공장 이전을 시도하기도 했으나 베트남 정부에서는 최저임금을 40% 정도 인상하도록 최근 시행 조치하는 바람에 임금을 전체적으로 20% 정도 올려 줘야 하는 입장에 서게 되었다.

갑작스런 임금 인상으로 투자업체들은 많이 곤혹스러워하고 있으나 베트남 정부의 입장에서 보면 당연한 조치라고 한다. 다만 불만스러운 것은 매년 조금씩 인상하게 하지 않고 갑작스러운 조치를 취한 처사가 못마땅한 것이다. 최저 임금제가 시행될 즈음 호찌민과 주변 성들에서 파업이 발생하였는데 한국 기업이 10개 정도인데 비하여 대만 기업이 50개 정도인 것을 보면 그래도 한국 기업들이 대만 기업들보다는 처우를 잘 해 준 것 같다.

이야기가 길어진 것 같으니 결론을 내어 보자.

1. 베트남으로의 수출입은 상당히 힘들다. 품목 선정이 중요하다. 베트남으로 수출입 하기 위해서는 몇 가지 가능한 품목 이외에 건드리지 말아야 한다. 그 가능한 품목들이라는 것은 전문가들에게 문의를 하라. 그러나 맨입으로 잘 가르쳐 주지 않을 것이다. 한 가지 품목에 대한 시장 조사를 하기 위해서는 상당한 시간과 돈이 든다는 것을 유념하여야 한다.

2. 단순한 무역보다는 저임금을 활용하는 생산기지로서의 역할을 할 수 있는 투자를 하는 것이 바람직하다. 그렇게 되면 당분간 삼자 무역이 되는 것이다. 예를 들어 한국에서 원부자재를 베트남

으로 수출하고 베트남에서는 상품을 생산하여 미국으로 수출하는 모양을 갖추게 되나 이런 형태의 비즈니스도 장기간 지속되기는 힘들 것이다.

3. 그러므로 향후 저임금을 활용하는 투자에서 기술 투자로 전환하여야 하는 명제를 안고 가야 한다. 베트남도 인건비가 상승하고 인력 스카우트전이 벌어질 날도 멀지 않았다. 이제는 저임금만 바라보고 투자하지 말고 원부자재 생산과 부품류를 생산하는 투자에도 눈을 돌려야 할 때이다.

4. 그 이외에 머지않아 베트남도 WTO에 가입하게 될 것이므로 그 때를 겨냥하여 체인스토어 사업이나 운수업, 오락사업 그 외에 한국에서 성행했던 여러 가지 서비스업에도 투자를 하는 것도 고려해 볼 만하다. 그러나 사업의 성공 여부는 때를 맞추는 것임을 잊지 말아야 할 것이다.

동업의 한계

사업을 시작할 때 혼자 힘으로 하기가 벅찬 경우가 많다. 이런 경우에 동업을 시작하게 되는데 사실 실패할 확률이 많다는 것을 알면서도 동업을 하게 된다. 어떤 사람이 기술을 가지고 있는데 자본이 없는 경우 자본가와 동업을 하였다고 하자. 이런 경우에 동상이몽을 하고 시작하게 되는 경우가 많다. 기술자는 내 기술이 없었으면 어떻게 회사가 유지되었겠느냐는 생각을 갖고 자본가는 기술이 아무리 있으면 뭐하나 내 돈이 없었으면 그 기술은 어디에 쓸 수 있나 라는 생각을 갖게 된다.

그리고 의기투합 식의 동업은 상당히 위험하다. 동업을 하려면 각자의 역할 분담을 분명히 하여야 하고 발생 가능한 예를 일일이 예거하여 문서화해 놓아야 후일 분쟁을 예방할 수가 있다. 동업을 하게 되면 각자가 아전인수 격으로 동상이몽을 하게 되기 때문에 사사건건 불만이 쌓이게 되고 그 불만이 한계에 도달하면 언쟁이 일어나고 그 때부터 모든 일이 삐걱거리기 시작하는 것이다.

결혼도 어떤 시각에서 보면 동업의 일종이다. 서로가 양보와 희생정신을 가지고 결혼생활을 하면 별 문제가 없이 지나가지만 건건이 따지고 일방적인 희생을 하고 있다는 생각을 갖게 되면 다툼이 자주 일어나고 이혼이라는 극한상황까지 전개되는 것이다. 그래서 서양의 부자들은 결혼을 하기 전에 계약서를 만들어 헤어지는 일에 대한 대비를 미리 해 놓기도 한다고 한다.

해외투자에 있어서는 100% 투자 방식이 있고 BCC(Business Co-operation Contract) 라고 하는 경영협약 방식이 있고 또한 J/V(Joint Venture)라는 합작투자 방식이 있다. 베트남의 투자에 있어서는 100% 투자 방식을 선호하고 있다. 왜냐하면 동업을 하지 않고 모든 의사결정을 해외투자자 스스로 할 수 있기 때문이다. 그러나 베트남 정부에서는 제조업 이외에는 100% 투자 방식의 허가를 잘 내어 주지 않기 때문에 J/V나 BCC 쪽으로 투자하여 허가를 득하게 된다.

그런데 어떤 투자자는 허가가 날 수 있는데도 불구하고 자본의 부족이나 판매망의 미확보 때문에 J/V를 하려고 하는 경우가 있는데 이는 상당히 위험한 발상이다. 국내에서의 동업도 힘이 든다고 하는데 해외에서 동업을 하는 경우는 더 많은 분쟁의 불씨를 안고 가게 된다. 그리고 베트남 사람과의 동업은 성공하는 경우가 매우 적다. 베트남과 한국은 겉으로 보기에는 참으로 닮았다고 생각하겠지만 사람들의 생각은 판이하게 다르다. 관혼상제가 비슷하다고 해서 개인의 생각까지 비슷할 것이라는 오판을 하지 말아야 한다.

일반적으로 서비스업은 100% 투자허가가 잘 나지 않기 때문에 소규모 투자인 경우에는 현지인 이름으로 사업을 하는 경우가 많다. 예를 들어 한국 식당도 현지인 명의로 영업을 하면서 실제로는 한국인들이 경영을 하고 있다. 명의를 빌리는 값으로 매월 몇 백 불씩 주면서 운영하지만 이런 경우에는 동업이라고 볼 수 없고 다만 명의를 빌리는 경우가 되나 무역업 등에는 자본 투자를 동시에 하는 경우가 많다. 물론 명의는 현지인으로 하고 대부분의 자본은 외국인이 투자한 후 지분을 50% 이상 갖게 되지만 지분이 그렇게 중요한 것이 아니고 얼마만큼 피차 이해를 할 수 있느냐가 관건이다. 초기에는 서로 믿고 가지만 여러 가지 사건이 얽히게 되면 오해를 하게 되고 오해의 골이 깊어지면 불신하게 되며 불신 상태에서 계속 동업을 하기는 힘들어지는 것이다.

한 예를 보자. ACE 무역상사의 박 사장은 현지인에게 8만 불의 자본을 출자하고 현지인이 2만 불 투자하여 10만 불 자본금의 100% 현지 무역회사를 만들었다. 5년간 그런대로 짭짤한 수입으로 운영했지만 최근 들어 장사가 잘 되지 않았다. 그래서 품목을 전환하여 비철금속 원자재를 한국으로 수출하기로 하고 한국의 BASE 수입상사로 수출할 물량 200톤을 계약하였다. 단가가 톤당 1,600불 정도의 원자재여서 TOTAL AMOUNT가 32만 불 되는 신용장을 받았다. 베트남 측 파트너가 낸 견적은 톤당 1,400불이었다. 경비를 제하더라도 톤당 150불이 남으므로 신용장 금액을 모두 선적하면 3만 불이 남으므로 3개월에 걸쳐 3만 불이면 매월 만 불은 남으므로 괜찮은 장사라 이 품목에 전념하기로 마음먹고 베트남 파트너에게 1,400불을 3개월 이내에 선적가능한지 몇 번이나 묻고 다짐하였다. 그래서 신용장을 받았던 것이다.

그런데 베트남 파트너는 30톤을 선적하더니 만세를 부르는 것이었다. 가격이 올라서 더 이상 선적을 못하겠다는 것이다. 나머지 170톤에 대한 NON DELIVERY CLAIM은 어떻게 하겠느냐고 했더니 그것은 앞으로 선적을 하면서 갚아나가자고 한다. 박 사장은 현지인 파트너에게 설명하기를 클레임을 해결하지 않은 상태에서 다음 오더를 받을 수 없다고 이야기 해 주었다. 그러나 현지인 파트너로부터 해답이 없었으며 밑지고는 더 이상 오더를 수행할 수 없다는 것이 답변이었다. 힘들여 개척해 놓은 계약이 현지인 파트너의 성의 없는 답변으로 물거품이 되어 버렸다.

박 사장은 궁여지책으로 그와 비슷한 원자재를 BASE 상사와 30톤만 계약을 하였다. 그리고 그 계약 건을 무사히 선적하고 다음 30톤을 계약하였다. 이번에 또 딴 소리를 할 것 같아서 구두로 하지 말고 정식 OFFER SHEET를 발행하라고 하여 톤당 2,100불의 견적서를 파트너로부터 받았다. 그래서 박 사장은 한국에 실제로 견적을 낼 때 2,400불에 내어서 확약을 받았다. 이익금 300 불에 30톤 하면 9,000불이므로 이 금액으로 기존 계약을 이행 못한 NON DELIVERY CLAIM을 해결할 요량으로 OVER VALUE를 하였는데 마침 한국에서 2,400불에 ACCEPT해 주어서 일이 일사천리로 진행되었다.

그런데 베트남 파트너는 정식 OFFER SHEET를 낸 2,100불을 24시간도 지나지 않아서 번복하였다. 2,100불로는 안 된다. 2,350불이어야 한다고 주장한다. 선적 불이행에 대한 클레임은 물어줄 생각이 없고 눈앞의 이익만 생각하고 자기가 사인한 문서도 아랑곳없이 말을 바꾸는 것이다. 박 사장은 정나미가 떨어져서 더 이상 동업을 하고 싶지 않았다. 그래서 요즈음은 회사 정산을 어떻게 할 것인지 고민하고 있다고 한다.

후진국 사람들은 약속을 잘 지키지 않고 약속을 어기는 데에 대하여 별로 죄책감이 없다. 그런 사람들과 동업을 한다는 것은 자기 무덤을 파는 행위와 다름없다는 것을 잘 알아야 한다. 몇 년 전에는 어느 후진국의 CASHEW NUT 수출업자들은 미국 수입업자들과 연간 계약을 하여 수 천만 불의 신용장을 받았다. 그런데 그 해 유럽의 CASHEW NUT이 흉작이 되어 후진국 수출업자들에게 미국보다 더 좋은 가격을 제시하였다. 그래서 후진국 수출업자들은 신용장을 받아 놓고도 선적을 이행하지 않고 유럽으로 팔아버렸다. 그래서 화가 난 미국 수입업자들은 다시는 그 나라 CASHEW NUT을 사지 말자고 담합하여 그 후 그 후진국에서 구매를 하지 않았다. 그리고 유럽에서도 다음 해에 CASHEW NUT의 작황이 좋아져서 그 후진국에서 수입을 하지 않았다. 그래서 그 후진국의 CASHEW NUT 가격이 똥값이 되어 버렸다.

후진국 사람들은 대체로 장기적인 안목으로 사업을 하지 않고 눈앞의 이익만 바라보고 사업을 하기 때문에 당장의 손실에 못 견뎌 하는 경향이 있다. 그러므로 그런 사람들과 동업 구도로 들어가는 것은 참으로 위험한 일이다. 베트남도 이제 7월 1일부터 신 투자법과 신 기업법이 시행된다. 그러나 시행령이 어떻게 정립될지 잘 지켜보고 투자 결심을 해야 한다. 예부터 동업하는 자식은 낳지도 말라는 속담이 있다. 옛말 그른 것이 없다고 하니 동업을 계획하는 사람들은 한 번 더 생각해 볼 필요가 있다. 누가 동업을 제안하면 THINK TWICE BEFORE YOU ANSWER 라는 노래를 기억하라.

(추신 ; 매월 2번씩 베트남 교민잡지에 올리는 칼럼 중 상기 글은 검열에 걸려 잡지에 게재되지 못했습니다. 별 내용도 아닌데, 당국의 눈에 벗어난 모양입니다.)

베트남 비즈니스 추진 상의 주의사항

올해는 베트남도 WTO에 가입될 것이 거의 확실하며 따라서 베트남은 세계무역기구의 회원국이 되어 국제사회에서 인정받는 교역국이 될 것이다. WTO에 가입함으로서 당분간은 자국에 불이익이 되는 사항이 더 많을 것이나 향후에는 더욱 성장할 수 있는 발판을 마련하여 고도성장을 향유할 수 있을 것이다.

WTO에 가입된 후에는 더욱 많은 투자자들이 베트남으로 밀려올 것이 예상되고 그에 따른 충분한 대비책을 베트남 정부뿐만 아니라 투자자들 또한 마련해야 할 것이다. 이러한 시점에 베트남 비즈니스 추진상의 문제점이 무엇인지 그리고 주의사항은 어떤 것들이 있을 수 있는지 생각해 보는 것도 의미 있는 일일 것이다.

2006년 7월 1일부터 개정된 베트남 신규 투자법과 기업법이 발효되고 그에 대한 하위 법령(초안)이 마련 중이며 상법, 변호사법 등 제반 법률이 속속 개정 발표되고 있다. 사실 기 천만 불 이상 투자하는 대형 투자자들은 법률회사와 계약을 하여 문제점을 미리 예방해 나갈 수 있겠지만 소액 투자자들은 어설픈 컨설팅 회사에 의뢰하여 문제 발생 시에 대응할 수 없을 정도에 직면하기도 하고 스스로 일을 진행하여 더욱 어려운 길로 접어들기도 한다.

베트남에서는 대형 투자자들의 성공률은 소액 투자자들의 성공률보다 훨씬 높은 것이 사실이다. 큰 투자든 작은 투자든 간에 베트남에서 성공하기 위해서는 먼저 베트남 알기에 주력하여 베트남을 이해하는 마음부터 가지고 시작해야 한다. 베트남은 아직 WTO에 가입하지 않은 국제 무역이나 투자에서는 새내기이다.

그러므로 자기의 눈높이로 판단하고 결정해서는 예기치 못한 벽에 부딪치는 경우가 발생하게 될 것이다.

먼저 무역에 대해서 살펴보자. 무역을 잘 모르는 사람들은 무역을 별로 어렵게 생각하지 않고 식당 하는 사람도 무역하고, 화장품 가게 하던 사람도 무역을 한다. 보따리 무역으로 소규모로 진행할 경우에는 큰 문제가 발생하지 않으나 규모가 점점 커지면서 관세나 부가세 정식 통관 품목 여부 그리고 소득세 등에 신경을 써야 한다. 수많은 사람들이 무역을 하면서 손해를 보고 있다. 너무 쉽게 생각한 탓이다. 또한 베트남 비즈니스를 너무 쉽게 본 탓이기도 하다.

베트남에서 무역하는 현지인들은 Middle Man(중개인)이 많다. 무역 경험이 축적된 중개인인 Agent들은 드물고 선무당들이 많으므로 이런 사람들은 거래 성사를 더욱 어렵게 만든다. 거래 당사자들의 마진보다 많은 과도한 커미션 요구로 거래 자체가 성립되지 않게 만들기 때문에 이런 부류들은 피해가야 한다. 이런 사람들에게는 적정한 커미션을 약속하고 거래 당사자를 만나게 해 달라고 하여 시작하여야 한다.

OFFER SHEET를 함부로 주지 말라. 주더라도 OFFER VALIDITY는 될수록 짧게 주어서 신속한 결정을 유도하여야 한다. 오퍼시트를 들고 여기 저기 보여주며 장난치는 바이어들이 많으므로 주의를 요한다.

베트남으로 수출 시에 UNDER VALUE를 요구하는 계약은 주의를 요한다. 실제 거래액을 속이는 행위는 바이어들이 관세 포탈을 하기 위한 방편으로 사용하므로 이런 불법에 편승해서 후일 화를 자초하지 말아야 한다. UNDER VALUE를 불가피하게 해야 한다면 무역전문가 들에게 문의하여 해결 방안을 찾아야 한다.

신용장은 AT SIGHT로 하여야 하고 USANCE L/C인 경우에는 반드시 BANKER'S USANCE로 해야 한다. 일반 USANCE일 경우에 만기일에 지불받지 못하는 경우가 많다.

D/A 절대로 하지 마라. 이것은 본지사간에 하는 것이지 잘 모르는 바이어들에게 하는 것이 아니다. D/P 해도 좋다. 그러나 보증금을 받지 않은 상태의 D/P는 여전히 위험하다.

처음 거래 시에는 사고가 많이 발생한다. PACKING LIST를 간단하게 작성하여 통관에서 부딪치는 경우가 많이 발생한다. P/L는 미리 바이어에게 FAX 등으로 보내서 검토하게 하여 불필요한 통관 제재를 당하지 말아야 한다.

베트남과의 무역은 자사제품이 아니면 손대지 않는 것이 좋고 자사제품이라도 베트남으로의 수출은 상당히 힘들다. 중국의 저가품에 밀리고 아세안 국가들 간의 관세혜택으로 한국 상품의 베트남 수출은 힘들기 때문에 차라리 베트남으로의 투자를 생각해야 한다.

투자 시의 문제점과 주의사항을 살펴보자. 바이어가 확보되지 않은 품목의 투자는 위험하다. 베트남 투자는 주로 해외 바이어들이 확보된 상태이나 한국의 인건비가 높아서 저임금을 활용하는 방안으로 투자하는 경우가 많다. 내수시장을 겨냥한 투자는 철저한 시장조사를 거쳐야 한다. 100만 불 투자하면서 만 불의 시장조사비를 아끼지 말라. 만 불 아끼다가 100만 불 날리는 경우가 허다하다. 그러나 현재의 베트남 투자는 저임금을 노리고 투자하는 것은 바람직하지 않다. 인건비가 날로 상승할 뿐만 아니라 인력난이 도래하는 곳이 많아진다. 부품제조나 원료제조 등 기술을 요하는 곳에 투자를 하는 것이 바람직하다.

투자 시에는 가급적 합작 투자를 피하는 것이 좋다. 중요한 안건에 대하여 만장일치 제도가 있어서 사업진행 시에 곤욕을 치르는 경우가 발생하기 때문이다. 투자한 후에는 관세나 세무 관계 등에 있어서 철저히 투명하게 진행해야 한다. 대강 대강 넘어가다가는 갑자기 과도한 벌금을 물어야 하는 경우가 많이 발생한다. 이를 경시한 외국투자기업들에 대한 조사가 여러 곳에서 시작되고 있으니 소 잃고 외양간 고치지 말고 매년 확실한 마무리를 하여야 한다.

베트남은 대체로 아직 원부자재가 생산되지 않고 있으므로 원부자재를 수입하여 가공은 베트남에서 하여 수출을 하는 삼각무역 형태가 많다. 수출용 원부자재에 대해서는 면세 혜택이 있으므로 이를 이용하여 내수시장에 면세품을 팔아 버릴 경우 이는 밀수에 해당하는 중대한 제재를 받게 된다. 혹시 남는 원부자재가 있으면 그 부분에 대해서는 소량이라도 적법 처리해야 한다. 면세 받은 원자재로는 제품을 만들어 자선기관에 찬조하는 것도 하나의 방법이 될 수 있다.

노무관계도 노동쟁의가 일어나지 않도록 노사관계를 원만히 하여 예방하는 일을 게을리 하지 말아야 한다. 노동자들에게 선심을 쓰는 것보다 노동법을 잘 지키고 약속한 사항을 서로 잘 지켜나가는 것이 더 중요하다. 해고를 할 때에도 해고당하는 자가 왜 해고당하는지 충분히 이해를 시켜야 한다. 억울하다고 생각하면 엉뚱한 투서를 하여 돈과 시간을 낭비하게 하는 경우가 많다.

　베트남에서 사업을 하려면 먼저 베트남을 이해하고 베트남 법을 잘 지켜나가야 하는 것이 가장 중요하다는 것은 아무리 강조하여도 지나치지 않는다.

2008년 베트남 투자환경

　베트남은 1975년에 종전이 되었고 1986년에 도이므이(쇄신)정책을 실시하였다. 11년간 전쟁후유증도 있었겠지만 쇄신정책이 없이는 국민이 굶주릴 수밖에 없는 실정이어서 일종의 경제개방정책을 실시하지 않을 수 없었을 것이다. 그 후 서방국가들도 기웃거리기 시작했고 한국의 기업들도 무역을 시도하기 시작하였다. 종합상사들이 1990년 전후로 진출하기 시작했고 투자기업과 무역 관련업을 시도하는 개인 기업들도 들락거리기 시작했다. 이어서 1992년 12월에 역사적인 한·베 수교가 되었던 것이다.

　2년 전까지만 해도 1,000개 정도의 한국기업이 베트남에 진출했으나 최근 2년 만에 800개 기업이 진출해서 이제 1,800개 정도의 한국기업이 베트남에 진출했으며 투자액수로도 가장 많이 투자한 나라가 되었다. 하노이 지역에 약 500개 호찌민 지역에 1,200개 기타지역에 약 100개의 기업이 진출한 것으로 추정된다.

2006년까지는 저임금을 활용하기 위한 봉제, 가방, 신발 등을 제조하는 기업이 주류를 이루었으나 2007년부터는 금호아시아나, 포스코, 두산중공업, GS건설 등 대기업이 본격적으로 진출하였다. 그 이유는 베트남의 WTO가입으로 베트남은 이제 국제적인 룰에 따르지 않을 수 없게 되어 안정된 투자환경이 조성되었기 때문이다.

베트남은 WTO에 가입하기 위하여 2006년 7월에 신 투자법과 신 기업법 등 법률을 개정하였다. 그때까지 외국인과 내국인 기업의 차별이 있었으나 모든 차별을 없애는 것을 기조로 하는 법의 개정이었다. 그 후 2007년 초에 역사적인 WTO에 가입하게 되어 한국을 비롯한 서방국가들도 안심하고 대규모 투자를 시작하게 된 것이다. 갑자기 대형 투자기업들이 몰려들자 물가가 상승하고 따라서 임금인상도 불가피해졌다. 2006년 초에 최저임금을 40% 인상한 후 2008년 초에는 다시 약 15% 인상을 하게 되었다. 그래도 최저임금이 60불 전후이니 주위국가들보다 훨씬 투자 메리트가 있는 것이다.

저임금을 활용하기 위하여 중국으로 진출한 한국기업들이 이제는 중국의 인센티브 폐지와 여러 가지 제약이 가해지기 시작하자 더 이상 버티지 못하고 타국으로 이전하고 있는데 그 중에 베트남이 가장 투자하기 적합한 나라라고 평가되고 있다. 대체로 보면 중국은 투자를 시작할 때에는 간도 빼 줄 것처럼 잘해주다가 그 후는 애를 먹이는 경우가 많으나 베트남은 그 반대로 투자하러 오든 말든 별로 반기지 않다가 일단 투자를 하면 오랫동안 투자기업을 보호해 주는 것이 상례이다. 다만 베트남의 법을 잘 지킬 때가 그렇다는 것이지 베트남 법을 성실히 준수하지 않으면 예상치 못한 불이익을 당하는 경우가 있으니 조심해야 한다.

　부동산과 증권의 붐은 한국과 비슷한 양상으로 전개되고 있다. 그러나 베트남 정부에서는 제조업을 하도록 유도하는 정책을 펴 갈 것이다. 부동산도 부침이 있을 것이며 증권도 깡통계좌가 나타나 호된 맛을 보게 될 날도 멀지 않으므로 가급적이면 제조업으로 투자하는 것이 바람직하다. 외국에 바이어로 있다면 가장 안정된 투자가 제조업이다. 한국이나 중국의 공장을 베트남으로 이전하는 것이 바람직하다. 그러나 내수시장을 바라보고 100% 외국 투자기업으로 진출하는 것은 고려해야 한다. 가급적이면 능력 있는 베트남 기업과 합작을 하든지 M&A 등으로 진출하는 것이 경쟁력이 있어 보인다.

　이제는 만장일치 제도가 폐지되었고 65%~75% 지분을 가지면 경영권을 확보할 수 있으므로 합작기업을 하는 것도 괜찮을 것이다. 허가도 쉽고 추후 베트남회사로 인정받을 수 있으므로 경쟁력을 갖출 수 있게 된다. 세계 각국이 대규모 투자를 시작하고 있으나 그래도 한국이 사회, 문화, 관습의 유사성으로 유리하다. 펀드 등 외국의 투자자본이 베트남으로 몰려들고 있으나 증권시장의 규모가 너무 작아 70% 정도의 대기자금이 부동산 쪽으로 기웃거리고 있다. 베트남과 한국을 비교해 보라. 빌딩과 아파트 그리고 교량만 봐도 베트남의 건설시장이 얼마나 큰 지를 짐작할 수 있을 것이다. 최근 100개 정도의 한국건설업체가 으르렁거리며 다니다가 베트남 땅값만 올려놓았다. 한국의 건설업체는 성질 급한 민족답게 대도시의 도심에만 몰려들었다. 장기적인 안목으로 투자하려면 도심을 벗어나 변두리를 공략해도 좋으련만 죽자 사자 노른자만 먹으려 들어서 하노이나 호찌민 땅값은 한국 땅값 못지않게 상승되었다. 증권이나 부동산 투자도 한국의 30년 전 쯤을 생각하면서 투자해 봄직하다.

베트남은 고급인력이 태부족한 상태이다. 선진외국기업이 밀려오면서 질 높은 인력이 요구되고 있으나 그에 대한 준비는 시간이 걸리므로 현지 고급인력은 월 급여 1,000불을 지불해도 구하기 힘든 상태로 발전되고 있다. 고급인력뿐만 아니라 일반 근로자들의 급여도 물가상승보다 더 높게 지불해야 한다. 베트남 전체의 일인당 GDP가 800불 정도라고 하지만 실제로 호찌민이나 하노이의 GDP는 5,000불 정도로 주장하는 것도 설득력이 있어 보인다.

근로자들의 임금인상은 경제가 발전하면서 불가피하게 상승되는 것이므로 노사관계를 원만히 진행하여 갑작스런 불법파업을 막는 것이 진출기업들의 피해를 줄이는 최선의 방법이다. 베트남은 노조가 파업을 하기 전에 감독기관의 동의가 있어야 하므로 감독기관과도 평소에 소통을 매끄럽게 해 놓는 것이 경제단체의 주임무가 되었다. 이에 한인상공인연합회에서는 2008년도의 주된 사업으로 불법파업을 예방하는 일을 선정하였다. 호찌민, 빈증, 동나이 등 지역협의회에서는 이에 대한 대비책을 강구하고 있으나 직능별 협의회 중 근로자가 많은 기업은 지역협의회에 가입하여 지역협의회의 역량을 모아주도록 해야 한다. 코참은 지역협의회와 직능별협의회 그리고 연합회를 유기적으로 연결하여 최선의 방안이 무엇인지 모색해야 하는 것이 2008년의 주요과제이다. 이를 원활히 진행하기 위해서는 사무국을 갖춘 코참에서 상근부회장을 두어 제반 문제를 총지휘하여야 효과를 거둘 수 있을 것이다.

한국은 가장 많이 투자한 나라이므로 다른 투자국을 리드해야 할 입장에 놓여있다. 암참, 유로참 그리고 아시아 각국의 비즈니스그룹과도 연계를 하여 베트남에 투자한 나라들이 중국에 투자한 나라들처럼 쫓겨나는 상황을 재현하지 말도록 하여야 한다. 그러기 위해서는 무엇보다 베트남 법을 준수하고 근로자 교육을 제도화하여 모두가 WIN WIN 할 수 있는 시스템을 갖추어야 한다. 각국에서 주최하는 포럼에 부지런히 다녀서 어떤 식으로 진행해야 가장 좋은 비전을 제시할 수 있는지 연구하여야 한다. 또한 관민이 협력하여 정책을 정하고 그 정책을 효율적으로 수행하는 일을 게을리 말아야 한다. 투자환경의 개선은 모두가 거미줄 같은 소통 망을 갖추어 놓을 때 가능해지는 것이다.

어떤 일이든 일방적인 잘못이 있을 수 없다. 인과응보가 있는 것이며 예들 들어 자동차 운전도 방어운전을 할 줄 알아야 하듯이 베트남의 투자환경 개선도 우리 모두가 함께 만들어가야 하는 것이다. 사실 베트남에 진출한 기업들의 법인 장들을 비롯하여 정부 관련 기관들의 대표들은 몇 년씩 근무하고 바뀌기 때문에 자신의 맡은 분야만 해도 시간이 모자라는 지경이므로 장기적 안목을 가지고 임할 수 없는 입장이다.

중국에 진출한 기업이 타국으로 떠나야 하는 것을 보고도 강 건너 불구경하듯 할 것인가? 타산지석이라는 말이 있다. 중국의 투자환경이 그렇게 변했으면 베트남의 투자환경은 그렇게 되지 말도록 힘을 모아야 한다. 그것이 코참의 역점사업이 되어야 할 것이다. 내가 안 해도 남이 하는 대로 따라가면 되지 하는 생각은 이기적인 생각이다. 투자기업은 모두 코참의 회원으로 가입하여야 한다. 그리고 회장단은 비전을 제시해야 하고 미션을 이행해야 하며 회원들은 방관하지 말고 개선 방향을 건의하고 애로사항을 피력하는 등 기업자신 뿐만 아니라 전체기업의 공동개발에도 관심을 가져야한다.

    베트남의 투자환경은 베트남에 진출한 기업뿐만 아니라 정부관련 기관 그리고 교민 모두가 관심을 가지고 아름다운 공원을 조성하듯이 식목하는 마음으로 만들어가야 할 것이다

2부 베트남 이야기

Socialist Republic of Vietnam

베트남의 여인들 1

 요즈음 베트남 신문 잡지를 보면 한국의 영화배우나 탤런트들의 사진이 자주 등장한다. 베트남 TV는 한국의 연속극을 하나 둘 쯤은 계속 방영하며, 내가 모르는 베트남 여자들도 만나면 첫인사가 한국 연속극 무지하게 재미있다고 경탄한다.

 원래 연속극은 여자들이 더 좋아하는데 베트남 여자들도 마찬가지다. 한국 미남 배우들을 사모하고 미녀 배우들의 의상 헤어스타일도 따라 하기 바쁘다. 생활수준이 10년 전보다 많이 나아졌다는 증거다.

 10년 전의 베트남 여인들은 하나같이 머리카락이 히프까지 내려오게 하고 다녔는데 지금은 도심에선 머리긴 여자를 거의 볼 수 없고 시골로 가야 볼 수 있을 정도다.

 오토바이를 타고 다니는 사람들의 거의 반이 여자들이니 타국에서는 여간해선 보기 힘든 풍경이다. 검은 선글라스를 끼고 마스크로 입을 가리고 팔꿈치까지 오는 긴 장갑을 끼고 오토바이를 타고 달리는 베트남 여인들은 얼핏 은행 갱을 연상케도 한다. 왜 그렇게 하고 다니느냐고 물으니 피부를 그을게 하지 않고 매연방지 때문이라고 한다.

 피부를 희게 가꾸고 싶은 욕망은 젊은 여인들의 공통점인 듯하다. 그래서 화장품에 관심이 많으므로 세계 각국의 화장품회사들이 베트남 여인들을 공략하고 있다.

 그러나 기초화장을 하지 않고 바로 색조화장으로 들어가기 때문에 옛날 우리나라 시골처녀들을 연상케 한다. 분과 연지만 찍어 바르는 식이다. 그래서 화장독으로 얼굴이 상한 여인들도 많다.

　미장원은 동네 골목마다 약국보다 더 많이 늘어서 있고 대형 고급 미장원뿐만 아니라 살 빼는 업소까지 등장하는 등 빼빼하던 월남여자들이 대부분이었지만 이제 뚱뚱한 여인들도 속출하고 있다.

　베트남 여인이라고 하면 달력이나 그림 등에 흔히 등장하는 세모난 삿갓 모자를 들고 아오자이를 입고 긴 머리카락과 버들가지처럼 호리호리한 여인을 연상하게 된다.

　그러나 지금은 이런 차림은 시골에 가야 볼 수 있고 도심의 여인들은 짧은 머리카락과 양장, 천으로 된 모자, 선글라스, 긴 장갑 등으로 차림새가 바뀌었다. 그래도 아직 촌티를 벗어나지 못했지만 나름대로 패션 잡지 등을 보며 열심히 유행을 좇고 있다.

　가장 아름답게 보이는 풍경은 역시 여고생들이다. 등교 시간 퇴교시간 등에 하얀 아오자이를 입고 자전거를 타고 길거리를 여유롭게 질주하는 여학생들이다. 하나같이 자세를 꼿꼿이 세우고 자전거를 타고 가는 여학생들은 아직 순수를 간직한 듯 아름답다.

　자 그럼 19세 이상의 베트남 여인들의 옷을 벗겨 볼까?

　아오자이를 벗기려면 한참 힘이 들겠으므로 양장한 여인의 옷을 벗겨 보자. 아오자이는 우리나라의 한복처럼 예복으로 주로 입으나 관공서나 은행 등에서는 아직 아오자이 유니폼을 입는다. 베트남 에어라인 여직원들은 하늘색 아오자이를 입으므로 어디서 근무하는지 금방 알 수 있다.

　양장이래야 그렇게 복잡하지 않고 얼핏 잠옷처럼 생긴 옷을 입고 오토바이를 타고 가는 여인들도 많다. 그래도 패션은 프랑스풍을 같은 시간대에 따라하므로 양장점도 약국이나 미장원처럼 많다.

옷 벗긴다고 해놓고 왜 딴 데로 새나? 벗기면 외설 시비에 휘말리지 않을까 걱정된다. 한국여자들보다 키는 대체로 작지만 몸 전체의 균형은 잘 잡혀 있다. 한국여인들은 대체로 허리가 길고 다리가 짧은 편이지만 베트남 여인들은 작지만 균형이 잡혀있고 나오고 들어 간 데가 분명하다.

이것은 옷을 벗기지 않아도 잘 알 수 있다. 키 크게 보이려고 신발바닥이 무척 두꺼운 것을 신고 다닌다. 그러나 뾰족구두(하이힐)는 싫어하니 신발장사하시는 분들은 참고 바란다. 어떤 신발장사하는 양반이 한국에서 여자 신발 재고품을 많이 가져왔는데 하이힐이 대부분이어서 팔지 못하고 고전하는 것을 보았다.

사실 몸보다 마음이 더 중요한 것 아닌가?

그럼 몸속으로 들어가 볼까? 와! 질투덩어리가 보인다. 베트남 여인들의 질투는 세계 1위일 것이다. 질투 없는 여자가 어디 있겠냐만 베트남 여인들은 질투를 감추지 못하고 즉시 밖으로 들어내는 통에 질투가 많은 것으로 보인다. 하지만 한국여인들은 질투가 나더라도 속에 감추어 두었다가 엉뚱한 곳에서 발산하여 사고를 내는 경우가 비교된다.

몇 년 전에는 한국의 모 방송국에서 베트남에 거주하는 한국사람 치고 베트남 여자를 데리고 살거나 사귀지 않는 사람이 없다고 떠벌리는 바람에 이곳에 피땀 흘리며 일하는 선의의 한국인들이 아내에게 해명하느라고 진땀을 흘리는 해프닝이 있었다. 사실 베트남 여인들은 남자들 특히 외국인들을 살살 녹이는데 일가견이 있어 보인다. 외국인이면 무조건 돈이 많은 걸로 착각한 탓이겠지.

그래서 동양인이나 서양인이나 베트남 여인들에게 빠져서 귀국을 포기하고 아예 눌러앉는 경우도 많다고 한다. 본국의 뻣뻣하고 여권을 주장하는 부인과 살다가 나긋나긋 살살 녹이면서 착 들어붙는 베트남 여인들에게 혼을 빼앗기는 경우도 많이 발생한다는데 돈이 떨어졌을 때는 어떻게 변할까?

어느 나라나 마찬가지로 쭉쭉 빵빵 아가씨들을 찾으려면 나이트클럽이나 가라오케(한국의 룸살롱에 해당)에 가면 쉽게 찾을 수 있고 모든 욕구는 돈으로 다 해결된다. 웃기는 것은 가끔 남편이 아내를 가라오케로 출퇴근 시키는데 끝날 때쯤에는 오토바이로 태워가려고 아내를 기다리고 있다. 이런 풍경은 우리로서는 도저히 이해가 가지 않으나 베트남 남자들이 어떤지의 한 모습을 보여주는 단면일 것이다.

일반 양가집 여인들은 우리나라 이조시대 여인들 같다는 생각도 든다. 정조관념도 강하고 자존심도 강하고 예의도 바르다. 단순히 술집아가씨들만 보고 베트남 여인들의 특성을 평가하면 오산이다. 남자들보다 책임감이 강하고 이혼을 하면 한살 이하의 아이는 부인이 필수적으로 키운다.

베트남에는 과부들이 많다.

남편이 남편노릇 못하고 술 마시고 노름하면서 생활비를 갖다주지 않으면 가차 없이 이혼하고 애들을 데리고 산다. 생활력이 남자들보다 강하고 책임감도 강하다.

한 가정을 나라에 비교 하면, 아내는 내각책임제의 수상이고 남편은 대통령이라고 하면 그럴듯 하다. 실권을 아내가 쥐고 운영관리하며 남편은 대외적으로 가장일 뿐인 경우가 많다.

여사장이 30%는 되는 것 같다. 한국은 여사장이 5%도 안 될 것으로 생각되는데…. 돈 잘 버는 여사장이 젊은 남편을 자랑스럽게 데리고 다니는 모습도 심심찮게 보인다. 내가 투자했던 한 무역회사도 부인이 사장이고 남편이 이사다. 우먼파워는 현실적으로 들어나는데 한국의 우먼파워는 현실적이지 못하여 갈등이 잦은 것 같다.

베트남 여인들을 주제로 계속 써 내려가면 한참 더 쓸 수 있을 것 같다. 주위 사람들의 베트남 여인들과의 러브 스토리 같은 것도 괴이하고 믿기 어려운 것들이 많은데 시간이 허락하지 않아서 유감이다.

베트남의 여인들 2

9월 13일 금요일, 달력을 보고 조심해야할 날이구나 생각하고 아침에 출근하는데 호텔보이가 나를 부르더니 김남주 방 번호가 몇 번이라고 일러준다. 짜식 아침부터 김남주 방 번호 알아서 내가 어떡하란 말인지 모르겠네. 묻지도 않았는데 싱겁긴….

9월 13일과 14일 저녁, 김남주 일행이 호찌민에서 공연했는데 드봉 법인장이 VIP티켓을 주어 가보았다. 베이비 복스를 비롯하여 김민종 등 연예인들이 김남주와 함께 공연했다. 입장료가 15불 정도 하니 공장의 공원들 월급의 25%정도나 된다. 그래도 동이 났고 암표가 나돌고 표를 못 구한 베트남 아가씨들이 공연장 밖으로 새어나오는 음악을 들으며 연예인들이 나오기를 대기하고 있었다.

베이비 복스의 댄싱과 음악 그리고 김민종의 노래는 힘이 넘쳐 흘렀다. 베트남 여인들을 사로잡기에 충분했었다. 한류 열풍이 호찌민을 강타하고 지나갔다.

호찌민 도심에 3스타 호텔이 하나 있는데 가라오케를 겸하고 있어서 술 마시고 그 호텔에서 가라오케 아가씨들을 데리고 잘 수 있는 편리함 때문에 성황을 이루더니 한국인들이 입건되었다는 뉴스가 한국방송에도 베트남 신문에도 났다. 한국인이 가라오케를 운영하고 있었다. 공안에게 상납을 충분히 안 한 건가?

일본의 부흥은 게이샤들이 시켰고, 한국의 수출 진흥은 기생들이 시켰고 베트남의 발전은 꽁가이들이 시킬 것이라고 역설을 한 사람이 있다. 그만큼 베트남 여인들은 외국인들에게 인기가 있다. 그러면 그 인기가 어느 곳에 있는지 심층취재를 해볼까.

베트남의 여인들이라는 글을 생각나는 대로 써서 베트남 통에 8월 21일에 올렸는데 조회 수가 의외로 9,700을 넘고 재미있다고 격려도 해주시고…. 더구나 지인들이 스케치만 하지 말고 사실화를 그려보라고 권유해서 망설이고 있던 중이었는데…. 확 벗겨버려?

인터넷의 확산으로 포르노는 쉽게 접할 수 있고 어쩌다가 깊숙이 들어가면 별로 기분이 상쾌하지는 않다. 역시 여인들은 홀딱 벗은 것을 보는 것보다 보일랑 말랑 할 때가 더 흥미롭다. 베트남 여인들의 매력이 이런 곳에 있지 않나 생각도 해본다. 대담한 노출, 분명 쉬미즈 같은 속옷만 입고 나돌아 다니나 가릴 곳은 충분히 가린다. 팬티가 비치는 바지를 입기도하지만 노팬티는 없는 것 같다. 그리고 노브라도 없고.

관광객이나 출장 온 사람들이 베트남의 보통 여인들과 데이트하기는 힘들고 그저 술집여자들로 만족해야 하는데 이곳에 사는 용감한 사람들은 부인을 두고도 용케 데이트하는 무용담을 늘어놓는다.

골키퍼 없는 축구가 재미없듯이 데이트도 부인이 집에서 지키고 있을 때가 더 스릴이 있다나. 어떤 사람은 차를 타고 가다가도 예쁜 여자를 보면 기사에게 차를 세우게 하고 데이트를 신청한다는데 대체로 수락한다고 한다. 한국여인들에게 그랬다간 미친 넘이라고 욕 얻어먹기 십상이지만. 역시 용감한 자만이 미인을 얻을 수 있나보다.

베트남 여인들은 외국인을 좋아할 뿐 아니라 외국인과 데이트하는 것을 자랑스럽게 생각하고 집으로 초대를 잘한다. 앉을 자리도 없을 좁은 공간의 초라한 곳이지만 집으로 초대하여 가족을 소개시키곤 한다. 가난을 부끄러워하지 않고 있는 대로 보여준다.

만약 외국인이 베트남 여인에게 빠져서 동거를 원하면 온가족이 대환영이다. 이웃에 자랑하고 간단한 결혼식을 치른다. 친지들을 모두 불러 모아서 큰 레스토랑에서 식을 치른다. 물론 돈은 모두 외국인이 치러야하고 그때부터 처가집 식구들을 반 책임은 져야한다.

베트남 여인들의 가족애는 한국보다 훨씬 진하다. 동거녀는 가족을 위하여 일종의 희생을 하는 것이다. 나이차가 많고 부인이 본국에 있는 줄 알면서도 동거를 허락하는 것은 먼저 자기가족을 생각하고 현실을 직시하며 스스로의 장래는 별로 생각하지 않는다.

그러나 젊은 남녀끼리의 정식 국제결혼은 문제될 것이 없다. 애를 놓고 평생을 동거하기로 기약하고 열심히 살아가는 아름다운 부부들도 있다. 사랑은 국경이 없다고 하지 않는가. 타인의 사랑에 대해서 이러쿵저러쿵 하는 것은 별로 아름답지 않은 일이다.

베트남 여인들은 남의 험담을 좀체 하지 않는다. 험담을 하는 사람들은 질이 좋지 않은 것으로 치부된다. 이런 것들은 한국의 여인들이 배울 점이다. 특히 후진국 해외거주 부인들은 식모들을 두고 있고, 직업이 없어서 여가 시간이 많은데, 일부 부인들은 모여서 남의 험담을 즐기는 경우가 많으며 심지어 자기가 지어내서 남의 험담을 하기도 하는데 그것을 남편에게 이야기하여 멀쩡한 사람들을 도둑 넘 만들기도 한다.

베트남 여인들은 무척 바쁘다. 퇴근 후에도 대부분이 무엇을 배우러 다닌다. 영어, 요리, 컴퓨터 혹은 댄싱 등 시간을 유효하게 쓰므로 남의 예기를 이러쿵저러쿵 하기보다 시간이 나면 뭔가 실질적인 것을 배우고자 한다.

베트남 여인들과 한국여인들이 전쟁을 하면 어떨까? 엉뚱한 가정을 해본다. 백전백패가 아닐까 생각한다. 베트남에서는 옛날부터 여장부들이 많아서 조국을 지키는 선봉장 역할을 했다고 한다. 하이 바쯩 거리를 아시나요? 조국을 위하여 싸운 두 여장군의 이름이 마담쯩이라고 한다.

프랑스와의 전쟁, 미국과의 전쟁에서도 일선에서 싸웠다. 여자 베트콩들의 희생적인 조국애는 승전을 하는데 많이 기여했다고 한다. 잠깐! 베트콩이라는 말은 혁명 전사를 비하하여 하는 말이므로 베트남 지도층 사람들과 대화할 때 사용을 삼가해야한다. 대부분이 베트콩 출신들이다.

국영기업체장들을 비롯하여 여러 기관장들 중 30%정도는 여자 혁명 전사들에게 할당되었다고 한다. 그래서 여자 사장들도 많으며, 시장의 가게 주인들도 대부분 여자사장들이다.

남자 공무원들은 식사약속을 대체로 점심으로 선호하며 점심때부터 술판을 벌인다. 왜냐하면 저녁을 하게 되면 귀가 시간이 늦어지므로 부인들에게 혼나기 때문이다. 베트남인들은 대체로 공처가들이다. 저녁을 먹고는 2차라는 것이 없다. 저녁 9시 전에는 귀가하는 착한 남편들이다. 이것은 한국 남편들이 본받아야할 일이다.

베트남 여인들의 키스방식은 좀 특이하다. 개가 킁킁거리며 냄새 맡듯이 코로 흡입한다. 섹스는 아주 조용히 한다. 오르가즘이 와도 이를 악물고 참는다. 아마 여러 가족이 한방에 함께 자야하는 가난함에서 비롯된 게 아닐까 한다. 베트남에는 60여 인종이 있는데 월(베트)족이 대부분이다. 코가 못생긴 여인들이 많다 그러나 대신 눈이 아름다운 여인들이 많다. 눈을 오랫동안 바라보지 말라. 호수처럼 큰 눈에 풍덩 빠져죽고 싶은 느낌을 받을지도 모른다.

베트남의 여인들 3

내가 마담 람을 처음 만난 것은 92년 9월 어느 날 베트남에서 오토바이 수입을 시작할 무렵이었다. 당시는 일제 중고 오토바이만 수입해 오던 때이었는데 대림 혼다를 수입하자고 바이어들에게 제의했으나 아무도 응하지 않았다. 베트남인들은 대체로 창의성이나 실험정신이 없으므로 내가 모험을 해서 한 컨테이너라도 들여와서 품질을 증명해 줘야만 했다.

그러나 나의 수중에 돈이 없었고 어느 한 바이어를 설득하는 길밖에 없었다. 일제 혼다보다 가격이 싸고 품질은 일제 못지않다고 여러 바이어들에게 설명했으나 아무도 나서지 않았는데 유독 마담 람이 동의를 했다. 그러나 그녀도 돈이 부족하고 전 재산을 다 털어야 하는 모험을 해야만 했다. 당시의 5만 불은 베트남인에게는 상당히 큰 금액이었다. 내가 할 수 있는 일은 틀림없이 잘 팔릴 것이라는 믿음을 주고 만약 팔리지 않아서 손해 보면 내가 그 손해를 안겠다는 약속이었다.

다행히 새것이 들어와서 잘 팔리자 너도 나도 대림혼다 새 오토바이를 수입하기 시작했으며 대림혼다의 품질이 좋다는 확인이 되자 나는 재빨리 중고를 수입하기 시작하였다.

한국에서는 폐차장으로 보내지던 것을 스크랩 형식으로 수입해 왔다. 이것을 바이어들이 고쳐서 팔곤 하였는데 해마다 수량이 늘어났다. 나중에는 몇 년 사용한 중고도 수입을 해오곤 했는데 대박이 터진 것이다. 마담 람도 수십 명의 바이어들 중의 한 사람이 있는데 그중 신용이 좋고 약속을 잘 지킨 것으로 기억된다. 오토바이 바이어들은 큰돈을 벌기 시작했다.

그러나 일 년도 되지 않아 셀러스 마켓으로 변하였다. 품귀 현상이 일어난 것이다. 그래서 당시에는 베트남인들은 한국인만 보면 오토바이 공급해 달라고 조르곤 했다. 오토바이 도둑들이 극성을 부리기도 했으며 도난당한 오토바이를 수출하다가 감옥에 간 무역회사 사장들도 몇 명 있었다.

셀러스 마켓으로 변하자 수출업자들은 양질의 바이어들을 선택해서 공급하기 시작했고 마담 람은 약속 잘 지키는 바이어로 소문이 나 있어 공급을 많이 받을 수 있게 되었고 따라서 큰돈을 벌기 시작했다. 나도 덩달아 100불짜리 달러를 세기가 바빠졌으며 몇십만 불이 여행용 가방에 항상 들락거리고 있어서 도둑도 맞아 보았다.

10년 전의 마담 람은 가난하였지만 현재의 그녀는 몇 천만 불의 재산을 가진 거부가 되었다. 오직 오토바이만 수입해서 팔더니 한 해에 몇 백만 불을 벌기도 했다고 한다. 한국산 중고 오토바이가 수입 금지되자 내가 거래하던 바이어들은 나에게 잔금을 주지 않고 모두 도망 가버렸다. 유독 마담 람만 약속을 지키고 떼먹지 않았다.

신용과 재산을 쌓은 그녀는 2000년대 초 중국 오토바이가 IKD로 일 년에 백만 대도 넘게 들어올 무렵 또한 재산을 모았고, 모은 재산을 땅에 투자하여 땅값 또한 몇 십 배로 뛰는 바람에 거부가 되었으며 요즈음은 나와 버스와 트럭을 IKD로 수입해 와서 조립 판매하는 방안을 의논하는 중이다.

그렇게 많은 재산을 모아 놓고도 검소하기가 이를 데 없어 시장에 장보러 나온 여느 아낙네와 다름없는 차림을 하고 다니며 마티스를 하나 구입해서 자가용이랍시고 타고 다니다가 며칠 전 기어코 교통사고를 당해 이마에 수십 바늘을 꿰매더니 이제야 튼튼한 랜드로버를 타고 다닌다.

　거상이 되려면 신용을 지키라는 평범한 진리를 지킬 줄 하는 한 여인의 이야기다.

조폭과의 대결

　호찌민은 상하의 계절이다. 계절을 잊고 사노라면 세월이 언제 지나가는지 모르게 빨리 지나간다. 그날도 어김없이 햇볕 쏟아지는 토요일 오전 10시경이었다. 사무실에서 일하고 있는데 갑자기 험상궂은 사내 둘이 들어와 나의 이름을 부르며 확인한다. 그렇다고 하자 종이를 불쑥 꺼내며 읽어 보라고 하였다.

　종이 한 장에 빽빽이 써진 타자 글씨들을 대강 훑어보니 내 이름과 여권번호 등이 맞으나 내용은 사실과 다르게 전개되어 있었다. 내가 의아해 하자 그들은 직원들이 있으니 나가서 조용히 이야기 좀 하자고 하였다.

　3층에서 로비로 엘리베이터를 타고 내려가면서 이 친구들 나를 중간에 두고 양쪽에서 샌드위치 대형으로 경호하듯 하였다. 사태가 심상찮음을 느낀 나는 이 친구들에게 조용히 말했다.

"로비 라운지에서 커피를 마시며 이야기 합시다."

"차를 대기 시켜 놓았으니 현장으로 가서 이야기 합시다"

머리가 짧고 어깨가 유난히 넓어 보이는 젊은 조폭이 딱 딱 끊어지는 말투로 대답했다.

"현장이라니요? 내가 현행범이라도 된단 말이요? 뭔가 오해가 있는 것 같으니 차를 마시며 사실 확인부터하고 현장으로 가든 어디로 가든 할 테니까 생사람 잡지 말고 확인부터 합시다."

나는 될수록 침착한 말투로 내 의사를 확고히 전달하려고 힘썼다. 둘 중 연장인 듯한 사내가 고개를 끄덕이며 동의 표시를 했다.

차를 시킨 후 나는 그 종이를 다시 한 번 읽어 보자고 했다.

성명, 여권번호···. 상기인은 모모회사의 대표이사로서 한국산업은행에서 500억 원을 대출하여 상환하지 않고 고의 부도를 내고 도피한 자이므로 ···.

끝에는 청량리 경찰서장 사인이 되어 있었다.

형사들이야 형사표가 나지 않지만 조폭들은 조폭표가 확연히 들어난다. 그리고 이 두 사내가 형사라고 우기기에는 외모뿐만 아니라 타자를 쳐서 만들어 온 내용이 너무 유치한 것이어서 조작했음을 단번에 알 수 있었다.

그리고 나는 산업은행을 거래한 적도 없고 500억 원이라는 어마 어마한 돈을 빌린 적도 없다. 나는 떨리긴 했지만 이 사내들에게 어떻게 기선을 제압해서 위기를 벗어나야 할 지 잠시 생각하고 침착하게 말을 이어갔다.

"여기는 외국입니다. 한국의 형사가 현지 경찰의 도움이 없이 범인을 추적할 수 없습니다. 그러므로 당신들은 형사가 아니고 누구의 의뢰로 나에게 온 것 같습니다. 나는 평소 당신들은 의리의 사나이들이라고 알고 있었습니다. 그리고 근거 없이 남을 해치지 않는 줄도 알고 있습니다."

일단은 조폭들이 의리의 사나이들이라고 추켜세운 후 막무가내로 행동을 못하도록 유도하였다.

"이 빌딩은 보는 것처럼 경비원들이 쫙 깔려 있습니다. 피차 큰 소리를 내지 말고 조용히 이야기 합시다. 당신들이 원하는 것이 무엇입니까?"

"8천만 원만 내 놓으십시오."

나이든 조폭이 말했다.

"8천만 원을 내가 내어 놓아야 할 근거를 대십시오. 차용증이라든지 혹은 기타 어떤 증거 서류라도 내어 놓고 이야기합시다."

나는 떨리는 목소리를 감추기 위해 짐짓 크고 당당한 소리로 말하려고 애썼다.

"이 서류의 내용이 맞는 부분은 성명과 여권번호 뿐입니다. 나는 산업은행을 거래한 적이 없을 뿐더러 내 거래은행에서 대출한 금액은 깨끗이 갚았고 거래처에 지불할 물품대금도 없습니다. 내가 이곳에 온 이유는 돈을 받으러 왔고 아직 받아야 할 금액이 당신들이 말하는 8천만 원이 훨씬 넘습니다."

"속았다!"

젊은 조폭이 탄식하듯 외마디를 질렀다.

"이곳에서 말하는 것이 아닌데 현장으로 데려가야 하는데…."

하면서 바지를 걷어 올리는 것이다. 발목의 양말 부분에 말로만 듣던 사시미 칼이 보였다.

"속았다고 말하지 말고 누가 속였는지 따져 봅시다. 내가 이곳에서 먼저 사실 확인을 하자고 하였으며 확인 후 어디든지 따라가겠다고 하지 않았습니까? 이 종이는 누가 만들었는지 모르겠지만 조작된 것이 분명합니다."

나는 이 어처구니없는 장난에 어떻게 장단을 맞추어 빨리 종결해야 할 지 짱구를 빠르게 굴려 보았다.

"첫째, 나는 산업은행과 거래한 적이 없고, 둘째, 500억 원이라는 돈을 빌려본 적도 없고 내가 금융기관에서 빌린 돈은 5억 원뿐이고, 셋째 이 종이는 청량리 경찰서에서 만들지 않은 것이 분명합니다. 의뢰한 사람에게 재확인 바랍니다."

"현장에 가서 이야기 합시다."

갑자기 젊은 조폭이 억울하다는 듯이 짜증스레 말했다. 로비 창밖을 보니까 다른 조폭인 듯한 한 명이 차를 대기 시켜 놓고 서성이고 있었다.

"현장이 어딘지 모르겠지만 사실 확인 후 언제든지 갈 테니까 사실 확인부터 하고 다시 이야기 합시다. 오늘 오후 1시에 총영사님과 골프 약속이 있습니다. 만약 내가 이유 없이 참가하지 않으면 공관에서 나를 찾아 나설 것입니다. 그렇다면 당신들에게도 별로 이롭지 않을 테니까 사실 확인부터 합시다."

그러자 조폭 한명이 어디론가 핸드폰으로 확인 전화를 하였다.

"뭐라고요?… 아니라는데요?…이 서류는 청량리 경찰서 것이 맞습니까? 뭐요?"

뭔가 코드가 잘 맞지 않는 듯한 대화였다.

"나는 이곳에 사무실을 5년 동안 가지고 있고, 숨어 다니는 사람도 아니고 골프를 치는 사람에게 내 이름을 대면 누구나 다 알 것이요. 어떤 오해가 있었는지 모르겠지만 의뢰한 사람에게 재확인하여 나에게 전화를 주시오. 24시간 연락이 가능합니다."

하면서 내 명함을 건네주었다.

그러자 나이든 조폭이 말하기를, "사장님이 돈이 얼마 있는지 우리는 알고 있습니다. 8천만 원 정도는 금방 내 놓을 수 있다고 들었습니다. 복잡하게 하지 말고 4천만 원만 주면 물러가겠습니다."

"4천만 원이 아니라 4천원도 근거 없이는 줄 수 없습니다. 그리고 소문난 잔치 집에 먹을 것 없다고 내가 현재 가진 돈이라고는 삼천불도 안 됩니다. 그러나 만약 근거를 가져오면 그 때 가서 과부 땡빚이라도 얻어서 해결하겠습니다."

"밴츠만 팔아도 4천만 원 되지 않습니까?"

"내가 타고 다니는 차 그거 똥차입니다. 천만 원도 안 합니다. 그리고 그거 임대한 겁니다. 교포들이 말하는 소문 믿지 마세요. 대부분이 엉터립니다."

이렇게 말도 안 되는 입씨름을 하는 중 시계를 보니 12시가 가까워지고 있었다.

"이제 골프장에 가야 할 시간입니다. 지금 가지 않으면 우리 모두에게 이로울 것이 없으니 월요일에 사무실로 다시 오시되 꼭 증거를 가지고 오도록 하세요."

"안 됩니다. 현장으로 가서 이야기 합시다."

하면서 젊은 조폭이 칼을 만지작거리며 겁을 주었다.

"칼로 찌르든 총을 쏘든 좋을 대로 하십시오. 그러나 사실 확인 후 행동하여도 늦지 않습니다."

나는 짐짓 비장한 각오를 한듯 목소리를 착 깔고 답했다. 내 말이 상당히 설득력이 있었는지 나이든 조폭이 나에게 동의표시를 하자 둘은 90도 절을 하면서 나를 보내 주었다.

월요일 아침 출근을 하니 내 책상에 볼펜으로 쓴 하얀 종이가 놓아져 있었다.

"사장님, 죄송합니다. 우리가 확인한 바 우리에게 시킨 사람이 조작하여 만든 것이었습니다. 우리는 사장님을 위하여 목숨을 바치기로 결심했습니다. 명령만 내리면 어떤 일이라도 목숨을 바쳐 해내겠습니다."

초등학교를 겨우 졸업한 듯한 글씨체였다. 하마터면 조폭의 두목이 될 뻔 한 일이었다. 그 후 그 친구들 몇 번이나 전화를 해서 일을 달라고 졸랐다. 나는 차용증 등을 가지고 있는 악성채권이 있었지만 조폭들을 시키는 우를 범하지는 않았다. 그래서인지 아직까지 그 차용증은 잠자고 있고 채무자는 변제할 생각을 하고 있지 않는다. 조폭에 의뢰할 걸 그랬나? 한 때 베트남에 조폭들이 득실거렸다. 한국에서 사고를 치고 은신처로 베트남을 사용하다가 더 쫓기면 캄보디아로 도피하곤 하였었다. 아마, 교포들 중 낙오한 분들이 이런 조폭들을 이용하여 황당한 계획을 도모한 것이라 추정된다.

한 때 교포 중 어려운 사람들을 좀 도와준 적이 있는데 그 사람들 중 한사람이 이런 일을 저질렀다는 심증이 간다. 은혜를 원수로 갚는 경우가 발생하니 교포사회에서는 처신을 더 신중하게 하여야 하겠다.

오토바이 이야기

올해 8월은 하노이의 오토바이 판매가 급증하고 있다.

9월부터 하노이에는 더 이상 오토바이 등록증을 발급하지 않기로 했기 때문이다. 이런 긴급제한 조치는 올해 말까지 혹은 더 이상 지속될지도 모른다. 그리고 하노이뿐만 아니라 다른 지역으로도 의무등록을 확산할 예정이라고 한다. 앞으로는 오토바이 쿼터제가 생길지도 모르겠다.

SEA GAMES가 올해 12월에 베트남에서 치러지기 때문에 오토바이 증가율을 줄이기 위한 궁여지책을 쓰고 있다. 오토바이 수가 증가할수록 교통이 더 혼잡해지고 또한 오토바이로 인한 교통사고율도 전체 교통사고의 70%를 상회하고 있다.

관세청 통계에 의하면 올해 6,635대의 CBU(Completely Built Unit:완제품)가 수입되었고 I.K.D나 C.K.D등 부품으로 300,000대가 수입되었다. 약 1억 5천 6백만 불이나 된다. 여러 가지 규제를 했는데도 7개월 만에 이렇게 많이 수입되었으니 규제를 하지 않았으면 2배도 넘게 수입이 되었을 것이다.

이번에는 오토바이 도둑 이야기를 할까?

오토바이 도둑 하니까 자전거 도둑이라는 이태리 영화가 생각이 난다. 지금 말씀드리는 도둑이야기는 실화이니 영화보다 더 재미있을지도 모른다.

오토바이 도둑은 두 종류로 구분할 수 있겠다. 오토바이를 훔치는 도둑과 오토바이를 타고 도둑질하는 두 종류다.

하루는 이웃집에서 비명소리가 들리고 여러 명이 고함치는 소리가 심야에 들려왔다. 또 도둑이 들었구나 생각하고 눈을 붙이려는데 영 잠이 오지 않아 옷을 주섬주섬 주워 입고 현장으로 가보았다.

한 청년이 피투성이가 되어 반죽음이 되어 누워있고 주위에 십여 명이 몽둥이를 들고 웅성거리고 있었다. 베트남인들끼리는 도둑을 심하게 두들겨 패도 큰 문제를 삼지 않는 것 같다. 걸리면 병신이 될 각오를 하고 도둑질을 해야 한다.

그야말로 목숨을 건 도둑질이다. 오토바이를 훔치려다가 발각된 것이다. 영화에서 나오는 미국의 서부시대 때의 말 도둑과 같은 엄한 취급을 당한다.

보통 가정집에서 재산 목록 1호가 오토바이이므로 오토바이는 집안에 들여다 놓는다. 싸구려 오토바이가 등장하여 한집에 서너 대 가지고 있는 집들이 생겨나고 집안에 들여다 놓을 공간이 부족하여 뜰에다 내어 놓는 경우가 생기면서 오토바이 도둑들이 월담하는 경우가 생기기 시작했다. 야밤에 월담하여 목숨을 걸고 하는 도둑도 있지만 이제는 한낮의 도둑도 생겨난다.

하루는 김 사장이 나에게 찾아와서 하소연했다. 이럴 땐 어떡하면 좋을까?

이야기인즉, 운전기사가 김 사장 집에 출근하여 오토바이를 주차한 후 김 사장 승용차를 운전하는 것이 6개월이 지났는데 사고가 발생했다고 한다.

집에 주차해 두었던 운전기사의 오토바이가 사라져버린 것이다. 운전기사는 김 사장에게 오토바이 값을 물어내라는 것이다. 김 사장 집에 주차해 놓았으니 김 사장에게 책임이 있다는 이론이다. 가정부도 모른다고 하니 김 사장은 기가 막힐 일. 이럴 땐 어떡하면 좋을까? 글쎄, 정답이 생각나지 않는다.

이런 경우 다방면으로 의심을 하게 된다. 가정부와 외부의 도둑이 짜고 해먹은 경우, 혹은 기사와 가정부가 짜고 한 경우 그리고 가정부가 다른 일을 하고 있는 동안 기사가 빼돌린 경우 혹은 순수한 오토바이 도둑들이 대낮에 행한 경우 등이며 머리가 점점 복잡해진다.

어쨌든 기사는 오토바이를 사내라고 요구하며 운전을 거부하고 생떼를 쓰기 시작하였는데 김 사장 왈, 사정하는 투로 말하면 반이라도 보태줄 건데 화를 내면서 이야기를 하여서 한 푼도 줄 수 없다고 답했다고 한다. 바야흐로 기사와 주인의 싸움이 벌어졌다. 치고 박는 싸움은 아니지만 피차 양보가 없으면 장기전으로 갈 것 같더니 예상대로 장기전으로 들어간 것 같다. 감정싸움이 겹쳐진 것이다. 심지어 영사님까지 중재를 해야 하는 지경에까지 간 모양이다.

이런 경우를 예방하기 위하여 기사와 계약할 때 오토바이 조항도 꼭 넣어야 하겠다. 빈부차가 심해지면서 도둑들이 늘어나고 있다.

다음은 오토바이를 타고 도둑질을 하는 경우다. 젊은 남자 둘이서 오토바이를 타고 가면 혹시 2인조 오토바이 도둑이 아닐까 의심을 해 보는 것도 안전을 위해 필요할는지 모른다. 너무 오버하는지 모르지만….

베트남 도시에 살면서 핸드폰을 잃어버리지 않은 사람이 드물다. 주로 이 2인조 도시의 무법자에게 당하는 것이다. 인도에서 핸드폰으로 통화중 번개같이 다가와 핸드폰을 채가는 오토바이 도둑들의 솜씨는 예술의 경지에까지 도달했다.

인도뿐만이 아니다. 승용차 안에서 통화중에도 채간다. 최 사장은 가라오케에서 나와서 차안에 타서 동행들을 기다리며 통화하는 중이었는데 난데없이 채가더라는 것이다. 솔개가 병아리 채가듯 쏜살같이 다가와서 채 갔다고 한다.

요즈음 거리에 벌써 추석 월병을 파는 가게들이 울긋불긋 들어서기 시작했다. 호찌민에서는 낙엽보다 월병을 보고 추석이 다가오는구나 하는 것을 알게 된다.

사랑이 뭐길래

'사랑이 뭐길래' 이 제목은 방송작가 김수현 씨의 히트작 중의 하나이며 10여 년 전 한국에서도 인기리에 방영 되었을 뿐 아니라 중국에서도 몇 년 전 선풍적인 인기리에 방영되었다고 한다. 베트남에 들어와도 유리구두보다 더 인기 있을 것 같은데 왜 들어오지 않는지 모르겠다.

오늘은 베트남 사람들의 사랑 얘기를 해 보자. 오토바이 칼럼에서 웬 사랑 타령이냐고 반문하는 사람들이 있을지 모르지만 베트남 사람들의 사랑 이야기는 오토바이를 빼 놓고는 할 수 없기 때문이다.

오토바이가 별로 없던 10여 년 전에는 해가 지면 공원에서 청춘 남녀들의 라이브 쇼가 벌어지곤 하였다. 저녁 식사 후 공원을 산책하노라면 여기저기서 남녀가 한 몸이 되어 지나가는 행인의 시선은 아랑곳 하지 않는 것을 볼 수 있었다.

오토바이가 많이 보급된 요즈음의 풍경은 사뭇 달라졌다. 강변이나 공원 주변은 오토바이 부대들이 점령하여 사랑을 나누고 있는데 오토바이 위에 2인이 앉은 모습도 각양각색이다. 오토바이 위에서 서로 맞보고 껴안고 있기도 하고 한 방향을 보고 있기도 하고 90도 방향으로 껴안고 있기도 하다.

오토바이를 타고 달리는 중에도 연인들은 스킨십을 남용한다. 주로 남자의 등 뒤에 착 달라붙어 손은 남자의 허벅지에 얹어 놓고 그 손을 남자는 꼭 잡고 운전한다. 나도 한번 저렇게 하고 달려 보았으면 좋겠다는 생각을 할 때도 있다.

10년 전 나는 호찌민 시내의 한 군인 호텔에 사무실을 마련하여 오토바이 수입을 하고 있었는데 호텔 소유의 소련제 커다란 검은 승용차를 렌트하여 사용하고 있었다. 따라서 나의 운전기사도 현역 군인이었는데 이 총각 군인 아저씨가 내 회사의 예쁘장한 여직원 하나와 사랑에 빠져 버렸다. 그러나 오토바이가 없어서인지 그 아가씨가 영 데이트 신청을 받아 주지 않는 것이었다.

그것이 화근이 되었다. 하루는 늦은 밤 학교에서 돌아오니 방문이 열려 있고 내 가방에 넣어둔 현금 7천불이 없어졌었다. 플라스틱으로 된 커다랗고 단단한 여행용 가방을 열 수 없으니 부수고 돈을 꺼내 갔다. 분실 신고를 했더니 MP(군인 경찰)들이 와서 조사를 해 가더니 한 달 후 쯤 7천불을 찾았다고 했다. 그러나 범인이 누구라고 밝히지는 않았다.

돈을 찾았으면 돌려 달라고 했더니 그 돈이 누구 돈인지 확인하기 위하여 돈 번호를 대라고 했다. 10년 전의 상관습은 미화(주로 100불짜리)를 주고받을 때는 돈 번호를 적어 놓든지 100불을 여러 장 늘어놓고 카피를 하여서 보관하곤 하였다.

그러나 하루에도 몇 만 불씩 현금이 오가는데 어떻게 그 돈 번호를 일일이 적어 놓을 수 있단 말인가. 돈 번호를 알 수 없다고 했더니 그러면 그 돈이 내 돈이라는 증명이 되지 못하므로 돌려 줄 수 없다고 하여 찾은 돈을 받지 못했다. 막가파가 한국에만 있는 것이 아니었다.

그 호텔의 사장은 현역 중령이었는데 한창 영어를 배우고 있는 중이었다. 어여쁜 여인을 앞에 두고 "당신은 참 예쁩니다"라는 영어를 She is very beautiful이라고 하는 혁명전사(베트콩이라는 말은 삼가 하는 것이 좋다. 혁명 전사를 비하하는 말이다.)출신임이 분명한 군인이었다. 베트남 장교는 사병에서 계속 올라가는 경우가 많기 때문에 무식한 장교도 많다고 한다.

7천불을 돌려주지 않는 것은 부당하다고 이 친구에게 항의했더니 이 친구 영 나를 이상한 사람으로 보는 것이었다. 그 가방에 20만7천불이 있었고 분실된 돈은 고작 7천불뿐인데 왜 그렇게 성가시게 신고를 하고 난리를 치는지 모르겠다는 것이다. 그러고 보니 내가 20만 불을 두고 간 도둑님에게 감사하는 것이 맞는 건지 헷갈리기 시작했다.

좌우간 이 혁명 전사들이 내 7천불로 잔치를 하였는지 어느 날 갑자기 뗏 국물이 쫙 빠지고 광이 나기 시작하는 것이다. 주범이 분명한 내 기사는 기사를 그만 두고 어느새 새 오토바이를 장만하여 꿈에도 그리던 그 아가씨를 태우고 밤이면 밤마다 호찌민의 밤거리를 누비는 것이었다.
'사랑이 뭐길래….'

프놈펜과 호찌민

11월 6일 프놈펜에 도착하니 공항에 마중 나오기로 한 프랑스인 로랑이 나타나지 않았다. 호찌민보다 더 후덥지근하여 불쾌지수가 높은데다가 마중 나올 사람은 나타나지 않아 더욱 짜증스러웠다. 30분쯤 기다리다가 핸드폰 가진 사람의 전화를 빌려 전화를 해 보니 전화조차 불통이었다. 왜 그러냐고 현지인에게 물어 보았더니 차도 전화도 러시아워이므로 불통 되는 경우가 많다고 한다. 많은 사람들이 마중 나올 사람들을 기다려야 하는 진풍경이 전개되었다.

공항에서 1시간 쯤 기다리고 있으니 어떤 사람이 다가와 시께이리냐고 물었다. 이 사람 발음이 이상했지만 C.K.LEE라는 내 이름을 부르는 것 같아 로랑이 보냈느냐고 물어 보았더니 로랑이 전화하여 나를 픽업하라고 했다고 한다.

우여 곡절 끝에 호텔에 도착하니 30분이면 도착할 수 있는 거리를 무려 4시간을 소비했음을 알 수 있었다. 로랑이 설명하기를 공항으로 마중 나가다가 도중에 차들이 차도와 인도까지 덮고 있어 도저히 더 진출하지 못하고 호텔로 돌아와 이곳저곳 수소문하여 다른 사람을 픽업하러 간 택시 운전사와 연락이 되어 나를 데려올 수 있었다고 한다. 공항에 도착한 사람이나 출국하는 사람이나 모두 곤욕을 치렀다. 출국 비행기를 놓친 사람도 많았다고 한다.

이런 경우에 오토바이가 위력을 발휘하는 것이다. 어떤 장관 부인은 차에서 내려 오토바이를 타고 공항으로 가서 출국에 성공했다고 한다. 그리고 프놈펜은 일류 호텔인데도 인터넷 사용을 할 수 없어 여간 불편한 것이 아니었다.

그나마 주말에 골프를 할 수 있어서 짜증스러움을 불식할 수 있었다. 로랑이 생애 기록인 67타를 쳐서 밤새도록 7명의 외국인들과 함께 술을 마시며 즐길 수 있었다. 그날 마신 양주가 10병이 넘었다. 고급 술집의 아가씨들은 대부분이 베트남 아가씨들이었다. 베트남어로 의사소통이 되니 프놈펜인지 호찌민인지 헷갈리기 시작했다.

그러나 비즈니스 이야기는 대부분 밀수와 연관이 되어 있어서 정중하게 거절하고 다른 비즈니스를 개발해 보자고 합의하고 11월 10일에 호찌민으로 돌아 왔다.

프놈펜의 거리는 10년 전의 호찌민을 방불케 하였다. 구닥다리 오토바이들이 수리도 제대로 하지 않은 채 달려가고 있는 모습은 요즈음의 호찌민이 얼마나 발전했는지 실감케 하였다.

오토바이가 한창 수입될 90년대 중반에 베트남 정부에서는 관세를 올리기 시작했고 무역업자들은 세관이 허술한 캄보디아로 중고 오토바이를 수출하여 프놈펜에는 매월 수만 대의 오토바이가 쌓이기 시작했었다. 캄보디아의 수요는 별로 없었고 그 오토바이들이 다시 밀수로 베트남으로 들어오면서 밀수업자들이 한 몫 잡기도 했다.

그러나 밀수는 항상 위험이 따르는 법이다. 한국의 중고 수출업자들은 프놈펜에 수천 대씩을 전시해 놓고 밀수업자들에게 판매하고 있었다. 그러다가 캄보디아의 난동 때에 몇 천 대씩의 오토바이들을 통째로 빼앗긴 업자들이 있었다. 군인들이 탈취해 가기도 하고 폭도들이 탈취해 가기도 했다고 한다. 내가 아는 김 사장은 목숨만 건지고 돌아온 것만 해도 큰 다행이라고 생각하고 다시는 그런 장사는 하지 않겠다고 다짐했다.

그 후 베트남에서는 대대적인 밀수 단속을 펴서 오토바이 및 중고 차량이 프놈펜을 통해서 들어오는 것을 차단하기 시작했고 2000년대에 들어서면서 원단, 화장품 그리고 오토바이 부품 등의 밀수 단속을 적극적으로 벌이기 시작하면서 많은 수입업자들이 도망가거나 거액의 벌금을 맞고 전전 긍긍하고 있다.

호찌민은 이제 국제도시의 면모를 갖추어 가고 있다. 반면 프놈펜은 10년 전의 그 모습 그대로이며 발전된 모습을 찾기가 힘들다. 그러므로 국가의 정치가 얼마나 중요한지 새삼 깨닫게 해 주었다.

요즈음의 호찌민 거리는 어떤가. 12월의 SEA GAMES를 앞두고 교통경찰들은 대대적인 단속을 벌인다. 오토바이도 질서를 지키며 달려가고 있다. 그래서 거리도 깨끗해지고 교통질서도 잘 지켜지고 있어서 아름다운 호찌민으로 변모하고 있다.

서울의 찬가 대신에 호찌민 찬가를 불러 볼까나.

"아름다운 호찌민에서~ 호찌민에서 살~렵니다." 10년 후에는 프놈펜 찬가도 부를 수 있어야 할 텐데.

졸부 이야기

간혹 이런 질문을 받을 때가 있다. "당신이 가장 존경하는 분은 누구입니까?" 이런 질문을 받을 때에는 당혹스럽다. 혹자는 외국의 대통령이나 장군 혹자는 국내의 대통령이나 장군 등을 말한다. 그러나 필자는 마땅히 누구라고 지적하지 못한다. 왜냐하면 책이나 매스컴 들은 정보는 보통 자신들이 쓴 것이 아니고 주위에서 미화하여 쓴 것들이 대부분이기 때문이다.

호찌민의 대학생들이 답한 가장 존경하는 사람은 국부인 호찌민보다 자신의 부모님이라고 대답한 사람이 훨씬 더 많았다고 한다.

한국 대학생들에게 이런 질문을 했을 때 그렇게 대답하는 사람이 얼마나 많을지 궁금하다.

필자가 가장 존경하는 사람은 갑자기 떠오르지는 않으나 곰곰이 생각해 보면 세금을 가장 많이 내는 사람이라고 생각된다. 세금을 많이 낸다는 것은 그만큼 국가 재정에 기여를 하고 부를 분배하는 데에 앞장선다는 의미도 되기 때문이다. 물론 돈을 버는 과정이야 차치하고 말하는 것이다.

하여튼 세금을 가장 많이 내는 사람들이라고 생각하면 재벌이 연상된다. 한국 재벌들 이야기는 책으로 신문으로 소문으로 많이 나돌고 있어 누구나 아는 이야기이니 접어두고 한 후진국의 재벌에 대해서 이야기 해 보고자 한다.

그 나라에 처음 골프장이 생기고 골프를 하는 사람들은 그리 많지 않았다. 그러다 보니 대부분의 골퍼들은 외국인이었고 현지인 골퍼들은 상당히 부자들만 골프를 시작할 수 있었다. 그 중에 재벌 하나와 자주 골프를 할 기회가 있었는데 그는 항상 골프장에서 전동차를 타고 다녔으며 비서를 수행하였다. 그 비서는 언제나 간식을 준비하였고 게임 도중에 동반자들에게도 간식을 나누어 주곤 하였다.

그는 항상 은근한 미소와 좋은 매너를 가진 신사였다. 재벌이라고 하지만 소박하기도 하여 허름한 식당에서도 만나기도 한다. 그런데 그렇게 매너 좋은 사람의 소문은 믿기지 않을 정도로 나쁘게 퍼져 있었다. 처음 봉재 공장을 하여 돈을 벌었는데 돈을 번 과정이 악랄하였다는 것이고 그와 거래하여 손해 본 사람이 한 둘이 아니라는 소문이었다. 특히 한국인 킬러라고 한다. 한국인이 가장 손쉽게 걸려들었다고 한다.

필자는 소문에 대하여는 무시하는 편이어서 그래도 그와 골프를 계속하였고 그를 좋은 신사로 여겼다. 그러나 직접 당해 본 사람들로부터 직접 이야기를 들으며 그 소문이 진짜라는 확신이 생기며 자연히 그와 멀어졌다. 그의 회사와 합작한 H그룹의 법인장도 그 회사의 악랄한 수법을 성토하였고 최근 필자와 친하게 지내는 사람으로부터도 그에게 당한 이야기를 듣고 그가 두 얼굴의 사나이라는 것을 확신하기에 이르렀다.

   그 회사는 화공약품공장, 봉재공장, 파이프공장, 건설회사, 부동산 회사 등을 가지고 있는 재벌인데 엄청난 크기의 땅을 소유하고 있었다. 한 때는 땅값이 내려가자 땅을 담보로 잡았던 은행들이 대출금 회수를 하는 바람에 부도가 날 지경이었으며 과다한 채무로 인하여 감옥행 직전까지 가기도 했지만 땅값이 다시 상승하자 그는 또다시 승승장구하기에 이르렀다.

   그 나라에서 재벌이라고 하지만 규모에 있어선 한국의 재벌과 비교하지 못할 정도로 작은 회사이다. 그러나 그는 가족용 벤츠를 5대 보유하고 롤스로이스를 가지고 있으며 그 비싸다는 혼마 5스타 골프채를 수십 개 가지고 있으며 골프채 신형이 나올 때마다 사는 바람에 퍼트만 해도 백 개가 넘는다는 소문이다. 내기 골프를 매일 즐기는데 점당 100불짜리를 하며 일 년 간 내기로 잃는 금액이 몇 만 불씩이라고 한다. 이런 말을 들을 때 그를 재벌이라고 칭하기는 머쓱하다. 졸부라고 하는 편이 정확할 것이다. 옛날 한국의 졸부들이 하는 행위를 그대로 하고 있는 것이다.

   그는 25살밖에 되지 않는 딸에게 한 회사의 실권을 주어 회사를 경영하게 하는데 약혼자는 돈 많은 늙은 외국인이다. 이 딸은 아버지 뺨치는 행위를 하게 되는데 직원들 봉급 주는 것을 제 때에 준 적이 없고 회사에 나올 때 다이아몬드 반지를 주렁주렁 끼고 근무를 한다. 25살 된 처녀가 다이아 반지를 주렁주렁 끼고 회사 근무를 한다는 상상을 해 본 적이 있는가? 강한 자에게는 한없이 비굴해지고 약한 자에게는 잔인하게 대한다. 억울하게 이용당한 사람이 한 둘이 아니라고 하니 아버지보다 한 수 더 뜬다. 이 아리따운 처녀에게 누구를 가장 존경하느냐고 물었더니 부모님이라고 하는 것이다. 그런데 이 가족은 그 나라에서 몇 번째 가는 부자인데 세금을 내는 데는 인색하여 세금 계산서 발행을 꺼리며 자선을 하는 데도 매우 인색하다. 소문에는 정치인들에게 돈질을 잘하여 살아남을 수 있었다고 한다. 후진국의 부자들은 정경유착으로 기업을 성장해 나갈 수 있는 것이다. 이런 면에서 보면 한국은 정경유착의 꼬리표를 떼는 단계로 들어섰다. 이는 현 정부의 위대한 업적이기도 하다.

한국은 과거 부동산 졸부들이 양산되었으나 이제는 코스닥 기업을 만드는 과정에서 관료들과 결탁하여 수십억을 챙기는 졸부들이 나타나고 있다고 한다. 수십억의 정부 자금을 받아 기업 발전에 정진하는 것 보다 그 돈으로 최상류 생활을 즐기는 것에 연연하는 졸부들이 탄생되고 있다고 하니 참 한심스러운 일이다.

아침은 일류 호텔에서 먹고 몇 억 원짜리 골프 회원권을 몇 개씩 보유하고 세계 일류 브랜드로 입성을 차리고 자식을 외국 유학 보낼 때도 퍼스트 클레스에 태워 보낸다고 하니 이런 졸부들을 처리할 방안은 없는 것인가.

윗물은 맑아도 아랫물은…

지난 10월 14일에 베트남 수상실의 PMRC(Prime Minister's Research Commission:수상실 소속 리서치 기관)에서 주최한 워크숍이 호찌민 시내 노포크 호텔에서 있었다. 각국의 대표 한 명씩이 초청되고 베트남의 유수 기관장들이 참석하였다. 한국의 대표로는 필자가 참석하였는데 아침 8시에서 12시까지 4시간 동안 세미나를 하는데 영어와 베트남어를 동시통역으로 하였다. 무선 이어폰으로 2개 국어만 사용하니 한 시간만 지나도 지겨워지기 시작하였다. 마침 동시통역하는 아가씨가 아름다워서 그나마 견딜 수가 있었다.

주제가 사업자 등록증 발행에 관한 현재의 상황과 앞으로 나아갈 길이었으니 얼마나 지루했겠는지 아시는 분은 짐작하시리라. 구구절절 학술적인 이야기가 계속되자 고교시절의 땡땡이 솜씨를 발휘하여 두어 시간 빼먹고 들어가니 마침 질의응답 시간이 되어 열띤 논쟁이 일어나고 불평들이 쏟아지기 시작했다. 요지는 사업자 등록증을 내어 주는 시스템은 잘 되어 있으나 실제 창구에서 효율적으로 진행되지 않아 등록증 취득 예상 기간보다 훨씬 더 걸려 받을 수 있었다는 내용들이 많았다.

베트남은 정치적으로 안정된 나라이고 치안도 세계에서 가장 잘 확보되어 있는 나라라고 자부한다. 경제 정책 또한 선진국과 한국에서 많이 배워서 정부에서는 열정을 가지고 나라를 개발하고 있으며 상기와 같은 워크숍을 열어서 정책 수립에 반영한다. 부정부패 일소 그리고 매춘과 마약 단속 등 국가에서 강한 정책으로 맑은 물을 내려 보낸다. 그러나 그 물이 하부 조직으로 갈수록 혼탁해지는 것은 어쩔 수 없는 과정일 것이다.

 윗물이 맑아야 아랫물도 맑다 라는 말은 옛말일 뿐 현대로 갈수록 그 말은 흐려지고 있다. 사람도 많아지고 산업공해도 많아지고 또한 제도가 복잡해지니 맑은 물이 끝까지 하부조직으로 흘러 들어가기는 힘들 것이다.

 필자는 2001년에 베트남에서 10년 만에 승소하여 기쁜 나머지 10년 만의 승소라는 글을 인터넷에 올린 적이 있었다. 그 때만 해도 이제 돈을 주겠지 하고 느긋하게 기다렸는데 승소한지 5년이 다 되어 가는데도 아직 돈을 주지 않고 있다. 물론 그간 영사관에도 대사관에도 베트남 대통령을 비롯한 각 기관에 불합리한 점을 시정하여 조속 조치하도록 여러 번 건의 하였고 주월 전임 대사도 당사자 기관인 동나이 인민위원장에게 이 건에 대하여 언급하였고 체크하여 답을 주겠다고 한 지가 2년이 넘었다. 그러나 동나이 성으로부터 답신은 없었다. 동나이 성이 그에 대한 답신을 대사관으로 하지 않는다면 대사관을 무시하는 처사라고 생각되는 것은 필자의 이기적인 생각일까.

 이러한 상황이라면 아예 베트남에서는 재판을 하지 마시오 라고 기업인들에게 홍보해야 할 것이다. 재판에 이겨도 돈 받기 힘드니 아예 재판을 하지 않는 것이 시간과 돈을 절약하는 방법입니다 라고 홍보를 하든지 불합리한 점을 시정하게 하든지 해야 할 것이다. 무엇이 무서운가. 잘못된 일은 널리 알려서 시정하게 하는 것이 베트남이라는 나라를 사랑하고 국교를 더욱 돈독하게 하는 일이 아닌가. 베트남이 WTO에 예상대로 가입하지 못하는 이유가 이러한

구조적인 문제해결이 잘 되지 않고 맑은 물이 아래로 흘러갈 때 오염되기 때문에 그럴 수도 있을 것이다. 그러나 이런 한 가지 미흡한 케이스를 가지고 베트남이나 동나이성을 평가해서는 안 된다. 그 외 대부분이 잘 흘러가고 있다. 동나이 성장이 아무리 잘 해도 하부 조직에서 밍기적 거리면서 처리를 하지 않고 있는 것이라 믿어 본다.

한편 호찌민 인근에 위치한 빈증성의 적극적인 마케팅을 보면 입이 벌어져 다물어지지 않는다. 성장으로부터 명함을 받았는데 그의 사진이 나와 있을 뿐 아니라 명함의 일부는 한국어로 써 있었다. 한국인 기업인이 찾아오면 투자유치를 위하여 적극적으로 홍보하고 대접한다. 가히 중국의 투자 유치 수준으로 잘 해 나가고 있다. 그리고 사후 처리도 중국 이상으로 잘 해 주고 있으니 투자 여건은 중국보다 더 좋다고 말해도 지나치지 않는다는 생각이 든다.

일반적으로 중국은 투자유치기간 동안은 더 할 나위 없이 잘 해 주고 있으나 일단 발을 들여 놓으면 불합리한 시책으로 옭아매 숨통을 조여들게 한다고 하나 베트남은 투자유치기간 동안은 별로 환대하지 않으나 투자 후에 더 잘해 주고 있다는 것이 기업인들의 정평이다. 빈증성은 투자 유치기간에도 사후에도 잘 해 주고 있어 발전 속도가 빠르고 재원이 풍부한 성으로 인정받고 있다.

일전 한국의 고급 공무원이 투자기업인들을 인솔하여 호찌민 인민위원회(시청)를 방문하는 과정에서 기분 나빴던 이야기를 필자에게 늘어놓았다. 미리 예약을 다해 놓고 호텔에서 기다렸는데 차를 보내 주지 않아 택시를 타고 시청을 방문해야 했는데 대접이 너무 소홀하여 베트남에 정나미가 떨어졌다고 한다. 아예 중국으로 투자

결정을 하는 것이 낫겠다고 푸념을 늘어놓았다. 그래서 중국은 처음에는 잘 하지만 갈수록 힘들어지는 나라이고 베트남은 처음에는 소홀하지만 투자 후 약속을 잘 지키는 나라라고 설명해 주었는데 그 말이 그 분의 귀에 들어갔는지 않았는지 몰라도 몹시 기분이 상해 있었다. 호찌민 시청은 몹시 바쁘므로 일정 급수 이상의 국빈이 아니면 차를 보내 주는 않는 내규가 있을 것인데 그 공무원은 단순히 중국에서 환대 받은 사실과 비교하여 화를 내었을 것이다.

며칠 전 꽁화 지역의 E TOWN 빌딩에서 지구본 사거리까지 가는데 2시간 이상을 차 안에서 소비한 적이 있었다. 평소 5분도 채 걸리지 않는 거리인데 그날따라 왜 그렇게 소통이 되지 않았는지 자세한 내막도 모른 채 지나쳤지만 러시아워 때에는 평소 시간의 10배 정도는 더 느린 교통 체증은 빠른 속도로 늘어나는 차량들에 비해 길은 넓혀지지 않고 있는 때문일 것이다.

교통 체증뿐만 아니라 교통순경 아저씨들의 이해할 수 없는 딱지는 아직도 맑은 물이 제대로 아래로 흘러가지 않는 탓이리라. 일전 칵망탕땀 거리로 필자의 차가 진입을 했는데 평소 일방통행이 아니어서 운전기사가 신나게 운전을 하고 가는데 오토바이를 탄 사나이가 다가와 저 쪽에서 검문이 있으니 돌아가라는 귀띔을 기사에게 해 주었다. 그러나 차를 돌려서 나올 공간도 없을 뿐 아니라 위반사항도 없는 데 왜 돌아가라고 하는 지 알 수 없어 갸우뚱거리고 있는데 다른 차 한대가 우리 차를 앞질러 가는 것을 보고 용기를 얻어 가던 길로 달렸다. 그런데 교통순경이 우리 차를 잡아놓고 딱지를 떼는데 기사는 억울하다고 변명을 해도 막무가내여서 딱지에 사인을 해 주고서야 풀려 날 수 있었다.

기사에게 물었다. "다른 차는 지나가는데 왜 우리 차만 잡느냐? 그리고 이 길은 일방통행이 아닌데 무슨 잘못이 있었냐?" 기사의 설명은 갑자기 일방통행으로 일방적으로 정해 놓았으며 지나간 차는 경찰과 잘 아는 차라고 한다. 그러면 일방통행이라고 써 놓아야 할 것 아니냐고 했더니 어딘가에 써 놓았다고 설명했으나 기사나 필자나 그런 표지판을 본 적이 없었다.

기사가 억울하다는 표정을 지우며 150만동(약 95불)을 주지 않으면 20일간 운행할 수 없으며 운전 면허증에 구멍이 하나 뚫린다고 한다. 3개가 뚫리면 면허 취소가 된다면서 울상이었다. 그리고 가장 현명한 방법은 150만동을 지불하고 없었던 것으로 환원 시키는 것인데 자기가 50만동을 낼 테니까 100만동을 지원해 달라고 하였다. 기사의 말이 사실인지 아닌지 몰라도 100만동을 주어 해결하게 했지만 참 씁쓸하였다.

나라가 빨리 발전하려면 우선 공무원들 봉급을 현실화 해 주어야 한다는 생각이 들었다. 그렇지 않으면 부정부패를 어떻게 막을 수 있을 것인가. 우리나라도 박통 시절에 공무원 봉급을 현실화 하여 부정부패를 막는데 도움이 많이 되었다. 그리고 요즈음 공무원들은 일반 기업보다 더 우대를 받는 현실이 되었고 최근 영사관에서는 공무원들의 비리뿐만 아니라 사소한 잘못이라도 있는지 알려고 설문 조사지를 돌리는 것을 보며 세상 많이 달라졌다는 생각을 했다. 베트남도 맑은 물이 아래로 끝까지 흘러갈 수 있도록 제도적인 장치를 서둘러야 할 때라고 생각된다. 그리고 한국은 현재 윗물과 아랫물은 모두 맑은 것 같은데 최고 정책 기관에서 무엇이 맑은 물인지도 모르는 것 같아 심히 우려 된다.

베트남인과 베트남시장의 특성

현재 베트남에 있는 한인교민은 약 30,000명으로 추산하고 있다. 그 중 정식으로 투자된 회사가 1,000개 정도이고 현지인 명의로 사업을 하는 사람은 얼마가 되는지 알 수 없으나 음식점이 100개가 훨씬 넘는 것을 보면 비공식 투자를 하는 사람도 정식투자자보다 더 많을 수도 있을 것으로 생각된다.

정식으로 투자를 해서 오는 경우에도 시행착오를 하면서 수업료를 지불하는 회사가 많은데 비공식 투자를 하는 사람들의 시행착오는 더 말할 필요가 없을 것이다. 정규든 비정규든 베트남 시장의 특성을 이해하고 나면 더 적은 수업료로서 사업을 진행할 수가 있을 것으로 사료되어 그동안 느꼈던 바를 적어본다.

처음 베트남에 오는 사람들은 대체로 누구의 소개로 오거나 책자를 읽어 보고 어느 정도 자신감을 갖고 베트남에 도착한다. 현지에 와서 막상 일을 시작하려고 해도 언어소통이 잘 되지 않아 이런 저런 해프닝을 속출하면서 베트남 문화의 특성을 조금씩 이해하기는 하지만 여러 가지 문명 충돌을 일으키면서 답답해지기 시작하여 컨설팅 회사를 통하거나 영사관, 코트라, 중소기업 진흥공단 등을 노크해 본다. 이런 과정을 다 거쳤다고 해도 사업 성공률은 상당히 낮다고 보아야 한다.

베트남 사업 성공률을 높이기 위한 일환으로 베트남인과 베트남 시장의 특성 그리고 성공의 지름길로 가는 방법을 고찰해 보자. 지피지기면 백전백승이라고 했는데 100승은 못하더라도 50승 정도는 해야 되겠다는 마음가짐으로 이제 시항을 눈여겨보시

라. 필자의 주관이 아니라 베트남에 오래 산 사람들이 공감하는 내용들이다.

베트남에 와서 이것저것 물어보면 제각기 다른 충고를 들을 것이다. 문의할 경우에는 아무에게나 묻지 말고 어느 정도 자리 잡은 사람이나 공공기관에 문의하되 문의하는 대가를 치러야 가치 있는 충고를 들을 수가 있다. 대가를 치르기 싫으면 그냥 6개월 정도 놀면서 베트남어나 공부하면서 베트남 시장도 스스로 가보면서 지내는 것이 수업료 절약 방법이다.

시장에서는 늙은 상인들이 젊은 상인들보다 바가지를 더 잘 씌운다. 많이 산다고 해서 더 깎아주는 법이 없다. 단골이라고 해서 더 깎아주지 않을 뿐더러 가격을 더 올려 받으려고 한다. 항의해 보라. 내 물건이 좋으니까 나한테 계속 사는 것 아니냐하는 식으로 답변한다. 통역이 당신의 물건을 깎아주려고 하지 않는다. 바가지를 쓰더라도 당신을 보호해 주지 않는다.

외국인이 식당에 베트남인을 데려가서 메뉴를 건네주면 잘 모르니까 우선 제일 비싼 것을 주문하게 되는 경우가 많으므로 메뉴를 추천해 주는 것이 좋다. 외국인이면 무조건 부자라고 착각하는 현지인들이 많다.

현지인들은 속내를 감추는 사람들이 많다. 견해를 피력하지 않으며 회사를 위하여 희생정신으로 일하겠다는 사람은 드물다. 잘 해 주었으니 그에 대한 보답으로 더 열심히 일할 것이라는 생각은 금물이다. 잘 해 주려면 잘 해 주는 것으로 만족하라.

베트남인들의 손재주는 한국인들보다 더 좋다. 하나를 가르치면 그 하나는 한국인들보다 더 능숙하게 한다. 그러나 창의력이 부족하므로 하나를 가르치면 열을 알 수 있는 한국인과 다르다. 그러므로 베트남 투자의 장점은 단순 노동력이 강하고 저임금을 타국보다 더 장기적으로 가져가는 베트남 정부의 배려이다. 얼마 전 스트라이크가 일어났지만 베트남 정부의 신속한 대응으로 빠른 해결이 가능하였다. 한국정부의 노동자 파업에 대한 대응력보다 훨씬 앞서 있다.

베트남 사람들은 화를 내는 사람보다 조용히 자기의 눈을 무표정하게 응시하는 사람을 더 무서워한다. 화를 내어서 화를 자초하지 말아야 한다. 베트남인들은 한 번씩 쿡 찔러보는 습성이 있다. 아니면 말고 하는 식이다. 합당하지 않은 요구를 해 오더라도 화를 내지 말고 안 된다고 하라. 그러면 별일 없이 그냥 지나간다.

여러 가지를 한꺼번에 기억하거나 행동하지 못한다. 식당에서 여러 가지 메뉴를 주문하면 하나 정도는 빠뜨리는 경우가 많다. 중간 확인이 필요하다.

우먼파워가 가족이나 사회에서 한국보다 훨씬 강하게 작용한다. 공처가들이 많아서 저녁식사를 함께 하더라도 남자들은 저녁 9시 전에 귀가한다. 그래서 비즈니스 관계로 현지인과 한 잔 하기 위해서는 점심부터 술판을 벌이는 사람들이 많다.

단순한 사람들이 많다. 여러 가지를 함께 기억 못하므로 지난 일을 연계하여 생각하고 판단하면 오리발을 내미는 경우가 많다. 거짓말쟁이라고 생각하고 화를 내지 말라. 잊어버린 경우가 많다. 그러므로 현지인과의 계약이나 약속은 항상 기록하고 피차 사인을 해 두어야 한다.

명의 빌려서 비즈니스를 하면 분쟁이 일어나는 경우가 많은데 대체로 동상이몽을 하기 때문이다. 합의서를 반드시 작성하고 양자가 동의하는 증인도 함께 사인해 두면 분쟁 예방에 상당히 도움이 된다.

베트남인들은 어려운 사람에게 상당히 관대하다. 따라서 분쟁이 발생하면 돈이 더 많은 사람이 손해를 보고 해결하는 것이 타당하다고 생각하는 경우가 많다.

식모든 운전수든 부리는 사람에게 인격적으로 대하라. 하인 다루듯이 하다가는 큰코다친다. 하인 다루듯이 하려면 남보다 훨씬 많은 봉급을 지불하여야 말썽이 없는 법이다.

세금계산서 등은 매출과 매입의 근거를 꼭 확보해야 후환을 막을 수 있다. 잘못하면 추징세금을 과도하게 요구 당하게 된다. 편법 운영은 망하는 코스이니 항상 정도로 운영하여야 한다.

10년 전에는 집을 월세 3,000불에 렌트한다고 해 놓고 깎아 달라면 깎아주지 않고 일 년이 지나고 2년이 지나도 그냥 빈집으로 버티는 집주인들이 많았다. 그러나 요즈음은 자금회전의 의미를 알고 내고 여지가 많으니 깎으려면 조목조목 이해할 수 있게 설득하면 가능하다.

허름한 식당에서도 코냑을 즐기고 재벌급 사람들도 국수 한 그릇 먹으려고 때가 절은 비위생적인 식당에서 식사를 한다. 차는 10만 불짜리를 타고 다니나, 차림새나 먹는 것에는 별로 신경을 쓰지 않는다.

골프장에 들락거리는 현지인 부자들은 내기 골프를 한국 골퍼들보다 훨씬 많은 금액으로 진행한다. 어느 나라나 마찬가지로 베트남도 고소득층이 5%정도 형성되어 있으므로 이를 타켓으로 한 사업 계획도 바람직하다.

　오리발을 내밀면 증거가 나타날 때까지 내민다. 증거가 없으면 절대 자백을 하지 않는다.

　여자들은 눈물이 많다. 실수하면 금세 눈물을 흘린다. 눈물에 약해지지 말고 잘 지도하여 이해하여 나가면 한국 여자들보다 더 훌륭한 파트너가 될 수 있다.

　은혜는 쉽게 잊어도 원수는 절대 잊지 않는다. 원수질 행동은 삼가고 헤어질 때는 좀 손해 보면서 헤어지는 것이 좋다.

　그 외에 많이 있을 것 같으나 생각나는 대로 나열해 보았다. 베트남에서 성공하기 위해서는 베트남인의 특성을 잘 이해하고 베트남시장의 특성을 알아야 시행착오를 줄일 수 있을 것이다. 그보다 더 중요한 것은 참는 것이다. 인내는 쓰나 그 열매는 달다는 평범한 속담을 기억하면 언젠가 당신은 베트남에서 성공한 사람으로 기억될 것이다.

베트남의 한류

　1997년 외화배급업체인 베트남 미디어상사의 티 빅한 부사장이 한국 드라마 '내 사랑 유미'를 정식 수입했으며 이어서 '아들과 딸들', '익가형제', '마지막 승부', '모델'이라는 드라마를 방영하

것이 한류의 물꼬를 튼 계기가 되었다. 당시에는 한국기업의 직원 구타사건 등으로 반한 감정이 팽배한 상황인데도 불구하고 수입 상사에서 과감히 모험을 하였으며 그 모험이 성공을 거두었다.

　투자진출기업인 LG 드봉에서 '모델'의 주인공 김남주를 모델로 사용하여 장동건과 함께 최초의 한류스타가 부각되었다. 그래서 LG 드봉은 한 때 화장품 시장점유율 70%를 기록하기도 하였다. 이것이 세계적인 한류의 물결은 베트남에서 시작되었다고 주장하는 예가 되었다. 그 후 90년대 후반에는 '사랑이 뭐길래'가 중국에서 히트하며 중국으로 번지고 대만, 홍콩, 태국으로까지 한류의 물결이 이동하기 시작했으며 한류라는 말이 중국에서 발생하게 된 이유가 된 것이다.

　한류의 대중문화가 유행하면서 그로 인한 파생상품이 생겨나고 한국 상품의 인기도가 높아졌다. 이 인기몰이가 한 때의 유행으로 매겨질 공산이 크므로 정부나 각 단체에서는 한류의 인기가 지속될 수 있는 방안을 강구해야 한다. 그 방안의 한 예로 한국 문화원 건립이 시급하다. 정부예산이 부족하면 다방면으로 모금하여 문화원을 건립하여 한국의 진정한 문화가 베트남을 비롯한 각국에 뿌리를 내리도록 힘써야 할 때이다.

　이제는 영토 확장을 위하여 싸우는 시대는 지났다. 문화 확장 경제 확장을 하여 한국의 지적 영토를 확장하면서 세계화를 해 나가면 그것이 영토 확장인 것이다. 한류가 기폭제가 되어 문화산업의 수출이 가능하게 되었다. 사실 한국에서는 일본문화가 들어올까봐 정부에서는 철저히 방어하였다. 그런데 2000년대에 들어서면서 오히려 한국문화가 일본으로 침투하여 일본 아저씨들과 아줌마들을 사로잡았다. 2001에는 보아가 매력적인 미모와 음성으로 그리고 2002년에는 겨울연가의 배용준이 한국의 문화영토를 확장한 것이다. 그 후 많은 한류 스타들이 세계 각국으로 진출하고 올해는 "비"가 미국을 공략하는 첨병 역할을 하기도 하였다.

이러한 한류 열풍이 김치, 고추장, 라면, 가전제품을 비롯하여 각종 한국제품의 수출에 지대한 도움을 주었고 드라마나 영화 주인공들을 모방하는 헤어스타일이 유행할 뿐 아니라 의류, 신변 잡화 등이 잘 팔리게 하는 요인이 되었다. 이제 베트남도 저작권 보호를 받을 수 있어서 새로운 문화수출 시장으로 부상되었으나 CD, DVD등은 아직 대부분이 1불짜리 해적판이 나돌고 있는 현실이다.

미국밴드 WHAM의 노래인 "Last Christmas"가 베트남어로 Nho Anh(너를 그리워하며)라고 번안해 불러 한때 최고 인기차트에 오른 여가수 Thu Minh도 무단으로 곡을 사용하였지만 그냥 넘어간 것 같고 한국의 80년대 유행가 "희나리"도 베트남어로 번안되어 한 때 인기곡에 올랐지만 몇 년 전 가수 구 창모 씨가 왔었지만 이의를 제기하지 않았다. 이렇듯 유행가라는 것은 한 때 반짝이고 사라지는 것이기 때문에 한류도 그런 유행가 같이 한 때의 추억으로 남게 해서는 안 된다. 꾸준히 가꾸고 뿌리를 내리도록 모두가 관심을 기울여야 한다. 80년대 후반에 시작된 베트남의 경제개방 정책 이후 90년도 초반부터 투자진출을 시작하여 현재 1,000개 육박하는 한국의 투자진출기업도 한류의 열풍에 기여하였다고 볼 수 있다.

현재 각 방송사마다 적어도 하루에 1개 이상씩 한국 드라마가 방영되고 있다. 인기 있는 드라마는 재방송이 되고 재재방송이 되기도 한다. 베트남에는 중앙과 지방 방송 그리고 CABLE TV를 합하여 22개의 TV채널이 있으며 방송국은 40여개가 있다. 주로 VTV 1, 2, 3 (하노이) HTV 7, 9(호찌민시) 이 주요 채널이고 CABLE TV는 SCTV(Saigon Tourist), VCTV(하노이 TV) HTVC(호찌민 TV)가 있고 컴퓨터를 통하여 시청할 수 있는 Media Net 이 있다. 농촌오지에 다 찌그러져가는 집에도 TV 수상기가 보인다.

　각종 신문과 잡지에 한국 스타들의 사진과 프로필 그리고 영화와 드라마 내용이 상세히 보도되어 베트남 젊은이들이 현지 교민들보다 연예가 동향을 더 잘 알고 있다. 일전 필자가 한국에 간다는 소식을 듣고 베트남 부자 친구가 나에게 부탁하는 것이 한국 가수의 DVD를 좀 사달라고 하는 것이다. 그의 딸이 부탁하는 것이라고 한다. 또 다른 친구는 한국인삼 중에 술에 넣을 수 있는 수삼을 좀 사달라는 부탁도 한다. 베트남에도 일부 상류층이 형성되어 있으므로 이런 부류를 대상으로 한 마케팅도 바람직하다.

　필자는 가끔 베트남 드라마나 일본 드라마 그리고 각 나라의 영화를 베트남 채널을 통해서 본다. 베트남 TV채널은 외화를 그대로 방영하는 경우가 많은데 더빙이 되어 있는 경우가 드물고 대부분이 여자 변사 하나가 남녀노소의 목소리를 모두 한목소리로 대변한다. 그래도 베트남 영화나 드라마보다는 더 인기가 있는 것 같다. 상대적으로 베트남 영화나 드라마 자체가 재미가 없는 탓일 수도 있다. 그 중에서 한국 드라마가 유독 인기가 있는 이유는 구성의 탄력성과 반전 효과, 관혼상제가 흡사한 점, 화장발 잘 먹은 미인등장, 사랑에 목숨을 거는 낭만 등을 들 수 있다. 그러나 반전이 매번 암이나 백혈병 등 중병으로 인한 주인공의 죽음은 이제 식상하고 있으니 내용이 바뀌지 않으면 중국 드라마에 자리를 빼앗길 염려가 있다.

베트남에 나와 있는 한국 아줌마들을 보면 자기들과 별다르지 않은 미모를 가지고 있는데 왜 유독 드라마에는 그렇게 아름다운 미인들이 등장하는지 의문을 갖게 된 베트남 여인들은 그 수수께끼가 화장술에 있는 것을 발견하고 한국 화장품을 받는 것을 가장 좋아하였다. 그러나 화장품을 발라 보아도 별로 효과가 없자 성형수술에 그 원인이 있다고 생각하고 성형수술 붐이 일고 있으며 돈이 좀 있는 여자들은 외국으로 가서 성형수술을 받기도 한다. 만약 비자가 자유롭다면 한국의 성형외과는 베트남 여자들로 특수를 맞게 될 것이다. 한국의 안과, 치과, 산부인과 등이 들어와서 별로 재미를 보지 못하는 것 같다. 베트남 여인들을 타겟으로 한 성형외과가 들어오면 훨씬 재미를 보지 않을까 생각된다.

베트남의 연예전문잡지 '영화세계'의 호찌민 지사에 엉뚱한 문의전화가 속출한다고 한다. 겨울연가의 주인공 배용준의 목도리 어디서 사느냐? 천국의 계단에 출연한 탤런트 권상우의 포스트 어디서 사느냐? 한류의 열기가 아직도 가득한 베트남에 인기 연예인들의 잦은 방문이 필요하다. 정부나 대기업이 한류 열풍을 잇기 위한 방편으로 인기 연예인 초청과 한국 문화원 건립에 앞장서야 한다. 독도 문제에도 배용준을 앞세워 일본의 침략을 물리치는 지혜가 필요하다는 것은 필자의 짧은 생각일까. 아무튼 베트남에 한류가 뿌리 내리도록 교민 모두가 함께 고민을 해 보자.

베트남의 보통사람들

보통사람들 하면 생각나는 것이 로버트 레드포드와 6공 시절의 노통이다. 영화 Ordinary People은 미남 스타 로버트 레드포드의 성공적인 감독 데뷔작품이다. 중상류층의 가족이 아들의 목숨을 앗아간 항해여행과 그 여행 때문에 강박관념에 시달리다 자살을 시도한 동생으로 인해 점차 붕괴된다. 미국의 가정문제를 사실적으로 진지하게 다룬 작품이다. 감독은 각 배역에게서 인상에 남을 만한 연기들을 이끌어냈다. 지적이고 힘 있는 각본이 영화의 매력을 더해준다. 1981년 아카데미 4개 부문(작품상 감독상 남우조연상 각색상)을 수상한 감동적인 휴먼드라마이다.

노통은 설명하지 않아도 잘 아는 대통령이며 당시 보통사람이라는 이미지를 부각시켜 대통령에 당선되었고 민주화를 선언한 치적도 있지만 그보다 실정이 더 많았고 개인적인 치부로 감옥까지 갔다 온 보통사람으로 위장한 특별한 사람이었다.

그렇다면 2006년도에 호찌민에서 보통사람이라고 하면 어떤 사람인지 살펴보는 것도 재미있는 일 중의 하나가 될 것이다. 베트남 전체의 일인당 국민소득이 600불이라고 하면 호찌민은 그 두 배가 될 것이다. 한국은 일인당 국민소득 20,000불 목표로 하고 있어서 베트남보다는 훨씬 높지만 사람들이 살아가는 정도는 서울 사람이나 호찌민 사람이나 별반 다르게 느껴지지 않는다. 왜냐하면 호찌민의 보통사람들은 외식도 자주 하고 주말이면 야외로 놀러 가는데 차를 렌트해 가지고 몇 시간 거리를 가족과 함께 다녀온다. 오토바이를 한 대씩 가지고 있고 핸드폰도 고급스런 것을 가지고 있으며 테니스를 즐기는 사람들이 많다.

　100불 정도의 월급으로 웬만한 문화생활을 모두 누리는 것을 보면 참 용하다는 느낌이 든다. 생일이 되면 일 년의 반 봉급을 쓰는 것을 보면 참으로 의아하지 않을 수 없다. 결혼식에는 몇 년 치의 봉급을 쓰고 관혼상제의 낭비가 많다. 봉급보다 훨씬 많은 돈을 소비하는 호찌민의 보통사람들에게 어떻게 그것이 가능한지 물어보면 대체로 싱긋 웃는다. 그 비밀 중의 하나는 가족이 모두 벌고 그 중 많이 버는 사람이 가족들에게 돈을 골고루 분배하는 것이고 다른 하나는 대대로 내려오는 금 덩어리를 잘라 내어 소비를 한다. 그리고 부업을 하는 사람들이 많다.

　호찌민에서 일하는 사무원들은 대학을 졸업했더라도 퇴근시간이 되면 무엇이든지 또 배우러 간다. 학구열은 한국인들보다 더 높은 것 같다. 블루칼라로 돈을 더 벌 수 있더라도 화이트칼라의 사무원을 더 선호한다. 한국인들보다 훨씬 적은 수입이지만 행복지수는 한국의 보통사람들보다 더 높은 것이 거의 확실하다.

　그렇다면 베트남에 와서 살고 있는 교민들 3만여 명 중에 보통사람들은 어느 정도의 수준으로 생활하고 있는지 살펴보자. 교민들은 월세 100불짜리 방에서 살고 있는 사람들이 있는가 하면 월세 4,000불짜리 집에서 살고 있는 사람들도 있다. 오토바이도 살 수 없어 새옴(오토바이 택시)을 타고 다니는 사람들이 있는가 하면 10만 불짜리 고급 승용차를 사서 타고 다니는 사람들도 있다. 월 생활비 300불로 생활하는 사람들이 있는가 하면 10,000불도 넘게 생활비를 쓰는 사람들도 있다.

　그 중 베트남의 호찌민에 사는 한국교민 중 보통사람의 사는 수준은 푸미흥 아파트 단지에 월세 500불의 아파트에 월세 500불 짜리 5년 정도 된 소형차를 렌트하고 아이들 월 교육비를 500불 정도 쓰며 식비로 500불 가정부 월급 등 기타 경상비 500불 기타 예비비 500불 정도하면 3,000불 정도로 서너 식구의 한 가족이 살아가는 것일 것이다. 부인은 따로 직장을 구하기 힘드니 직장 없는 부인들이 많아서 이런 부인들이 일할 수 있는 일거리를 만드는 것도 교민단체에서 해야 될 일 중의 하나일 것이다.

그런데 이런 보통사람들도 항상 순조로운 생활을 해 나간다고 볼 수 없다. 남편이 직장을 그만두거나 어떤 사업을 하다가 실패하거나 갑자기 아프기도 한다. 모든 일이 순조롭더라도 학교에 다니는 아이들이 말썽을 피워서 분란을 일으키기도 한다.

대부분 선하게 살아가는 보통사람들인 교민들 중에도 별난 사람들이 있다. 어떤 가정의 가정부는 도시락을 사 가지고 가서 그 집에서 일해야 한다. 식사 시간에 밥과 반찬을 나누어 먹는 것이 아니라 아예 주인들이 먹는 음식은 손도 대지 못하게 한다고 한다. 밥과 반찬을 해주고 나누어 먹지 못하고 자기가 별도로 싸 가지고 간 도시락으로 먹어야 하는 데는 말 못할 사연이 있을 테지만 필자로서는 아직 이해가 되지 않는 부분이다.

그리고 어떤 식당에는 가끔 아이들이 눈 오는 날 강아지 뛰어다니듯이 식당 여기저기를 고함을 지르며 다니더라도 마냥 그대로 두는 젊은 어머니들이 있다. 손님이니 주인은 별로 제지를 못하고 다른 손님들은 불쾌한 식사를 감수해야 한다. 충고를 했다가는 젊은 아주머니에게 창피를 당할 우려가 있고 그 충고가 먹힐 정도면 아이를 그런 상태로 두지 않을 것이다.

여자들만 흉보다가 괜히 점수 잃지 말고 남자도 흉 좀 보자. 교민들 중에 가난한 사람도 많지만 성공하여 부자가 된 사람들도 꽤 많다. 그 사람들 중에는 조용히 자기생활을 즐기는 사람들도 있지만 돈이 많다고 노골적으로 자랑하는 사람들도 있다. 그런 사람들 일수록 가난한 사람들을 위한 봉사활동에 찬조를 하지 않는다.

조용히 있는 사람들이 찬조를 하지 않으면 그러려니 하고 넘어 갈 수 있지만 자랑만 늘어놓고 봉사활동에 인색한 사람은 한마디로 얄밉다. 그러나 어쩌랴 사람마다 인생관이 다르니 자기 생각과 다르다고 해서 비난할 수도 없는 일인 것을. '내가 벌어 내가 쓰는데 왜 잔소리야 너나 잘하시오' 하면 할 말이 없다. 아마 남몰래 어려운 사람들을 도와주고 있으리라 믿어본다.

며칠 전 35세 된 청년이 호찌민에서 목매어 자살했다는 소식은 필자의 가슴을 아프게 한다. 그 정도 나이의 청년이 자살한지 몇 달도 채 되지 않아서 또 자살했다고 하니 35세 정도의 한국 청년들에게 풀 수 없는 고민이 많은 가 보다. 베트남어로 35세라는 말은 바람둥이라는 속어인데 한참 바람피울 나이에 목을 매야 하는 그 청년의 죽음도 보통사람들의 입장에서는 이해가 되지 않는 부분이다.

25년 전 미국의 보통사람들 중에서 청년들의 자살이 빈번했던 것을 보면 지금의 한국은 미국의 25년 전과 같은 시대상황이고 베트남도 25년 후에는 자살하는 청년들이 많이 나타날 것이라고 예상할 수 있다. 먹고 살기 위해서 발버둥 칠 때에는 자살해야 하겠다는 생각을 할 겨를도 없겠지만 절대빈곤의 시대를 벗어난 후에는 정신적 공황이 다가오는 모양이다. 누가 자살을 하더라도 그

것은 보통사람들 중의 일부분일 뿐이고 한강에 잉크 한 방울 떨어뜨린 것일 뿐이라고 생각하며 보통사람들은 오늘도 바쁘게 하루를 보내고 있다.

베트남을 아시나요?

Socialist Republic of Vietnam (베트남 사회주의 공화국)이 국명이다. 공산주의라는 말은 공식 국명에서 사용하지 않으니 참고하기 바란다. 인구는 약 8천5백만이니 남한의 2배 정도이고 면적은 약 1.5배가 된다. 수도는 하노이지만 인구가 620만 정도인 호찌민의 반 정도가 되고 따라서 경제규모도 반 정도 될 것 같다.

킨족이라고 하는 Viet족이 약 89%이고 나머지 60여 종족으로 구성되어 있어서 어떤 사람은 한국인 같기도 하고 어떤 사람은 캄보디아인 같기도 하다. 전형적인 베트남 사람들은 눈이 아름다운 것이 특징이다. 한국 사람보다 대체로 작긴 하지만 몸의 균형이 잘 잡혀 있다. 일인당 GDP가 600불이지만 호찌민은 그 서너 배가 된다고 추정하기도 한다. 그래서 호찌민을 경제수도라고 하기도 한다.

2,010년에는 인구가 1억으로 인도차이나 반도 중심국이 될 것 같다. 그런데 요즘 젊은이들은 아이를 한 둘 밖에 가지려고 하지

않는다. 그래서 인구가 예상대로 늘어갈지 의문을 갖기도 한다.

경제구조는 정부주도에서 민간주도로 전환 중이다. 98년도에 5천여 개 이던 민간 기업이 2004년도에는 15만개로 30배가량 급증했다. 후진국의 속성인 경제력과 구매력이 대도시에 집중되어 있어서 농촌인구가 대도시로 이동되는 것이 일반화되고 있다.

물건을 팔고 싶은가? 먼저 싸야 어필한다. 그러나 부유층에겐 가격이 문제가 되지 않고 브랜드가 문제가 되며 고급 백화점인 다이아몬드 플라자 등에서는 비싼 물건이 싼 물건보다 더 잘 팔리고 있다. 우리나라에서는 베트남으로부터 1차 상품은 수입하고 2차 3차 상품은 수출하고 있다. 그러나 저렴한 의류나 가구 등 3차 상품의 수입이 점차 늘어나고 있다.

산업생산 주체는 국영부문이 39%이고 외국인투자가 36% 민간부분이 25%정도이어서 외국인투자의 산업생산 주체가 많은 부분을 차지하고 있다. 베트남에서는 미국으로 가장 많이 수출하고 있고 중국으로부터 가장 많이 수입하고 있다. 한국에서 베트남으로 약 34억불 수출하고 있는 반면 수입은 7억불 정도 밖에 수입하고 있지 않아서 베트남의 입장에서는 무역적자가 약 27억불 발생하고 있으므로 앞으로 베트남 제품을 많이 수입하여 적자폭을 줄여주도록 해야 한다.

우리나라에서 베트남으로 가장 많이 수출하는 것이 직물이며 약 6억불이 되고 수송기계류도 약 3억 2천만 불을 수출하고 있다. 반면 수산물을 약 1억 7천만 불 수입하고 있어 1위 품목이고 섬유제품도 약 6억 5천만 불로 2위를 기록하고 있다.

수출입 호조 요인이 무엇일까?

베트남의 고도 경제성장 지속에 따른 내수규모 확대와 신도시 건설계획 추진 등에 따른 내수규모 확대 등을 들 수 있다. 그리고 베트남 정부의 지속적 대외개방 추진 및 수입 장벽 완화를 들 수 있다. WTO 가입을 위한 제도를 정비 추진하여 11월에는 WTO 가입이 확실 시 되고 있다.

한국에서 베트남으로 수출하기 점점 힘들어지는 이유는 베트남의 아세안 공동관세율(CEPT) 적용 본격화와 중국의 저가제품 유입 확대에 따른 우리나라 제품의 수출 경쟁력 약화 등을 들 수 있다.

일반적 투자여건은 풍부한 천연자원과 무한한 잠재성이 있어서 좋은 편이다. 세계 2위의 쌀과 커피 수출국이다. 우수한 인적자원 및 미래형 인구구조 그리고 외국인 투자유치의 적극성 그리고 그에 따른 투자법의 개선 등으로 좋은 여건이 조성되어 있다. 대만이 1,408건 한국이 1,029건으로 건수로는 두 번째를 기록하고 있다. 그러나 투자액으로는 대만이 80억불로 1위이고 한국이 53억불로 4위를 기록한다. 투자 건수로 볼 때 호찌민과 인근지역이 68%로 많고 하노이 하이퐁 등 북부지역은 13% 정도가 된다. 이유는 남부가 노동력 조달 및 물류 여건 등 인프라가 좋기 때문이다.

상기 내용은 무역 측면에서 본 일반 자료를 정리해 본 것이다. 이 정도의 상식은 가지고 있어서 베트남 방문객이 물으면 척척 대답할 수 있어야 할 기초 상식이지만 사실 보통사람들은 반도 기억하지 못 할 것이다. 컨설팅을 한다는 사람들조차 막연한 답변을 하곤 한다. 모든 일이 그렇듯이 기초가 튼튼해야 어떤 사업을 하든 오랫동안 버틸 수 있으며 또한 성공할 수 있는 것이다.

너무 딱딱한 이야기를 한 것 같다. 한국인의 시각에서 본 베트남인의 특성을 살펴보자. 일전 한 번 언급한 적이 있는데 잊어 버렸을 터이니 아주 간단하게 표현해 본다.

시장에 가면 늙은 상인들이 더 잘 속인다.
단골에게 바가지 씌운다.
미안하다는 말을 하지 않는다.
변명의 천재
외국인은 모두 부자라고 착각한다.
속내를 감추고 표현을 하지 않는다.
희생정신이 부족하다. 돈 준 만큼만 일한다.
손재주가 좋다. 노동력이 월등하지만 소매치기도 조심하라.
화를 내고 소리치면 때린 것으로 간주하니 조심하라.
한 번씩 콕 찔러본다. 아니면 말고 하는 식이다.
여러 가지를 한꺼번에 기억하거나 행동하지 못한다.
우먼파워가 크고 공처가가 많다.
단순한 사람들이 많다. 잘 잊는다. 그래서 거짓말을 이어가지 못한다.
말로 한 약속은 쉽게 잊어버리고 번복한다.
어려운 사람들에게 관대하고 부자들이 손해 봐야 한다고 생각한다.
자존심이 강하다.
오리발을 내밀기 시작하면 증거가 나타날 때까지 내민다.
여자들은 눈물이 많다.

3부 골프 그리고 인생 이야기

Socialist Republic of Vietnam

행운을 부르는 법

"꽝!" 자동차에 뭔가 강하게 부딪치는 소리에 이어 사람들의 비명소리가 들렸다. 사이공 다리를 지나 하노이 로드로 달리다가 락치엑 드라이빙 레인지로 우회전을 서서히 하는 중이었는데 달려오던 오토바이가 차의 앞바퀴 쪽 옆구리를 박고 공중으로 뜨면서 자동차 앞 유리를 박살내어 놓았다.

20살가량의 청년이 나동그라져 있고 오토바이도 찌그러져 있었다. 우리 일행은 운전기사에게 해결하라고 하고 클럽 하우스까지 걸어가서 그곳에서 기다리기로 했다. 그날따라 햇볕이 더 따갑게 내리 쬐고 있었다. 20분쯤 지났을까 기사에게서 핸드폰이 왔는데 경찰에 신고할 것인지 결정하라고 했다. 신고해 보았자 보상을 받기가 힘들 것이라는 말을 덧붙였다.

아주 낡은 오토바이와 그에 못지않은 청년의 옷차림새만 봐도 알 수 있다는 것이다. 그리고 오토바이 청년은 자기 잘못이 아니라고 우긴다는 것이다. 결국 내가 나서야 되는 상황까지 온 것이다. 현장으로 돌아와 보니 운전기사와 청년이 서로 삿대질을 하며 상대편의 잘못을 주장하고 있었다. 주변에 십여 명의 행인들과 택시 기사들은 관전을 하고 있었다.

택시기사들에게 물어보았다. 기사들은 오토바이가 잘못이므로 경찰에 신고를 하라고 했다. 청년에게 물어 보았다. 청년은 운전기사의 잘못이라고 여전히 주장했다. 그러나 나는 청년에게 이렇게 말했다.

"나의 기사와 주변의 택시기사들 모두가 너의 과실이라고 한다.

나도 그렇게 생각한다. 네가 옆구리를 박았으니 네 잘못이 분명하다. 만약 네가 잘못을 인정하고 용서를 빌면 경찰에 신고하지 않고 없던 일로 하겠으나 네가 잘못이 없다고 생각하면 경찰에 신고해서 심판을 받자."

남루한 차림의 청년이 망설이고 있던 중 관중들 중 하나가 그 청년의 뺨을 세차게 후려치며 잘못했다고 빌라고 독려했다. 급기야 그 청년은 절뚝거리며 나에게 다가와 눈물을 글썽이며 잘못했다고 두 손 모아 빌었다. 베트남 사람들에게 잘못했다는 말을 듣기가 참 힘들었는데 그 청년은 결국 잘못을 인정한 것이다.

나는 청년이 심하게 다치지 않았고 우리 일행도 다친 사람이 없어 내심 다행이라고 생각하고 보상 받지도 못할 신고는 할 필요도 없다고 판단하고 현실로 돌아와 수리비가 얼마 들지 암산을 하고 있었다. 어! 줄잡아 천불도 더 들 텐데. 천불이면 그 청년이 탔던 오토바이 5대는 살 수 있을 돈인데 그렇게 생각하니 배가 아파오기 시작하는 것이 아닌가.

그러나 거꾸로 생각해 보았다. 나에게 유리한 쪽으로 생각해 보았다. 그 청년이 심하게 다쳐서 의식불명 등이 되었다거나 오토바이가 자동차의 앞 유리를 뚫고 들어와 우리 일행이 심하게 다쳤다면 어떻게 되었을까.

참 재수 좋은 날이다. 천불로 액땜 굿을 한 셈 치자. 이렇게 생각하니 아픈 배가 금방 낫는 것이 아닌가.

다음날은 휴일이어서 4명이 동나이로 골프를 하러 간다고 자동차를 타고 호찌민 시내에서 하노이 로드를 타고 동나이 쪽으로 달려갔다. 그런데 동나이에 들어서자 교통순경들이 막아서서 차량

진입을 막았다. 나중 안 일이지만 그 때 철거민들이 도로를 점령하고 데모를 하고 있었다고 한다.

우리 일행은 우회를 하여 가겠다고 차를 다른 도로로 방향을 틀어서 가 보았으나 역시 불통이 되었다. 호찌민 시내로 돌아갈까 의논하고 있는데 난데없이 전날 사고를 낸 그 오토바이 청년이 나타났다. 집이 부근이라고 했다. 사정을 이야기 했더니 오토바이를 타고 가면 되지 않느냐고 제안을 하여 나는 그 청년의 낡은 오토바이를 타고 일행들은 새옴(오토바이 택시)을 타고 채를 하나씩 둘러메고 골프장으로 달려갔다.

오토바이 타고 골프장으로…. 좀 우스꽝스러운 일이 아닌가. 그러나 일행 중 한명이 홀인원을 하여 천불 상당의 상품을 탔다. 그 분은 그 상품이 자기에게 필요 없는 것이라고 하면서 나에게 주는 것이 아닌가. 새옹지마란 말을 이런 때 사용해도 될지 모르겠다.

골프는 사람들을 미치게 하는 마력을 가진 운동이다. 골프를 하지 않는 분들은 그냥 지나치시기 바란다. 언젠가 당신도 골프를 할 때가 있을 지도 모르므로 남의 취미 생활을 무조건 비판하는 것은 좋지 않다고 생각한다. 남의 종교를 비판하는 것이 좋지 않은 것과 마찬가지일 것이다. 가장 씹기 좋은 게 있지 않은가. 정치인들을 씹는 맛은 판티엣 한치를 씹는 것보다 더 맛있지 않은가.

골프에 관한 한 나는 운이 남다르게 좋은 편이다. 홀인원을 4번이나 한 것만 봐도 그렇고 시합이 있으면 상도 자주 받는 편이고 상을 못 받으면 행운권 추첨이라도 걸린다. 그러나 실력은 절대로 좋지 않다고 인정한다.

드라이브는 장타들보다 50야드 정도 항상 짧다. 그래서 세컨드

샷은 주로 몽둥이를 잡는 경우가 많다. 그래도 숏 게임을 잘 하는 편이어서 그나마 핸디를 유지하고 있는 것이다.

지난 달, 타이거 맥주에서 주최하는 월말 게임 승자들 12명 중에서 한 명을 뽑는 왕중왕 전에서 왕중왕이 되었으니 얼마나 운이 좋은가. 베트남 국가 대표를 물리치고 왕중왕이 되어 싱가포르에서 개최되는 타이거 스킨스 게임에 초대되었다. 순전히 운이다. 승운을 부르는 비법을 공개한다.

1. 프로 흉내를 내지 말라(분수를 알아라).
2. 드라이브를 멀리 보내려고 힘쓰지 말라. 즉 장타를 뽐내지 말라(과시하지 말라).
3. 연습을 하려면 숏 게임에 더 많은 시간을 할애하라(실속을 차려라).
4. 마인드 컨트롤에 힘쓰라. 평상심을 가져야 한다(화를 내거나 실망하지 말라).
5. 자신의 게임에 너무 열중하지 말고 동반자에게 방해가 되지 않도록 하라(폐를 끼치지 말라).
6. 가라 스윙을 많이 하지 말고 슬로우 플레이를 하지 말라(스피디한 일처리).
7. 캐디를 사랑하라. 캐디는 당신을 돕는 사람이니 항상 감사한 마음을 가져야 한다. 캐디를 탓하지 말라. 캐디도 초보자가 있는 법이다(이해하고 사랑하라).
8. 리듬을 지켜라. 걸을 때도 스윙을 할 때도 리듬을 깨뜨리면 복을 깨뜨리는 것이다(규칙적인 생활을 하라).
9. 타인의 실수나 나쁜 매너를 탓하지 말라(용서하고 배려하라).
10. 꼭 이겨야 한다는 생각을 버려라. 저도 좋고 이기면 더 좋다는 마음을 가져야 승운이 따라 오는 법이다(과욕은 금물).

오토바이와 자동차 그리고 골프와 인생 다 같이 굴러가긴 마찬가지라고 생각된다. 그런데 행운을 부르는 법을 이야기하고 있는 나에게 왜 돈은 자꾸만 멀어져 가는지 모르겠다. 한국도 불황이고 베트남도 불황이다. 그러나 불황 다음에는 호황이 오는 법이다. 행운을 부르는 법을 모르면 호황도 당신을 비켜 갈 것이다.

인간만사 새옹지마(人間萬事 塞翁之馬)

1989년 봄 서울 성동구에 소재한 프린스무역 주식회사의 최 사장은 8월에 선적할 핸드메이드 스웨터 오더 선적을 위하여 동분서주하고 있었다. 스웨터를 만들려면 한일합섬이나 태광산업 등으로부터 아크릴 원사를 구입해야 하고 원사를 강원도 정선에 있는 업자들에게 분배하여야 한다. 7월말까지는 수제품 스웨터를 정선으로부터 납품 받아야 하는데 이 과정이 여간 힘든 일이 아니었다.

미국 뉴욕에 소재한 IMPORTER로부터 4월에 150만 불의 P/O를 받아 원사구매를 위한 LOCAL L/C를 원사메이커에게 열어 주어야 하는데 MASTER L/C가 영오지 않는 것이었다. 통상적으로 FALL ORDER는 8월 말을 넘기면 비행기로 보내야 하고 그렇게 되면 오히려 적자를 면치 못하기 때문에 어떻게 하든지 8월 말까지는 배에다 실어내야 했다. 그런데 신용장이 오지 않아 원사구매를 현금으로 해야 하는 입장에 서게 되었다. 당시에는 부도가 나는 중소기업들이 많았기 때문에 원사 메이커들은 어음을 받아 주지 않았고 로칼 L/C에 선인수증을 첨부하여 주든지 현금을 주든지 해야 원사구매가 가능하였다. 어음보다 더 강력한 당좌수표도 통하지 않았다.

그동안 이리저리 사채를 얻어 썼고 어음도 모두 와리깡(할인)을 해 버려서 아무리 생각해도 뾰족한 수가 없던 최 사장은 평소 잘 알고 지내던 부자재 납품업자를 설득하여 회사의 이사로 등재시키고 그의 집을 담보로 하여 원사를 구매할 수가 있었다. 프린스 무역의 이사로 입사한 박 이사는 그동안 부자재를 이곳저곳 납품하여 꽤 많은 돈을 모았으나 항상 굽실거리며 생활하는 것이 못마땅했었는데 프린스 무역의 이사자리로 폼 나는 책상을 배당 받게 되어 자못 만족스러웠다.

아무튼 그해 프린스 무역은 박 이사의 공로로 원사를 제 때에 공급받아 무난히 선적하여 30만 불의 이익금이 발생하였다. 최 사장은 박 이사를 뉴욕 출장 시에도 데리고 다니며 세일즈 방법도 익히도록 배려하였다. 그리고 별 도움이 되지 않던 상무를 사퇴시키고 박 이사를 상무로 승진시켰다.

1990년 봄 바잉 에이전트를 하던 리차드 김으로부터 미국행 300만 불짜리 수제품 스웨터오더를 제의받았다. 아예 타켓 프라이스까지 주면서 원가 계산을 해 보라고 했다. 원사가격과 공임을 체크해 보니 그 가격을 맞추기가 힘들었다. 강원도 정선에 있던 업자는 전 해보다 15% 더 공임을 요구하였고 원사가격도 5% 더 인상이 되어야 했다.

최 사장이 고심을 하던 중 리차드 김이 정부를 주었다. 하노이에 오더를 하면 공임이 훨씬 더 내려갈 수가 있다는 것이었다. 그래서 최 사장과 박 이사는 하노이로 출장을 갔다. 한국정부로부터 소양교육을 받고 말로만 듣던 무시무시한 공산국가를 방문하게 된 것이었다. 양국 수교가 없었고 직항선도 없던 때였다. 홍콩에서 일박하고 하노이로 오니 영화에서나 보았던 북한군 복장 비슷한 옷을 입은 사람들이 노이바이 공항에 있었고 비자도 공항에 도착하여 받았다.

리차드 김이 소개한 홍 사장이란 사람의 안내를 받아 30불짜리 호텔에 여정을 풀고 다음 날 공임을 알아보기 위해 하노이 사람들을 만났는데 과연 공임이 한국보다 훨씬 싼 것이었다. 원가계산을 해 보니 적어도 60만 불은 남을 것 같았다. 쾌재를 부르고 사흘 만에 돌아와서 리차드 김을 만났다. 리차드 김이 이번에는 자기 커미션 15만 불 중 10만 불을 선불로 달라고 하였다. 최 사장은 박 상무와 상의한 결과 하노이를 소개해 준 고마운 리차드 김에게 P/O를 받자마자 5만 불을 건네주고 L/C를 받자마자 나머지 5만 불을 건네주었다. 그리고 나머지 5만 불은 선적완료 후 네고하면 바로 주기로 약속을 하였다.

신용장도 늑장을 부리지 않고 제 때에 도착하여서 박 상무는 프린스 무역에 입사한 것이 참 잘한 일이라고 생각하며 열심히 일을 하였다. 그러나 그동안 최 사장이 끊어 놓은 어음이 가난한 집 제삿날 돌아오듯이 교환해 돌아오고 있었다. 최 사장은 어음을 막느라 오더 진행에 신경을 쓸 수가 없을 정도로 이곳저곳 허둥대며 돌아다니고 있었다. 보다 못한 박 상무는 자금은 자기가 책임질 테니까 빨리 원사를 사서 하노이로 보내라고 하였다.

어음과 당좌수표를 막으랴 원사를 구매하랴 박 상무도 정신없이 돌아다녔다. 하루해가 지면 아! 오늘도 무사히 넘어 갔구나 하면서도 박 상무는 어느 때보다 열심히 일하다 보니 자기 재산은 동이 나고 빚도 얻으러 다녀야 하는 처지에 이르렀다. 그러나 그는 희망이 있었다. 보람도 있었다. 하노이에서 생산만 잘 되어 뉴욕으로 실어 보내면 60만 불이 남으니 그동안 자신이 메워 놓은 빚도 갚을 수 있고 91년부터는 흑자가 되어 회사로부터 월급 이외에 배당도 받을 수 있는 기대와 확신에 차서 일을 하였다.

그러나 하노이로 간 최 사장으로부터 하루하루 불길한 소식이 전해져 오는 것이었다. 원사를 배당받고 난 업자들이 갑자기 공임을 올려 달라는 황당한 전갈이었다. 이곳저곳 다녀 보았으나 처음 제시한 공임으로 하겠다는 업자는 하나도 없었다. 하노이로부터 점점 더 시골로 들어갔으나 가격이 내려가는 반면에 납기가 맞지 않았다. 상심한 최 사장은 술로 세월을 보내고 전화조차도 잘 하지 않게 되자 박 상무도 하노이 행을 결심하게 되었고 최 사장과 박 상무는 상심의 나날을 보내며 최선을 다했으나 300만 불 오더 중 50만 불도 실어내지 못하고 막대한 손실을 보게 되었다.

박 상무는 한 해 동안 전 재산을 쓸어 넣었고 빚도 많이 걸머지게 되었다. 최 사장은 박 상무가 입사하기 전에 이미 자금이 고갈난 상태였으므로 더 이상 견디지 못하고 50명의 직원과 200명의 공원 봉급도 주지 못할 지경에 이르게 되었다. 그대로 부도를 맞이하기는 너무 억울하다고 생각한 최 사장은 리차드 김을 찾아가 다시 오더를 부탁하였다. 리차드 김은 오히려 난델리(선적 불이행) 클레임을 요구하였고 최 사장은 다음 오더를 받기 위해 클레임을 깨끗이 해결해 주고 다시 400만 불의 오더를 받았다. 물론 오더 진행을 어떻게 하겠다는 계획을 바이어와 은행에 상세히 설명하고 신용장을 받은 후 3개월 만에 D-DAY를 정하여 선적서류를 위조하여 선적한 양을 속여서 은행으로부터 처음 선적 건 200만 불을 네고 하여 하노이로 달아났다.

리차드 김의 INSPECTION CERTIFICATE(검사중)도 위조하여 네고서류를 제시하자 은행은 별 의심 없이 네고대금을 지불하였고 은행은 그대로 똥바가지를 쓰게 된 것이었다.

그러나 하노이로 달아난 최 사장과 박 상무는 하노이 체류 5개월 만에 인터폴에 의하여 검거되었고 그동안 감춰 놓은 돈도 모두 빼앗기게 되었다. 최 사장은 3년의 형을 받았고 돈의 행방을 실토한 박 상무는 정상이 참작되어 집행유예가 되었으나 백수가 되어 버렸다. 서울에서 백수생활을 3년간 마친 박 상무는 베트남에서 잃은 돈은 베트남에서 찾자고 결심하고 다시 하노이 행 비행기를 탔다. 친지에게 빌린 돈 300만원으로 박 상무는 다시 하노이로 갔으나 별 수 없이 시간만 보내다가 호찌민이 더 가능성이 많을 것이라는 소문을 듣고 무작정 호찌민으로 내려왔다. 호찌민에서 3년간 현지인과 같은 어려운 생활을 겪고 나자 그에게 다시 기회가 왔다. 대학을 중퇴한 아들이 다니던 회사에서 보내 준 중장비가 잘 팔리기 시작하더니 중장비 부품의 주문이 들어오기 시작하여 부자간에 중장비 부품 장사를 시작하여 잃었던 만큼의 돈을 벌었고 아들을 호찌민으로 불러 들여 평소 며느리로 삼고 싶었던 미쓰 짜우와 결혼을 시켜서 그들 앞으로 집을 사기 시작했는데 고진감래라고 했던가. 집값이 오르기 시작하면서 집장사도 시작하여 지금은 열 채도 넘는 집을 소유하게 되었다.

그렇게 망나니짓을 하던 아들놈도 베트남 처녀에게 장가가더니 믿음직한 효자가 되었고 며느리 또한 한국 색시보다 더 효녀 짓을 하니 박 상무는 문득 인간만사 새옹지마란 말이 생각났다.

"최 사장은 어떻게 되었는지요?"

"출감 후 L/A로 가서 죽을 고생을 하다가 마침내 돈을 많이 벌었지요. 그러나 위암으로 죽은 지 3년이 되었어요."

소통과 꼴통

Could I speak with Mr. Lee? 미국 발음치고는 점잖은 축의 빠다(Butter) 발린 오리지널 발음이다. 누구냐? 어디냐? 목적은? 등 몇 가지를 물어보니 미국의 경제지 포브스(Forbes)의 동경 주재국장이고, 동경에서 전화를 하는 중이며, 금요일에 호찌민의 코참 사무국에서 필자와 인터뷰를 하고 싶다고 한다. 베트남으로 진출한 한국투자기업의 현황에 대하여 1시간 정도 인터뷰를 요청한다고 하였다. 통역 없이 인터뷰하기로 합의하고 금요일 오후 4시에 약속시간을 정하였다. 전화를 받은 날이 화요일이었으니 나는 인터뷰 날짜를 사흘 후로 생각하고 그를 기다렸으나 나타나지 않았다.

서로간의 오해를 방지하기 위하여 전화 통화 후에 인터뷰 디테일을 이메일로 보내 달라고 하여 메일을 받은 터라 메일을 다시 확인하여 보았으나 분명히 금요일이라고 적혀 있다. 그런데 그가 나타나지 않아서 별 싱거운 놈 다 보겠네 하고 잊어버리기로 했다.

그 후 다른 일로 스케줄을 체크하다가 무언가 집히는 것이 있어서 그에게 메일을 보냈다. 네가 말한 금요일이 NEXT FRIDAY 8월 4일이냐? 라고 물었더니 그렇다는 회신이 왔다. 그러면 왜 NEXT FRIDAY라고 하지 않고 그냥 FRIDAY라고 했는지 물어보려고 하다가 그냥 두었다. 나는 당연히 사흘 후라고 생각했고 그는 당연히 10일 후라고 생각했을 것이다.

이렇듯 처음 만나는 사이에는 소통이 잘 되지 않아서 오해가 생기는 경우가 많다. 말로는 의사소통이 확실하지 않을 수가 있으므로 이메일로 근거를 남겨 놓는 신중한 행위를 했는데도 일주일이라는 시간차가 발생한 것이다. 한 사람은 국제 비즈니스의 전문가라고 자칭하는 사람이고 다른 한 사람은 유명 경제지의 해외 국장이어서 이 정도의 실수는 없을 것이라고 생각하면 안 된다.

소통은 누구에게나 언제든지 불시에 불통될 수가 있는 것이다. 불통되는 것까지는 좋으나 꼴통으로까지 가면 곤란하다. 필자가 꼴통이었다면 "그 녀석 싱거운 놈, 지가 만나자고 해놓고 지가 나타나지 않아!" 하면서 무시해 버렸을 것이고 그 기자는 일주일 후에 나타나서 나를 만나지 못했으면 "약속을 지키지 않는 한국인"이라고 기사화 해 버렸다면 세계인이 보는 유명 경제지에 필자 하나 작살나는 것까지는 좋으나 한국 경제인들이 도매금으로 매도되는 것이다.

소통은 가족 간에도 잘 되지 않을 경우가 많아서 부부싸움이 나고 부자간 혹은 모녀간에도 갈등이 생기게 된다. 부부간의 마찰은 일반적으로 부부일심 동체라는 개념 때문에 많이 발생하는 것 같다. 그래서 배우자에게 격의 없이 대하다 보니 소홀해지고 상대편은 섭섭해지고 뭐 이렇게 격의 없이 발전하다 보니 앙금이 생기고 그 앙금이 심해지면 폭발하는 것이다. 그러나 부부간에는 스킨십으로 화해가 쉽게 되지만 부부가 늙으면 평화가 유지되지 않는 경우가 많이 발생한다. 각방을 쓰게 되면 소통이 원활하지 못한 탓으로 화해가 되지 않는 상태가 계속되어 죽어지내던 한 쪽이 반기를 드는 경우가 발생하게 된다. 야간작업이 잘 되지 않더라도 부부간 의사소통이 원활하면 문제가 없는데 불통이 되면 문제가 심각해지고 한쪽이 꼴통으로 변해갈 공산이 많아지므로 주의해야 할 것이다. 그래서 비아그라가 잘 팔리는 모양이다. 한 알에 한 끼 식사보다 비싼 약을 먹으면서 화해를 시도하는 모양이다. 그런데 혹자는 비싼 약을 먹고 다른 곳에 힘을 써서 사태를 더 악화시키기도 한다.

부모와 자식 간의 소통도 만만치 않은 것 같다. 세대 간의 격차로 심각한 사태로까지 발전하는 경우가 많다. 부모는 눈높이를 낮추어야 하고 자식은 부모의 마음을 헤아릴 줄 알아야 한다. 소통이 되지 않으면 한쪽이 서서히 꼴통으로 변하고 그렇게 되면 가족의 평화가 유지되기 힘들게 되는 것이다.

어떤 동호회는 회원이 어느 정도 되면 신입회원을 받아들일 때 만장일치 제도를 채택한다. 꼴통이 들어와서 그 동호회를 휘젓는 것을 방지하기 위해서라지만 그것보다는 회원 중에 꼴통이 있어서 자기 입맛에 맞지 않는 사람이 들어오는 것을 막기 때문일 공산이 더 크다.

'만장일치' 이 말에 필자는 별로 동의하고 싶지 않다. 사람마다 생긴 것이 가지각색이듯이 생각도 가지각색인데 어떻게 만장일치가 가능할까? 민주주의의 기본은 다수결로 결정하는 것이고 그래서 기업도 경영권을 쥐기 위하여 적대적 M&A도 시도하는 것이다. 나이가 들수록 꼴통의 수가 더 많아지는 것 같다. 몸의 유연성이 줄어들 뿐만 아니라 사고의 유연성도 줄어드는 것이리라. 그래서 고집이 세어지고 상대편을 이해하려고 애쓰지 않고 자기의 주관에 들어오지 않으면 적대시하는 사람들이 많아진다. 교육수준이 낮은 사람일수록 의식이 빨리 굳어지는 것을 볼 수 있다. 책을 읽지 않는 탓이기도 할 뿐만 아니라 넓은 사고를 하지 않기 때문에 생각이 편협해 지는 것이다.

대립을 하면 정반합으로 가야 하는데 돌아서서는 다시는 소통할 생각을 하지 않고 마음의 문을 닫아 버린다. 만약 같은 동호회의 회원이라면 잘못하는 일이 있더라도 충고하여 고쳐나가야 하는데 자기의 기준에 맞지 않으면 상대를 하지 않으려고 한다. 이래서는 안 된다. 마음의 문을 열자. 먼저 이해하는 마음을 가지고 품을 줄 아는 아량을 길러보자. 자기를 욕하는 사람이 있더라도 그 사람에게 더 잘해주다 보면 더욱 좋은 친구로 다가오게 되어있다. 그러나 보통 사람들은 파르르 떨면서 자기를 비난한 사람과 소통을 거절하고 꼴통이 되어 버린다.

골프 룰을 무척 엄격하게 따지는 골퍼가 있다. 이 분과 다투지 않은 사람이 없을 정도다. 왜냐하면 대부분의 골퍼들은 사소한 룰은 지키지 않고 그냥 넘어가기가 일쑤이기 때문이다. 그러나 이 꼴통 때문에 룰을 지키는 사람이 많아지고 있다. 좋은 의미의 꼴통이다. 그런데 이 꼴통은 저 놈과 다시는 골프 안 친다고 선언해 놓고 몇 달이 지나면 당사자와 친하게 골프를 즐긴다. 룰은 까다롭게 지키게 하되 마음을 열 줄 아는 꼴통은 좋은 의미의 꼴통이고 소통을 거부하고 끝까지 불통을 지키는 꼴통은 발전을 저해하는 꼴통의 유형이다. 이런 부류에게 충고했다가는 오히려 핀잔을 받게 된다.

사실 불혹의 나이가 지난 사람에게 하는 충고는 무의미하다. 충고에 대한 답변이 대체 이렇게 나온다. "그냥 그대로 살다 가도록 좀 내버려 두시오" 혹은 "그런 정도는 다 알고 있으니 당신이나 잘 하시오" 그래서 나이가 든 사람들을 수구 꼴통 이라고 하는지도 모른다.

소통이 항상 좋다고 할 수는 없지만 불통보다는 낫고 불통보다는 꼴통이 더 나을지도 모른다는 생각을 하게 된다. 그래서 남북도 소통이 되어야 하고 꼴통이 불장난하기 전에 소통을 시도해야 하는 것이다. 박정희 대통령을 지지하면 수구 꼴통으로 치부해 버리고 반대하면 개혁파로 치부하는 자들 모두 꼴통 들이다. 너무 극단적으로 자기주장을 하지 말고 상대편의 의견도 존중하면서 의사소통을 해나가는 품격 높은 토론 문화를 형성해야 우리도 선진국으로 진입할 수 있는 것이다.

생활의 발견

호찌민시는 행정구역을 1군에서 12군 그리고 TAN BINH군, BINH TAN군, THU DUC군 등으로 나누며 KOREA TOWN은 공항 주변의 TAN BINH군에서 7군의 푸미흥 아파트 단지로 이동 중이다.

1군이 다운타운이고 2군은 1군에서 사이공 강을 경계로 하고 있다. 그런데 2군에는 외국인이 주로 거주하고 있는 평균 월세 3,000불 정도의 고급 빌라단지가 형성되어 있는 가장 비싼 주거단지인가 하면 또한 가장 낙후된 농촌 주거지가 함께하고 있는 곳이기도 하다. 다른 지역이 10년 동안 눈부신 발전을 했는데 유독 2군의 일정 지역에는 전혀 발전되지 않은 곳이 있다. 그곳은 1군의 번화가 TON DUC THANG 거리에서 카페리를 타고 5분 정도만 가면 2군의 나타나고 10년 전의 모습을 그대로 간직한 시골이다.

결국 강 하나를 사이에 두고 10년 이상의 경제 발전 차이를 둔 격이 된다. 아직 사이공 강에는 다리가 하나 밖에 없으므로 한국의 한강 다리가 20여개 있는 것과 비교하면 다리 수로 경제지표를 잡으면 별로 틀릴 것 같지 않다. 그러므로 호찌민시는 서울과 비교하면 20여년 낙후된 곳이라고 보면 될 것이다.

우여곡절 끝에 2군에 농촌지역으로 6개월 정도 살 예정으로 이사를 갔다. 1군에 있는 회사까지 출근 거리는 20분 정도 밖에 되지 않는데 도심에서 일하고 농촌에서 살 수 있는 기회가 주어진 것이다. 2군의 집에서 강까지 5분 걸리고 카페리를 타고 5분, 카페리에서 내려서 5분 거리에 회사가 있으며 기다리는 시간까지

합하면 넉넉잡아 20분이 걸린다. 15년을 호찌민에 살면서 이런 곳이 있는지 몰랐다. 강을 건너지 않고 우회하여 가도 20분밖에 걸리지 않는다.

1군에서 살던 아파트보다는 훨씬 큰 2층짜리 빌라이며 그 동네에서는 좋은 집 축에 속하는 곳이긴 하지만 농촌개발 지역이어서 주위 환경은 열악하기가 짝이 없다. 그래서 그런지 외국인은 보이지 않는다. 동이 트기 전에 닭과 오리의 합창으로 잠이 깬다. 닭과 오리가 절묘한 듀엣으로 잠을 깨운다. 꼬꼬댁 꼬꼬가 아니라 꼬꼬댁 꽥꽥 난생처음 듣는 이중창이다. 그런데 2중창은 약 5분간 계속되면서 화음을 맞추어 나가므로 계속 잠을 이루기가 힘이 든다.

그 뿐인가. 새소리 같기도 하고 쥐 소리 같기도 한 도마뱀 소리에 잠을 깨기도 한다. 해가 뜨기 전에 3번 아이언 골프채를 하나 꺼내 들고 새벽 운동을 하러 나간다. 문을 열고 나가면 정원에서 스며드는 이름 모를 꽃향기에 기분이 좋아진다. 그러나 걸을 때는 조심을 해야 한다. 여기 저기 개똥, 소똥들이 널려 있어서 아침부터 똥 밟으면 재수가 없을 것 같기 때문이다. 운동할 수 있는 공터가 별로 없다. 신작로를 따라 한참 걸어가면 머지않아 아파트 단지가 들어설 넓은 대지가 조성되어 있다. 습지를 모래로 메워 놓은 몇 만평은 됨직한 넓은 모래사장이 있다. 모래사장 지평선 너머로 붉은 아침 해가 솟아오른다. 아침 해를 바라보고 있노라면 지구가 참 빨리 돌아가는구나 하는 것을 느끼게 된다.

비가 오고 난 후면 모래사장은 눈이 온 듯이 아무 발자국이 없고 가끔은 짐승의 발자국이 찍힌 것을 볼 수 있을 뿐 나의 발자국만 남는다. 그곳에서 혼자서 아침체조를 한다. 가끔은 3번 아이언으로 가라스윙을 해보기도 하고 가볍게 달려보기도 한다. 아침 운동을 30분 정도 하고 나면 오토바이와 자전거의 행렬이 신작로로 이어지는 것을 볼 수 있다. 이곳은 오토바이보다 자전거가 더 많은 것 같다. 자동차는 좀처럼 보기 힘든 곳이다. 집으로 돌아오는 길에 네 마리의 소를 몰고 오는 목동과 만난다. 베트남 소는 속눈썹이 길고 눈이 베트남 여인들처럼 아름답다는 것을 발견한다. 목동이 지나간 후 귀가 길에 돼지우리를 지나게 되면 돼지 멱따는 소리가 들리고 돼지우리의 특유한 냄새가 훅 스며든다. 길모퉁이 집에는 원숭이 한 마리가 개처럼 묶여 있다. 원숭이와 잠시 장난을 하다가 집으로 돌아와서 출근 준비를 한다. 하루는 쥐가 집안에 침입을 하여 쥐를 잡느라고 소동을 피웠다. 쥐 잡는 끈끈이를 사고 쥐틀을 사서 여기 저기 놓아두어서 사흘 만에 그 쥐를 잡는데 성공을 했다. 쥐가 들어오지 못하도록 문단속을 철저히 하게 된다.

　이삿짐을 풀다가 보니 박스 하나에 카세트테이프가 가득하다. 모두 버리다가 코머더스의 Three times a lady와 스모키의 Mexican girl이 수록된 두 개의 테이프만 골라내었다. 옛날에 좋아했던 노래를 들으며 추억에 잠기는 맛도 괜찮다. 밤이 되면 가끔 개짖는 소리만 들릴 뿐 적막한 이곳이 점점 좋아진다. 인터넷이 들어오지 않아 책과 가까이 할 수 있는 것도 장점 중의 하나이다. 야자수가 있고 수로가 있는 이곳은 메콩델타의 농촌과 흡사하다. 중심가와 20분 거리에 있는 이곳도 머지않아 개발되어 서울의 강남과 같이 될 것이다.

　강남 말죽거리에 땅을 사놓으라고 충고했던 은행에 다니던 형님의 말만 들었더라도 나는 굉장한 부자가 되어 베트남에 오지 않았을 것이다. 지금도 마찬가지다. 2군에 땅을 사 놓으면 부자가 될 것이라는 것을 알고 있으면서 행동으로 옮기지 못한다. 무엇이 바쁜지 돈 버는 것에 재주가 없는 나는 돈과 관계없는 일에 더 많은 시간을 보내고 있다.

이삿짐을 풀면서 참 쓸데없는 것을 많이 소유하고 있다는 것을 발견한다. 버려야 채워지는 것을 왜 이렇게 많은 물건들을 소유하고 있는지 스스로 돌아보게 된다. 버리고 또 버려도 여전히 많은 짐이 남아 있다. 일전 사무국에 디지털 카메라가 필요하다고 해서 내가 쓰던 것을 사용하라고 주고 나니 어떤 개업식에서 새 디지털 카메라를 나에게 선물로 주었다. 참 신기한 일이다. 내가 먼저 베풀어야 채워지는 것을 나는 TAKE AND GIVE의 인생을 살아온 것 같다.

〈생활의 발견〉이라는 책은 임어당 선생의 대표작이며 청소년 시절 나의 인생독본으로 애독했던 책이며 그 영향이 아직도 나의 뇌리에 남아 있을 것이다. 그러나 책 내용은 전혀 생각나지 않고 제목만 기억하고 있다. 이사를 온 후 갑자기 어떤 발견을 한 것 같은 느낌이 들며 생활의 발견이라는 제목이 생각났다. 청소년 시절 실존주의 서적과 허무주의 서적의 그물에서 헤어나지 못하고 방황했던 기억이 난다. 농촌으로 이사를 오니 주위환경이 완전히 달라지면서 어떤 새로운 사실들이 보이고 들리고 느껴진다.

사이공 강의 큰 선박에서 들려오는 뱃고동 소리는 가슴을 설레게 하고 또 어디로 가야만 할 것 같은 느낌을 주고 온갖 동물들의 소리만 듣고 그 형체를 그려내기도 한다. 어떤 이는 지붕에 떨어지는 빗소리가 제일 좋다고 하고 어떤 이는 아오자이 벗는 소리가 제일 좋다고 한다. 나는 뱃고동 소리가 좋다. 그리고 내가 가장 좋아하는 냄새는 낙엽을 태우는 냄새인데 나는 가을을 잊고 살아가고 있다.

정보의 홍수 속에서 잠시 벗어나서 자연 속에서 보내는 몇 시간이 나에게는 참으로 소중한 시간이다. 실제 낚시는 하지 못하더라도 낚시꾼들을 여기저기서 볼 수 있고 논 게가 옆으로 기어가는 것을 보기도 한다. 흙탕물로 가득 찬 연못에 핀 연꽃들을 보면서 염화시중이라는 말을 기억해 내기도 한다. 오늘 저녁에는 마른 잎사귀를 모아서 태워보아야겠다.

미워도 다시 한 번

나이가 좀 든 분들에게는 귀에 익숙한 제목일 것이다. 옛날 옛적에 영화도 노래도 히트한 작품이다.

요즘 주변에 웬 분쟁이 그렇게 많이 일어나는지 모르겠다. 분쟁의 해결점은 바로 이거다 하면서 문득 떠오르는 말이 노래가 되어 흥얼거리게 된다. 이 생명 다 바쳐서 죽도록 사랑했건만 왜 배신을 때리느냐. 죽이고 싶다. 그러나 용서한다. 미워도 다시 한 번 해보자. 이런 내용인 것 같다.

어떤 모임에서 일어난 해프닝이다. 매주 모이는 그 모임에 사소한 일로 분쟁이 일어나게 되었다. 저녁 식사대금은 일인당 10불정도 나오는데 소주를 많이 마시는 신입회원들이 들어오게 되면서 문제가 발생되었다. 저녁 식사는 더치페이를 하므로 10명 정도의 모임에 보통 100불이면 되던 것이 30불 정도가 더 나오게 되었다. 호찌민에서는 소주 한 병에 90,000동 하니까 6,000원 정도가 되는데 주당들이 평소보다 5병 이상을 더 마시게 되니까 10명 정도의 모임에 30% 이상이 매번 더 나오게 되는데 술을 마시지 않는 사람들이 술 마시는 사람의 비용을 매번 지불해야 되는 경우가 발생한다.

몇 번 정도는 괜찮은데 이것이 몇 달간 지속되자 한 사람이 이의를 제기하게 되었다. 술을 마시지 않는 사람이 매번 술 마시는 사람의 술값을 분담하는 것은 부당하지 않느냐는 의견이다. 이에 술 마시는 사람들은 그까짓 술 값 가지고 쩨쩨하게 그러면 난 이런 모임에 탈퇴하겠다고 선언한다. 술 마시는 사람들과 마시지 않는 사람들로 갈라져서 언쟁을 하기 시작한다. 저녁식사 하면서 술 좀 더 마신다고 소주 값을 더 내야 된다는 논리는 술꾼들에게는 영 이해가 되지 않는 부분이고 술을 마시지 않는 사람들은 술꾼들이 이해를 하지 않는 부분을 영 이해하지 못하겠다는 것이다.

대체로 보면 술을 마시지 못하더라도 골초가 된 분들이 많다. 술꾼(주류)이 비주류의 골초에게 말한다. "그렇게 따지겠다면 담배도 나가서 피우시오! 골초들의 매연을 참고 있었는데 나도 한마디 하지 않을 수 없소." 이에 술 마시지 않는 골초 팀은 발끈한다. "원 세상에 담배 좀 피운다고 같이 늙어가는 처지에 나가서 피우라니?" 그것도 영 이해가 되지 않는 모양이다. 한 술 더 떠서 술꾼은 술 많이 마시는 것을 자랑삼아 무용담을 늘어놓지만 비주류는 속이 더 불편해진다. 매번 많이 마시는 사람은 전체 식사비를 한 번 쯤 낼 법도 하건만 거기다가 은근히 자기가 부자인 것을 자랑한다. 이렇게 되면 비주류는 더욱 배알이 꼴리게 되는 것이다. 그리고 담배를 밖에서 피우라는 것에 대해서는 절대 이해가 되지 않는 모양이다.

이렇듯 상대편의 주장은 이해를 하지 못하고 자기주장만 한다. 왜 그럴까? 그것은 오랫동안 살면서 익숙해진 자기중심주의의 습관 때문일 것이다. 배려가 부족한 탓이다. 일본 사람들은 "스미마생"이라는 말이 버릇처럼 나온다. 복잡한 버스에서 남의 발을 밟았을 때 양국은 어떤 반응을 보일까? 밟은 쪽에서는 양국 모두 미안하다는 말을 하겠지만 밟힌 쪽에서는 다른 반응이 나올 것이다. 한국 사람들 중에는 화부터 내는 사람들이 많다. 일본사람들은 대체로 웃으며 괜찮다고 한다. 흔들리는 버스에서 얼마든지 일어날 수 있는 상황인데도 화를 내는 사람들은 주로 교육수준이 낮은 사람들에게서 많이 볼 수 있다.

화를 내기 전에 상대편의 입장을 생각해야 한다. 그렇다면 주류는 비주류의 입장을 이해하고 기본 이상으로 나오는 술값은 더 지불하든지 다른 방법으로 보상하면 될 것이고 담배를 피우는 사람들은 피우지 않는 사람들의 입장을 생각해서 밀폐된 공간에서는 자제해야 할 것이다.

이번 한국학교 감사는 말이 많다가 이제 화합을 하여 나아가게 되었다. 양측이 불만은 남아있지만 한국학교의 발전이라는 대전제를 안고 모두가 양보를 하고 화합을 하기로 하였다. 과연 호찌민의 한인들은 세계 어느 나라의 교민들보다 봉사정신이 강하고 화합을 잘 해나가는 모범적인 한인들이다. 어차피 상처는 시간이 가야 아무는 것이다. 그리고 상대편을 이해하기 위해서는 시간이 가야 한다. 주당과 골초의 대결이 끝이 나지 않듯이 서로를 이해하기 위해서는 미워도 다시 한 번 시작해야 하는 것이다.

공공장소에서 화를 냈던 사람은 사과를 하면 더욱 돋보일 것이고 주당과 골초들은 상대편을 이해하고 먼저 미안하다고 하면 먼저 사과하는 사람이 승자일 것이다. 그러나 필자는 알고 있다. 절대 먼저 사과하지 않고 너 때문이야 라는 생각을 버리지 않을 것이라는 것을. 그리고 이런 글을 쓰는 필자도 이상한 사람이라고 볼 것이라는 것을. 이런 아집을 가진 사람들의 가장 좋은 약은 밤새도록 두들겨 패고 새벽에 한 대 더 때리는 것이다. 그러나 미워하지 말자. 미워도 다시 한 번 시작하자. 세월이 약이다.

동창회 같은 모임은 배운 것이 비슷하고 상호간 이해도가 많아서 분쟁이 별로 없지만 교민 단체 모임은 교육과정도 달랐고 취미도 다르고 업종도 다르다 보니 의견을 한곳으로 모으기가 여간 힘들지 않다. 자영업 협의회의 예를 들면 골프를 하는 쪽이 반 정도이고 안하는 쪽이 반 정도이니 골프를 한 후 만찬에 함께 모이게 되면 어색하게 된다. 그렇다고 골프를 하지 않고 모이게 되면 골프하는 쪽의 만찬 참여도가 저조하다. 족구 대회를 하게 되면 골프하는 쪽의 참여도가 저조하다. 해결방안은 무엇인가?

20명 정도가 골프투어를 가게 되면 경비절약을 위하여 두 명이 한 방을 쓰게 한다. 그 때 가장 골치 아픈 일은 코고는 사람들과 흡연자들이다. 그간의 통계로 보면 코고는 사람과 골지 않는 사람이 반반이고 흡연자와 비흡연자가 반반이다. 어떻게 나누어 자야 할까? 보통 심각한 문제가 아니다. 룸메이트를 코고는 쪽으로 분류하면 코고는 사람이 둘이서 한방에 자게 된다. 이때는 서로 먼저 잠들려고 술을 잔뜩 마시고 잠을 청한다. 만약 먼저 자기에 실패하면 그 날 밤은 하얗게 새든지 로비에 나가서 자든지 무슨 수를 내야 한다. 술을 많이 마시고 코를 골면 평소 몇 배의 사운드가 방을 진동시킨다.

이런 경험이 많은 사람들은 돈을 더 내더라도 독방을 고집한다. 그러나 방이 부족한 경우는 독방도 쓰지 못하게 되는데 코골이와 흡연자는 경계대상이 되지만 어쩌겠는가? 추울 때는 밖으로 나가지 못하고 함께 견뎌야 한다. 밤새도록 원망하며 미워했지만 파트너를 바꾸어도 또 다른 복병이 찾아들게 마련이다. 인생이 항상 천국처럼 평화롭고 조용하다면 무슨 맛으로 살겠는가. 때로는 괴로워하고 미워하고 죽고 싶고 혹은 죽이고 싶더라도 미워도 다시 한 번 살아야 하는 것이 인생인 것을.

새마을 운동은 오래전에 끝났으니 이제 "나상배" 운동을 벌여야 할 시점이다. 나상배가 뭐냐고? 모르겠으면 상기 글을 한 번 더 읽어 보시기 바란다. 그래도 모르겠다면 나보다 상대를 배려하는 습관을 길러보면 알게 될 것이다.

경험주의 철학

　17세기에는 영국의 경험론과 대륙의 합리론이 등장하여 근대 철학의 토대가 마련되었다. 영국의 프란시스 베이컨이 경험주의의 선구자였고 프랑스의 데카르트가 합리주의를 발달시켰다. 그러나 이 양대 철학은 인간의 이성에 대한 설명이 한계에 다다르게 되어 독일의 칸트에 의하여 관념론으로 통합되게 되었다. 칸트는 "이성은 신의 존재를 증명하거나 부인할 능력을 가지고 있지 못하다. 그러므로 공허한 말장난은 그만두고 이성이 요구하는 도덕적 삶을 사는 것이 철학이 존재하는 목적이다." 라고 갈파하였다.
　철학이라는 말은 보통사람들에게 골치 아픈 것으로 존재한다. 그래서 친구들 사이나 보통모임에서 이 말을 사용하면 외계인 취급을 당한다. 그저 돈 버는 이야기, 섹스 이야기 혹은 골프 이야기 등으로 일정 시간을 보내는 것이 무난하지 괜히 철학 운운하다간 왕따 당하기 십상이다. 그런데 필자가 오늘 구태여 철학이라고까지 거창하게 간판을 내건 이유는 우리가 살아가는 데에 있어서 경험이 얼마나 중요한지를 느꼈고 베이컨의 철학이 아닌 호찌민에서 살아가는 철학에 대해서 잠시 이야기해 보고 싶기 때문이다.
　경험이 많은 것이 항상 좋게 평가되지는 않는다. 경험이 많은 여자라고 하면 뭔가 비도덕적으로 보이기 십상이다. 그러나 일상생활에서는 경험이 많은 것이 실수를 줄이는 데에 절대적인 역할을 한다. 옛날부터 원로들을 공경하고 그들에게서 지혜를 얻는 것이 일반화되어 왔다. 그것이 현대로 가면서 책과 매스미디어를 통하여 원로를 통하지 않고도 많은 지식을 얻을 수 있기 때문에 원로들의 역할이 약화되었고 심지어 부모들의 경험도 자식들에게 별로 중요시되지 않게 되어 부모의 충고도 잔소리로 치부되곤 한다.

요즈음에는 인터넷의 검색으로 웬만한 것은 모두 알 수 있기 때문에 나이 많은 사람들의 경험은 오히려 낡은 사고로 낙인이 찍히게 되고 젊은이들은 창조의 역할에 더 큰 비중을 두고 있다. 그러나 인터넷으로 모든 경험을 흡수하기는 쉽지 않다. 간접경험의 한계성이 드러나기 때문이다.

어떤 원로는 평소 고집이 세고 남을 배려하지 않더니 어떤 모임의 회장이 되고 나서는 사람이 완전히 달라졌다. 자기주장을 삼가고 회원들에게 골고루 배려하여 신망이 두터워져서 회원들 사이에 "자리가 사람을 만든다"는 감탄을 자아내게 했다. 그런데 그분이 회장 자리를 다른 사람에게 넘겨주고 난 후에는 옛날 버릇이 그대로 살아나서 고집불통으로 다시 되돌아가고 남의 입장을 무시하는 것을 보고 참 아쉬운 생각이 들었다.

필자도 이기적이며 비인간적이라는 평가를 받다가 회장이 되고 난 후 사람이 많이 달라졌다는 평을 받곤 한다. 스스로야 그렇지 않았다고 주장하고 싶지만 남의 눈에 그렇게 보였다니 반성을 해야 마땅하다. 회장의 자리에서 내려온 후에도 대범하고 남을 배려하는 인간미 있는 사람으로 살아가야겠다는 다짐을 하게 된다.

회장이 되고 난 후에 여기 저기 기공식, 준공식 그리고 개업식에 많이 참석하게 되어 건배제의를 해 달라는 부탁을 받고 건배제의를 하다 보니 그것도 경험이 쌓여서 건배 전문가라는 애칭을 받기도 한다. 건배제의를 어떻게 해야 하는지는 인터넷에 나와 있지 않다. 그래서 나만의 노하우로 개발하고 그것을 철학으로까지 발전시키고 싶은 것이다. 건배를 할 때에는 건성으로 건배하지 말고 진심을 술잔에 담아 그 회사가 정말 발전할 수 있도록 기를 모아 주어야 하는 것이다.

어떤 모임은 한 사람의 독선으로 인하여 와해되기도 한다. 그 사람 꼴 보기 싫어서 모임에 나오지 않겠다는 사람이 많아지면 진퇴양난의 기로에 서게 된다. 분쟁을 하더라도 한 쪽이 인사를 하면 인사를 받아야 한다. 그것이 인간생활의 기본이고 양식인데 그렇게 속이 좁아터진 사람들은 기본 자체가 되어있지 않기 때문에 여기저기 판을 깨고 돌아다니게 되는 것이다.

몇 개의 모임을 만들어 보았고 다른 모임의 장단점을 보고 듣기도 한다. 동호인 성격의 작은 모임은 정관까지 만들 필요야 없지만 몇 가지 기본 룰은 만들어 놓아야 한다. 예를 들어 모임의 미팅 중에 욕설을 하며 싸우면 둘 다 제명 시킨다든지 다른 곳에서라도 품위를 떨어뜨리는 행동으로 그 회의 명예에 손상이 갈 경우에는 제명한다든지 몇 가지 룰이 있어야 한다. 그러나 한 번 정도는 경고에 그치고 재발할 경우에는 제명을 하도록 하는 관용도 베풀어야 하는 지혜가 필요하다. 그리고 무엇보다도 중요한 것은 투명한 돈 관리다. 경조사도 룰을 정해 놓았으면 그대로 지키고 변경 시에는 전체회원에게 통지하고 과반수의 찬성을 얻어서 변경해야 한다. 일관성이 없으면 그 회에 대한 신뢰성이 없어지고 더 이상 회원으로 남아있고 싶지 않게 되는 것이다.

호찌민에는 10여 개의 골프 동호인 모임이 있고 최근 동호인 연합회를 결성하기로 한 것 같다. 연합회를 만들 때에는 먼저 발기위원회를 구성하고 위원장을 선출하여야 한다. 정관을 만들고 정관에 따른 창립총회를 개최하는 것이 보통 순서인데 보통보다는 좀 다르게 진행되는 것 같다. 순서야 어떻게 진행되든 중요한 것은 정관작성이고 초대회장 선출은 총회의 선거를 거쳐야 한다. 그것이 추대에 의하든 직간접 선거에 의하든지 모든 회원이 인정하고 따를 수 있는 틀을 만들어 놓고 시작해야 한다. 그렇지 않으면 사상누각이 될 위험성이 있기 때문에 필자의 경험철학으로 잔소리 몇 마디 해 보는 것이다.

한국인들은 모래 같고 일본인들은 진흙 같다는 국민성 표현을 예부터 해왔다. 한국인들이 잘 뭉쳐지지 않는다는 것을 단적으로 표현한 것이다. 자신에게 이익이 되지 않는 모임에서는 잘 뭉쳐지지 않으나 돈이 걸린 회사의 구성원으로서는 일사천리로 잘 모인다. 호찌민에서는 요즘 대기업의 개업식이 자주 있다. 재벌회사의 회장들에 대한 임직원들의 충성도는 도를 지나친다는 생각이 들 정도다. 한편 저렇게 일사불란해야 경쟁에서 이길 수 있는 힘이 생기는구나 하는 생각도 든다. 재벌들의 방문 시에는 누가 손님인지 주인인지 구분이 잘 되지 않는다. 돈이 최고라는 경험주의 철학이 빛을 내고 있을 때 조용히 봉사하는 사람들의 위치는 빛바랜 의자에서 서성거려야 한다.

많은 개업식에 참석하다보니 의전을 어떻게 해야 하는지 알게 된다. 어떤 때는 황당한 개업식 광경을 목격하기도 했다. 프로그램이야 차치하고 개업식 장소의 주소도 틀리게 적어 놓아 007 작전 없이는 찾아가기 힘들게 만든 경우도 보았다. 반면 잘 짜진 프로그램으로 멋지게 행사를 마치는 경우도 본다. 다만 주인이 누구인지 손님이 누구인지 헷갈리게 하는 개업식은 지양되어야겠다.

경험이 중요하긴 하지만 그 경험을 바탕으로 개혁하고 창조해 나가야 빠르게 변하는 시대의 흐름에 발맞추어 갈 수 있는 것이다. 자기 경험만 고집하면 도태되고 만다. 변화해야 한다. 그러나 그 변화는 경험주의 철학에 바탕을 두어야 하는 것이다.

첫 단추

600년 만에 돌아온다는 황금돼지해라고 떠들썩하다. 그래서 올해는 누구나 좀 더 큰 꿈을 꾸고 더 높은 계획을 세우게 된다. 중학교 시절 급훈의 하나가 "이상은 높게 현실은 굳게"라는 것이 생각난다. 이상은 높게 가지되 현실이 뒷받침이 되도록 하라는 선생님의 생각이었을 것이다.

신년 계획을 세울 때는 종전과 똑같은 계획을 입안하지는 않을 것이다. 뭔가 다르고 획기적인 것을 추가하게 되는데 보통 그 계획은 구정까지도 가지 않아서 흐지부지되어지며 구정부터 다시 시작하지 뭐 이렇게 생각하며 지내는 것이 보통사람들이 세우는 계획일 것이다.

삶에 있어서 가장 큰 힘은 어디에서 우러나오는 것일까? 우리 몸은 음식으로 힘을 얻지만 마음은 생각으로 힘을 얻게 된다고 한다. 잘 먹으면 힘이 나고 생각이 건전하면 마음도 튼튼해질 것이다. 좋은 음식이 건강에 좋듯이 좋은 생각은 마음에 좋게 작용한다. 그러면 좋은 생각이란 어떤 것인지 한번쯤 되새겨 보는 것도 좋은 음식이 어떤 것인지 생각해 보는 것과 마찬가지로 필요한 일이라고 생각된다.

좋은 생각이란 사랑하고, 희망을 가지고, 기쁨을 느낄 줄 알고, 범사에 감사하는 것이며 또한 열정, 용기, 지혜, 정직 그리고 용서는 마음을 풍요롭게 한다. 그것이 또한 건강으로 이어지는 것이다. 그 중에 보통사람이 가장 실천하기 힘든 것이 용서다. 그래서 필자는 송년회 자리에서 행하는 10분간의 연설에서 용서하자는 주제로 발표를 하였다. 노래방에서 신나게 노래를 한 후 한해를 보내는 소감을 발표하는 자리였다. 그 자리에는 친했던 사람끼리 원수처럼 변한 상태로 있는 사람도 있었고 친지끼리 소통을 하지 못하고 벽을 쌓고 지내는 사람도 있었다.

그런데 그 중의 한 분이 2006년의 마지막 밤을 넘기고 2007년 새벽에 5년간을 남처럼 지내던 친지에게 전화하여 만나서 화해를 하자는 제안을 했다고 한다. 그 친지도 그 제안을 받아들여 먼 길을 달려와서 화해를 했고 서로 용서하기로 했다고 하는 말을 듣고 참 기분이 좋았다. 그래서 인생은 그렇게 고달픈 것만이 아니고 생각하기에 따라서 꽃보다 더 아름답다는 생각이 들었다.

그 분들은 5년 전 동업을 하는 과정에 첫 단추를 잘못 꿰어서 5년이란 긴 세월을 한 도시에 살면서도 본체만체하면서 살았다. 두 분 모두 필자와 지기여서 두 분이 원수처럼 지내는 것이 참 안타까웠는데 신년 새벽 동이 트기 전에 화해를 했다니 얼마나 기쁜 일인가. 한국 사람들은 술집에서 만나서 동업하여 법원에서 다시 만나고 서양 사람들은 법원에서 만나서 동업하여 술집에서 다시 만난다고 한다. 그래서 의기투합식의 동업은 첫 단추부터 틀리게 꿰게 되는 경우가 많고 따라서 동업이 잘 진행되기가 어렵다. 서양 사람들은 동업을 시작할 때 변호사에게 의뢰하여 시작하면서 각자가 해야 할 일을 분명히 문서화하여 사후 일어날 분쟁을 예방하는데 한국인들은 이런 일을 쩨쩨하게 생각하여 경시하는 것이 분쟁 발생 시에 풀기 어려운 지경으로 몰고 가게 된다.

필자는 한국의 매스컴이나 기관에서 인터뷰 요청은 물론 문의 사항을 접하는 경우가 많다. 그 중 하나가 98년의 IMF 외환위기 시에 한국에서 직업을 잃은 후 베트남에 와서 성공한 기업인을 소개해 달라는 것이었다. 그러나 이곳에 사는 사람들은 자기의 과거가 화려했다는 것만 이야기하지, 실패담은 이야기하지 않는 속성이 있기 때문에 여기 저기 수소문해 보았지만 알 수가 없었다. 그래서 모르겠다고 회신을 했다. 실패한 것이 자랑스러운 것은 아니지만 실패는 소중한 경험이며 요즘은 미국의 해드 헌터들은 실패한 후 재기한 사람을 높이 평가한다고 한다. 그리고 남에게 이야기할 때는 성공담을 이야기할 때 보다 실패담을 이야기할 때에 듣는 사람이 더 좋아한다는 것을 알아야 한다.

해외 부동산 취득의 자유화를 실시한 후 베트남에는 강남의 복부인들도 오고 부동산 전문가들도 온다. 그런데 복부인들의 동물적 감각이 부동산 전문가들의 분석표에 의한 이론보다 더 현실적인 것을 보고 놀라게 된다. 태권도 3단이 싸움꾼에게 지는 것과 마찬가지 이론이다.

모 대학의 부동산학과를 졸업한 동기들이 동업을 하여 빈증성의 목 좋은 곳에 부동산 투자를 하였다. 그 중의 한 사람은 이미 이곳에서 부동산 중개업을 하는 사람이어서 그 사람의 친구인 봉재업을 하는 사람의 현지인 부인 명의로 땅을 매입하여 농장을 하기로 계획을 세웠다. 그런데 막상 농장을 경영할 기술자가 베트남 환경에 적응하지 못하고 발을 빼는 바람에 그 농장을 다시 팔려고 내어 놓았다. 그래서 그 땅을 되팔려고 내어 놓는 과정에서 그 땅이 3배나 더 주고 산 사실을 알았다. 그래서 소송을 하기로 했다고 한다.

　부동산 전문가들도 이렇게 어이없게 일을 진행하는데 보통사람들이 첫 단추를 어떻게 꿰어 나갈지 명약관화한 사실이 아닌가. 분쟁은 원래 가장 가까운 사람끼리 더 많이 발생하는 법이다. 부부간이 그렇고 자녀간이 그렇고 친구나 친지들끼리도 그렇다. 부동산 투자를 할 때는 이론가보다는 실제 경험이 많은 경력자에게 소정의 돈을 충분히 내고 시작하는 것이 후일 수업료를 수십 배 내는 것보다 싸게 치이는 것을 명심해야 한다. 부동산뿐만 아니라 모든 일에 있어서 경력자가 첫 단추를 꿰게 하는 것이 경력이 불명확한 사람들에 의뢰하는 것보다 훨씬 안전하다는 것을 명심하고 정해년을 맞이해야 황금돼지를 보게 될 것이다.

잃어버린 나를 찾아서

우리 일행이 호찌민시에서 2시간 정도 걸리는 따이닌 성에 도착한 것은 오전 11시쯤이었다. 강 사장은 농장에서 10분 거리의 버스 정류장에서 우리를 맞았다. 오토바이를 타고 있는 허름한 점퍼차림의 강 사장은 50대 중반의 강인한 인상이지만 아주 예의 바르고 친절하게 우리를 맞았다. 그 날은 월요일이었는데 3곳의 선약을 취소하고 따이닌 성으로 향했다. 매일 바쁜 스케줄에 얽매여서 몇 번씩이나 그곳에 가야겠다는 마음을 먹고도 실행하지 못했는데 그 날은 만사를 제쳐놓고 가야겠다는 마음을 먹고 실행에 옮겼다.

강 사장은 98년도에 호찌민에 와서 노후를 일하면서 보낼 적당한 곳을 찾아보았다. 중소기업의 경리부장을 하다가 회사가 97년의 IMF 외환위기로 도산하자 아무 연고도 없는 호찌민으로 오게 되었다. 그러나 이것저것 알아보았으나 마땅하게 할 것이 없었다. 그러다가 거의 6개월 만에 따이닌 성에 가서 양어장을 하기로 결심하게 된 것이다. 그러나 강 사장은 도시에만 살았으므로 농촌 생활에 적응하기가 여간 힘든 일이 아니었다.

따이닌 성은 밤은 싸늘하고 낮은 불볕더위가 계속되는 지방이다. 처음에는 조림을 하거나 농사를 지을 생각으로 갔지만 거대한 저수지에서 흘러나와 호찌민으로 흐르는 수로의 물이 너무 맑은 것을 보고 양어장을 하기로 결심하게 되었다. 강 사장은 먼저 땅을 5,000평 정도를 구입하였다. 현지인 명의로 땅을 구입하여 양어장을 여러 곳에 만들었다. 말도 통하지 않는 곳에서 통역도 없이 양어장을 만들어 나가자니 시행착오가 연발되었다. 농민들과 말이 통하지 않으니 그림을 그려서 소통하고 현장에서 몸소 진두지휘 하며 타이거라는 민물 새우를 기르기도 하고 현지인들이 좋아하는 물고기들을 부화 시켜서 양어를 하기도 하였다.

8년간의 그의 일과는 물속에 들어가 고기들과 대화하기도 하고 고기들이 아프지나 않나 눈여겨 관찰하는 것이었다. 현지인들이 고기를 훔쳐가는 것은 괜찮았으나 그들의 관리 잘못으로 이물질이 들어가 물고기들이 시름시름 병들어가는 것은 강사장 자신이 병드는 것보다 더 가슴이 아팠다. 주기적으로 현지 대학의 수산학과 교수를 초빙하여 물고기 기르는 법을 배웠다. 대기업에서 생산되는 배합사료보다 더 저렴하게 사료를 배합하고 양식을 하여 원가 절감하는 방법도 터득하였다.

그러나 돈이 제법 벌리자 명의를 빌려준 현지인이 과도한 요구를 하기 시작하였다. 강 사장은 100% 투자 법인을 만들기로 결심하여 스스로 따이닌 성의 DPI(투자기획과)를 찾아가서 현지법인을 만들어 사장이 되었다. 따이닌 성에서의 8년간은 현지의 농민들과 같은 수준으로 생활하였다. 이제 농장이 틀이 잡히고 수입도 짭짤해지고 여유를 가지게 되니 외로움이 물밀듯 몰려왔다. 40대 중반에 베트남에 와서 현지 농민들과 같은 수준으로 생활하며 일에만 골몰할 때에는, 밤이면 곯아 떨어져서 외로움 같은 것은 사치라 여겼었는데 50년간 사용권을 얻은 땅값도 올라가고 매월 소득도 기대치에 다다르자, 밤하늘의 별빛도 어둠을 밝혀주는 역할에서 아름다움과 외로움으로 변화하기 시작했다.

한국에 멀쩡한 처자식을 두고 내가 왜 머나먼 타국에서 이 고생을 하는지 스스로 돌아보기 시작하였다. 무엇 때문에 이 고생을 하고 있는지 되돌아보기까지는 8년이란 세월이 흘렀다. 그간 일에만 몰두하느라고 세간도 사용할만한 것을 구입하지 못했고 입성에도 신경 쓰지 못했다. 말이 통하지 않는 황량한 곳에 처자식은 부를 생각도 하지 못했다. 들판에 몰아치는 흙먼지와 외로움은 수로로 흐르는 맑은 물에 흘려보내며 스스로를 위로하였다.

처음 농촌에서 일을 시작할 때는 별로 어렵지 않다고 생각했는데 막상 돈을 투입하여 일을 벌여 놓고 나니 후회스러운 일이 한두 가지가 아니었다. 그러나 어찌하랴. 이미 가지고 온 돈은 다 썼고 땅은 다시 팔려고 내 놓아도 팔리지 않았다. 그래서 죽기 살기로 일에만 매달려 성공가도에 들어서니 이제는 외로움이 앞을 턱 막고 있었다.

이번 구정은 하늘이 두 쪽이 나도 귀국해야 하겠다고 결심하고 더 이상 물고기를 부화하지 않고 모든 일을 중단해 놓고 귀국채비를 하였다. 마음에 맞는 사람만 있으면 함께 더불어 일하고 지내며 소득이 나면 나누어 가지겠다는 생각이 들었다. 그래서 언젠가 호찌민에 나들이 갔을 때 식당에 있는 교민잡지를 보고 필자에게 전화를 한 것이다. 노부부가 농촌에 와서 살 사람이 있으면 소개해 달라는 내용이었다. 전화를 수차례 받은 몇 달 후에야 마땅한 사람을 구해서 강 사장에게 소개해 주려고 모든 스케줄을 뒤로 미루고 따이닌 성으로 향했던 것이다.

강 사장에게 소개하기로 한 김 사장 역시 IMF 때에 부도를 맞고 여기 저기 긁어모은 30만 불을 가지고 무작정 호찌민으로 왔다. 이 일 저 일에 손을 대었으나 뭐 하나 제대로 되는 것이 없었다. 먼저 친구의 사업에 10만 불 투자했다가 당하고 3만 불은 빌려 줬다가 떼이고 남은 돈으로 오락기 사업, 신발 사업, 의류사업, 식당 등 많은 업종을 거쳤다. 이제는 30만 불이 아니라 3천 불만 달랑 남은 상태가 되었다. 그러다가 필자의 말을 듣고 농촌에 가서 마지막 생을 강 사장과 함께 서로 외로움을 달래며 보내는 것이 좋을 것이라 판단하고 강 사장의 농장으로 함께 간 것이다.

그러나 김 사장은 강 사장의 사는 모습을 보고 쉽게 결정을 내릴 수가 없었다. 그야말로 열악한 주거 환경에 어떻게 적응할지 걱정이 태산 같았다. 소개한 필자를 생각해서 자신이 없다고 말하기도 미안하여 밤새 잠을 잘 수가 없었다. 다음 날 김 사장의 심경을 헤아린 필자는 따이닌 성에 가지 못하겠다고 해도 괜찮다고 말해 주었다. 강 사장은 8년간의 보금자리인 농장을 비워 두고 한국으로 떠났다. 구정을 쇠고 돌아오겠다고 했지만 구정이 되기도 전에 따이닌 성으로 돌아가고 싶다는 전화를 필자에게 해 왔다.

강 사장의 행동은 성자와 같았다. 그렇게 열악한 환경과 자신의 모습에 전혀 개의치 않았다. 그와 반대로 김 사장은 도저히 따이닌 성으로 이주할 결심을 할 수가 없었다. 나는 어떨까? 내가 가야한다면 나는 따이닌 성에 갈 수가 있을까 하는 생각에 나 또한 잠을 이룰 수가 없었다. 이렇게 바쁜 나날이 나에게 무슨 의미가 있을까? 무엇을 위하여 나는 이렇게 허둥대며 살아가고 있는 것일까? 요즈음 나는 어둠에 묶인 채 사이공 강위로 떠 있는 희미한 별빛을 바라보며 나를 찾아가고 있는 날이 많아지고 있다.

중독

우리가 살아가는 동안 자신도 모르게 중독되는 습관이 있다. 필자의 경우는 10년 동안 골프에 중독된 사실을 발견하였다. 주말이면 의례히 골프를 가야한다고 생각하고 있고 그렇게 해 왔다. 그런데 지난 주일에는 골프 약속이 제대로 되지 않아서 골프를 치지 않고 호찌민 남단에 있는 자연보호구역인 껀저라는 곳에 놀러갔다. 카페리를 타고 강을 건너서 아직 개발되지 않은 해수욕장과 원숭이가 많은 공원을 둘러보니 10년 전의 그 환경과 비슷하였으며 미개발지로 남겨 놓는 것이 더 좋겠다는 생각이 들었다.

골프에 중독된 사실을 발견하는데 10년이 걸렸고 주말에 골프를 하지 않고 다른 곳으로 간다는 것은 쉽지 않겠지만 앞으로는 골프 횟수를 줄이고 해변이나 수영장으로 가서 조용히 책을 읽는 습관을 길러야 하겠다고 결심하게 된다. 나쁜 습관은 좀처럼 고치기 힘들다. 골프를 나쁜 습관으로 치부하는 것은 좀 어패가 있어 보인다. 그렇지만 새로운 사람과 골프를 하는 것이 아니라 마냥 만나는 사람과 계속 골프를 하는 것은 좀 문제가 있지 않나 생각된다. 골프는 새로운 친구를 만드는데 있어서 술을 함께 마시는 것보다 여러모로 훨씬 나은 취미라고 볼 수 있다. 하지만 주말에는 골프 이외에도 다른 취미를 가지는 것도 괜찮겠다는 생각을 하게 된다.

중독이라고 하면 맨 먼저 생각나는 것이 알코올 중독이다. 술은 사람에게 있어서 참 좋은 음식이다. 적당히 마시면 건강에도 좋고 분위기도 좋지만 과음을 하게 되면 긴장을 해칠 뿐만 아니라 타인에게 폐를 끼치는 경우가 많아진다. 술에 중독된 사람은 해가 어스름해지면 술 생각이 나고 곧바로 집으로 가지 않으며 어떤 구실을 만들어 술자리를 만든다. 뿐만 아니라 술이 취하면 술이 술을 먹게 하는 사람도 있다. 곤드레가 되도록 마셔야 직성이 풀리는 사람은 대체로 타인의 이맛살을 찌푸리게 하는 경향이 있다.

알코올 중독보다 더 무서운 것은 도박에 중독되는 것이다. 호찌민에는 기러기 가족들이 많이 있어서 이런 분들은 혼자 있기 때문에 쉽게 도박에 빠질 수가 있게 된다. 도박도 적당히 즐기면 즐거운 오락이 되지만 자주 접하게 되면 중독이 되기 쉽다. 바늘 도둑이 소도둑 된다는 속담이 있듯이 처음에는 조그만 판돈으로 시작하다가 차츰 차츰 판돈이 커지게 되고 숫자에 대한 감각을 상실하게 되는 것이다. 가족이 있는 사람들도 이 핑계 저 핑계를 대고 화투나 카드를 하거나 카지노에 들락거리게 되는데 이로 인하여 가족에게 수많은 거짓말을 하게 되고 급기야는 가정파탄을 하게 되는 경우도 생기게 된다.

주색잡기에 능한 사람이 있는데 이렇게 다양한 취미나 습관을 가진 사람은 한곳으로 빠져들어 중독되는 경우가 드물다. 그런데 유독 주색잡기 중에 한곳에 시간을 많이 할애하는 경우가 위험하다. 술꾼은 술에만 관심이 많고 노름꾼은 노름에만 그리고 술과 노름보다는 이성과의 섹스에 중독되는 경우도 볼 수 있다. 이성과의 만남이 여의치 않으면 인터넷을 통한 포르노에 중독되거나 인터넷 게임에 중독되는 경우가 많이 발생한다. 잡기 중에도 바둑이나 각종 스포츠에 시간을 보낼 수 있으면 건전한 취미활동이라고 볼 수 있다. 그러나 현대인은 자기도 모르는 사이에 한 곳에 몰입하게 되어 중독 증상을 보이지만 자신은 절대 중독이라고 생각하지 않는다.

　주색잡기 이외에도 성격상 중독증상을 보이는 경우는 어떤 문제가 발생하면 모두 타인의 탓으로 돌리는 사람들이 있다. 모든 이유가 타인의 잘못으로 비롯된 것이라고 생각하는 사람은 자신의 잘못을 좀처럼 인정하지 않는다. 그리고 입만 열면 거짓말을 일삼는 사람도 자신도 모르게 거짓말에 중독된 것으로 볼 수도 있다. 또 항상 타인을 비난하는 사람이 있다. 남이 잘 되는 꼴을 보기 힘들어하는 경우이며 이런 사람들은 남을 칭찬하는 경우가 아주 드물다. 힘담을 잘 하는 사람들을 보면 대체로 교육수준이 낮거나 어떤 부분에 열등감을 가진 사람들에게서 많이 볼 수 있으며 이런 사람들과 함께 하면 참으로 어색해진다. 힘담에 맞장구를 칠 수도 없고 그 사람의 의견에 상반되는 주장을 하기도 힘들다. 중독된 사람들에게는 충고나 도움이 필요한 것이 아니라 스스로 그 사실을 발견하도록 유도해 주어야 하나 전문가가 아니면 이 또한 어려운 일이다.

　자기주장이 과도한 사람은 중독이라고 말하기 힘들지만 이해심이 부족한 경우가 많으며 한번 싫으면 다시는 보지 않으려고 한다. 자기 사고의 틀에 벗어나면 용서를 하지 못한다. 이런 사람들은 종교에 귀의할 필요가 있다. 그러나 이런 사람을 믿음의 전당으로 데리고 가기는 참으로 힘들다. 종교도 너무 열심히 믿다가 보면 중독 비슷한 증세를 보이는 경우가 있는데 그런 사람은 모든 초점을 절대자에게 맞추고 가정생활을 등한시 하게 되는데 이 또한 바람직한 신앙생활이 아닐 것이다.

과유불급이란 말이 있다. "지나치면 미치지 못한 것과 같다"라는 뜻인데 어떤 일이든지 지나치면 중독에 빠져들 위험이 도사리고 있다. 일이나 스포츠에 중독된 사람은 그나마 나은 경우이다. 그러나 술과 담배, 섹스와 노름 그리고 인터넷 등에 중독되면 헤어나기 힘들므로 우리의 생활 패턴을 건전한 쪽으로 유도하여 그것을 습관화하는 작업을 게을리하지 말아야 하겠다.

호찌민에서는 갈 데가 없다고 하는데 사실 잘 찾아보면 문화공간이 많다. 오페라 하우스에서는 오케스트라도 연주하고 공원마다 라이브 뮤직이 흐른다. 극장도 많으며 극장의 시설도 한국 못지않다. 어떤 분야에 중독되지 않기 위해서는 하루의 일상을 한곳에만 몰입하게 되는 경우를 피할 수 있는 스케줄을 만들어야 하겠다.

골프와 인생

1월 14일 최경주 선수가 하와이 호놀룰루에서 열린 소니 오픈에서 고감도 탱크 샷을 구사하여 완벽한 승리를 거두었다. 1라운드에 버디 6개, 4라운드 합계 버디 14개를 기록하며 4라운드 모두 1위를 놓치지 않은 "와이어 투 와이어 우승"의 기염을 토했다. 이로써 최경주 선수는 미PGA 통산 7승을 거두며 국위를 선양하였을 뿐만 아니라 한국인에게 또 다른 희망을 안겨 주었다. 상금이

95만 4000달러이지만 국가브랜드 향상 효과는 1억 불도 넘을 것으로 추산된다.

이렇게 프로선수가 골프를 잘 쳐서 우승할 때는 빅뉴스가 되지만 아마추어 그 중에서 사회의 지도적인 인사들은 골프를 숨어서 쳐야 할 정도로 공식적으로 나타나는 것을 두려워한다. 골프가 서민 스포츠가 아니라 돈이 많이 드는 스포츠이기 때문이다. 사실 한국에서 골프를 하려면 돈이 많이 들기 때문에 골프를 한번 하는 것이 신경이 많이 써진다. 그러나 베트남에서 골프를 하려면 한국에서 드는 비용보다 훨씬 저렴하게 즐길 수 있다. 그래서 베트남에서는 외국인이면 말단 직장인들도 골프를 즐길 수 있다.

골프를 하러 갈 때에 골프라는 용어를 빼고 운동하러 간다거나 공치러 간다고 표현하는 것은 대다수의 골프를 하지 않는 사람들의 곱지 않은 시선을 피하기 위함이며 또한 배려이기도 하다. 그러나 골프를 하지 않는다고 해서 골프를 하는 사람들을 일방적으로 좋지 않게 말하는 것은 문제가 있다고 보여진다. 해보지도 않고 네거티브 견해를 밝혀서는 안 된다. 경제적인 문제 때문이라면 언젠가 나도 골프를 할 수 있도록 열심히 벌어야지 하는 생각이 훨씬 진보적일 것이다. 세계에서 한국인들만큼 골프를 좋아하는 민족도 없을 것이다. 아마 동남아 골프장 고객의 반 이상이 한국인 골퍼들이라고 해도 틀린 말이 아닐 듯싶다.

베트남에서 가장 선도적인 잡지인 신짜오 베트남에서 기존의 이창근 칼럼을 쓰든지 골프칼럼을 맡아주든지 선택하라는 말을 듣고 서슴없이 골프칼럼을 선택했다. 그 이유는 세 가지가 있다. 첫째, 한영민 골프칼럼이 약 5년간 계속 되었기 때문에 필자의 밑천이 떨어지고 있을 뿐 아니라 그보다는 새로운 필자가 새해부터는 다른 각도에서 골프를 조명하는 것이 더 낫지 않을까하는 견해이며 둘째, 이창근 칼럼보다는 전문분야의 박사나 변호사를 비롯한 신선한 필진의 새로운 정보가 가득 찬 칼럼이 더 낫겠다는 판단이다. 셋째, 골프에 관한 필자의 다양한 경험과 동반자들의 특별한 경험을 독자들과 함께 공유하며 골프이야기를 인생이야기 하듯 풀어나가고 싶었기 때문이다.

골프는 인생의 축소판이며 골프의 테크닉이나 룰보다는 골프와 인생을 함께 조명하여 써 볼 요량이니 기존의 독자들께서도 계속 눈길을 다른 곳으로 돌리지 마시기 바란다. 강연을 할 때에는 강사의 프로필이 필수적으로 따른다. 그럼 이제 골프 칼럼니스트로서 데뷔하는 필자의 프로필을 밝히지 않을 수 없다.

구력: 25년, 1996년부터 2001년까지 매년 베트남 대표선수로 선발되어 5년 연속 해외 원정.
유명선수 및 유명인사와 라운딩 혹은 개인레슨 받은 경험: 닉 팔도, 리티프 구센, 애스퍼 파나빅(모자 창 올려 쓰는 선수), 애니카 소렌스탐, 이안 우스남, 어니 엘스, 최상호, 김세환, 최백호, 구창모, 김범용, 전윤철 감사원장, 강재섭 한나라당 대표, 역대 호찌민 총영사.
특기: 단타와 어프로치, 가장 골프를 같이하고 싶지 않은 인물, 홀인원 5회 그 중 2회는 연속 홀인원. 동반자의 라이프 베스트 스코어 기록 15회. 각종 대회 수상 트로피 80개 보유.

회고컨대 만약 베트남에 골프장이 없었다면 필자는 베트남에 살지 않고 한국이나 골프장이 있는 다른 나라에서 살고 있을 것이다. 골프에 중독되어 돈을 벌어 가장 먼저 산 것이 회원권이고 골프장이 생길 때마다 회원권을 샀다. 만약 그 돈으로 땅을 사두었으면 상당한 부자가 되었을 터인데 하는 아쉬움이 있지만 지나간 일이다.

이제는 중독에서 벗어났다. 골프장에 갈 것이냐 꽁가이와 데이트할 것이냐 묻는다면 후자를 택할 수도 있다. 중독에서 벗어났다는 증거이다. 중독된 상태에서 글을 쓰는 것보다 골프와 인생을 관조할 수 있는 여유를 가지고 글을 쓰는 것은 차이가 있을 것이다.

다행히 필자는 동반자를 가리지 않는 편이다. 그래서 세대 차나 빈부 차나 잘 치거나 못 치거나 남녀 가리지 않고 어떤 동반자와도 잘 어울릴 수 있는 까다롭지 않은 성격이므로 다양한 동반자들과 라운딩 한 경험이 있다.

골프를 아주 잘 치려면, 장타부터 연구하라. 내기에 이기려면, 단타를 부끄러워하지 말라.

승률이 높은 권투선수들을 눈여겨보라. 잽을 많이 날리지 장타를 자주 시도하지 않는다.

골프를 교습할 때 INSTRUCTOR 들은 두 가지 방법을 사용한다. 장타를 먼저 가르치는 법이 있는가 하면 바르게 나가게 하는 것을 먼저 가르치는 법이 있다. 어느 것이 좋다는 정설은 없다.

인생도 마찬가지다. 모범생이 먼저냐 창의적인 생도가 먼저냐? 평준화가 좋은가 능력별 선택이 좋은가? 음이 먼저냐 양이 먼저냐? 구멍에서 나와서 들어가는 것이냐 구멍으로 들어가서 나오는 것이냐? 무엇이 먼저인가가 중요한 것이 아니다. 우리의 골프와 인생은 결과도 중요하지만 과정도 결과 못지않게 중요하다.

골프를 함께하면 동반자의 성격과 과거 현재 미래까지도 점칠 수 있다. 정직성이 있는지 에티켓이 있는지 매너는 어떠한지까지도 나타난다. 가장 안타까운 동반자는 고집불통인 사람이다. 자기 생각에 가득차서 남의 충고가 들어갈 틈이 없는 사람이다. 이런 사람은 밤새도록 두들겨 패고 새벽에 또 패도 듣지 않을 것이다. 그렇지만 그런 사람이 없으면 또 무슨 맛으로 살아가며 공을 치겠는가? 골프장에 해저드가 있듯이 인생도 못된 사람이 좀 섞여 있어야 재미가 있는 것이 아닐까?

원칙과 타협

김 사장은 50대 중반의 중늙은이다. 일 년에 적어도 300회 이상 필드로 나가는 골프 애호가다. 박정희 전 대통령을 숭배하여 필드에서는 검은 안경을 즐겨 끼고 다닌다. 말씨뿐만 아니라 걸음걸이조차 박대통령을 흉내 내고 당신이라는 말 대신에 임자라는 말을 즐겨 쓴다. 거의 매일 골프장에 나타난다고 해서 그가 사업을 게을리하는 것은 아니다. 아침 일찍 일어나 오전까지 공장 일을 보고 오후에는 어김없이 필드에 나타난다.

골프장에 매일 나가고 사업은 언제 하냐는 의심을 하지 않아도 된다. 필드에서도 핸드폰으로 중요사항을 점검하고 지시한다. 신형병기(신형 골프채)가 나오면 제일 먼저 구입하여 스윙을 해보이며 동반자에게 그 성능을 자랑한다. 그리고 신형병기만큼이나 여친도 신형으로 자주 바꾼다. 새로운 여친의 재원과 성능을 자랑하여 주위 동반자의 부러움을 사는 것이 즐거운 모양이다. 그의 해

박한 19홀 이론은 책에도 없는 것이어서 흥미롭고도 신비롭다.
　이렇듯 인생을 재미있게 살아가는 김 사장도 골프가 시작되면 계엄사령관만큼이나 근엄해지며 벌타를 사정없이 매긴다. 그와 함께 라운딩 한 골퍼치고 벌타를 부과받지 않은 사람이 없을 정도이다. 실수로 남의 공을 자기 공인 줄 잘못 알고 치고 나가서 벌타를 먹은 경우야 페널티를 먹어도 싸다고 할 수 있지만 벙크에서 낙엽 하나 주워내다가 벌타 먹고, 소나기가 쏟아지는 그린에서 캐디에게 우산을 받치게 했다고 벌타를 먹으면 아무리 점잖은 양반도 씩씩대지 않을 수 없다. 몰랐다는 말이 그에게는 통하지 않는다. 핸디가 그 정도면 그쯤의 룰은 알고 있어야 한다는 것이 그의 지론이다.
　그는 골프 룰을 고시 공부하듯 달달 외운 후 룰에 어긋나는 행위에 대해서는 용서를 하지 않는다. 성질 급한 사람들은 그와 다시는 골프를 하지 않겠다고 맹세한다. 그래서 떨어져 나간 동반자만 해도 수십 명이다. 그래도 이해심이 있고 용서 내지 망각을 잘하는 골퍼들은 다시 그와 동반자가 되어 공을 치다가 어이없는 벌타를 먹고 또다시 그와 골프하지 않겠다고 맹세하기를 되풀이하는 것이다. 그렇다고 그가 막무가내로 벌타를 먹이지는 않는다. 낙엽 좀 주워내도 될까요? 혹은 우산 좀 받치게 해도 될까요? 하고 물으면 그렇게 하라고 할 것이다. 그러나 룰에 어긋나는 일을 사전 양해도 없이 했다가는 그는 자기를 속이는 것이라고 치부해 버리고 마는 것이다.
　그는 10년 가까이 그 골프장의 계엄사령관 노릇을 하는 것이 그의 타고난 사명이라고 생각하는 것 같았다. 그렇게 당당하고 룰을 어기는 자를 용서받지 못할 자로 치부하던 그가 하루는 필자에게 말한다. "나 이제 룰을 따지지 않기로 했습니다." 필자는 올 것이 왔다고 감지했다. 대부분의 골퍼들이 룰을 별로 중요시하지 않고 "대강 철저히" 처리하고 있는데 혼자서 경찰 노릇을 하기에 지쳤으리라. 그보다 매일 매일 골프를 함께할 동반자를 물색하기가 용이하지 않게 되었다. 또한 나이가 들어가면서 황야의 무법자들이 판치는 이곳에서 왜 나 혼자 보안관 노릇을 해야 하는지에 대한 회의가 온몸으로 감기 기운 퍼져나가듯 하는 것이었다.

세계에서 가장 골프를 사랑하는 한국인도 룰을 준수하는 면에서는 선진국 수준에 도달하지 못한 것 같다. 국민 평균핸디는 한국 골퍼가 세계에서 가장 낮으리라고 장담할 수 있다. 왜냐하면 세계적으로 보기 플레이어 이하의 핸디는 10%도 안 될 것이라는 통계가 있다고 하기 때문이다. 한국인들은 골프를 시작했다하면 핸디 18까지는 죽자 사자 도달하려고 한다. 체면 문제라고 생각하고 또한 못 쳐서 남에게 피해를 주지 않으려고 하는 갸륵한 배려가 있기도 하지만 지갑을 얇게 하지 않으려는 의지도 숨어 있는 듯하다. 그에 비해 룰 북을 읽는 데에는 시간을 투자하지 않는다. 그 시간에 장타의 비결을 더 공부해야 하기 때문이다.

필자와 가끔 라운딩 하던 핸디 25의 서양 할머니는 해저드에 떨어진 공을 드롭 하는 방법을 알기 위해 주머니에서 포켓용 룰 북을 뽑아 들고 당시 상황에서 어떤 방식으로 드롭 해야 맞는지 책을 찾아보곤 하였다. 당시에 필자도 한 클럽 이내에서 드롭 하는 것인지 두 클럽 이내에서 드롭 해야 하는 것인지 몰랐었기 때문에 그녀가 물을 때 잘 모르겠다고 했기 때문이리라. 당시 필자의 핸디가 14인데도 그런 원칙도 몰랐던 것이다. 왜냐하면 대부분의 동반자들이 공을 치기 좋은 장소로 휙 던져버리고 치기 때문이었다. 원칙대로 팔을 쭉 펴서 한 클럽 이내에 떨어뜨리는 것이 더 어색한 시대였다. 요즘은 그래도 많은 사람들이 룰을 지켜나가고 있다. 그러나 룰을 지키지 않는다고 해서 그렇게 따지지 못한다. 따지는 사람이 까다로운 동반자로 치부되기 때문이다.

    티샷한 공이 숲으로 들어가서 어디로 날아갔는지 불분명할 때에는 서양인들은 잠정구를 선언하고 하나 더 치고 간다. 잠정구를 칠 때에 자기 공의 브랜드와 번호를 알려준다. 사라진 공과 잠정구의 혼돈을 막기 위함이다. 그런데 보통 한국 골퍼들은 대부분 잠정구를 치지 않는다. OB가 거의 확실해야 잠정구를 친다. 그런데 잠정구를 치지 않고 와서 보니 공이 분실되었을 때에는 원칙은 티샷한 곳으로 다시 돌아가서 쳐야 하는데 다시 돌아가려니 200미터도 넘게 걸어가야 되나 한국인들은 이에 대한 타협안을 내어놓는다. 다시 돌아가려면 시간도 걸리고 전체 흐름에 지장을 주기 때문에 적당한 곳에 놓고 한타 먹고 혹은 두타 먹고 치라고 한다. 대부분 좋은 곳에 놓고 치라고 한다. 이런 때에는 계엄사령관인 김 사장조차도 돌아가라는 소리는 하지 않는다. 전체의 흐름이라는 대를 위하여 소를 죽이는 타협이 있기 때문이다.

    아무리 너그러워진 김 사장도 슬로우 플레이어들에게는 이를 간다. 그렇게 참았던 고함도 느림보들에게는 터져 나온다. 그래서 김 사장과 내기에서 이기려면 비장의 무기가 있다. 그러나 비장의 무기를 사용하려면 욕지거리를 받아 넘길 수 있는 배짱이 있어야 한다. 김 사장은 필드의 거북이들을 보면 살의를 느낀다고 한다.

그러나 정작 문제는 거북이들은 자기의 속도가 느리다고 느끼지를 못 하는 데에 있다. 김 사장이 화가 나는 것은 웬만한 슬로우 플레이어에 대한 벌타를 먹일 조항이 없기 때문이다.

한국인이 선진국 사람들과 처음 라운딩하게 되면 많은 오류를 범하게 된다. OK를 남발하는 것도 이상할 것이고 간단한 룰을 지키지 않는 것도 문제를 삼을 것이다. 골프를 즐겁게 하려고 나왔지 너무 까다로운 룰에 얽매이려고 나오지 않았다고 항변한다면 이는 시대에 뒤떨어진 생각이다. 룰을 작은 것이라도 지켜나감으로써 게임이 공정해 지고 더 재미있어지는 것이다. 타협이 잦으면 그것이 다른 문제를 야기 시키는 법이다. 원칙과 타협이 적절하게 이루어질 때에 골프도 인생도 더 즐거워지는 것이 아닐까?

육체적인가 정신적인가

흔히들 골프를 Mental Sports라고 한다. 마음이 흔들리면 Shot도 따라서 흔들리게 되는데 Bogey Player이상 정도가 되면 그 말의 깊은 뜻을 잘 모른다. 골프가 육체적 운동인지 정신적 운동인지 판단하려면 적어도 보기(Bogey)를 깨어야 어렴풋이 알게 되고 싱글 플레이어 정도가 되어야 제대로 느끼게 될 것이다.

홍 사장이 74개를 친후 필자에게 도전하여 91타를 치고 95타를 치더니 한 번 더 붙자고 하였다. 그래서 동반자이자 매치 메이커인 정 사장이 따이닝 성의 최고수이자 대학동창 모임에서 BEST GROSS(핸디적용 없이 우승한 선수, 한국에서는 메달리스트라고 한다)를 곧잘 하는 싱글핸디캡의 장 사장을 불러서 4명이 중원의 대결을 하였다. 정 사장에게 핸디캡 4타를 주고 나머지 3명은 스크래치로 겨루었다. 결국 3번째의 대결에서도 홍 사장은 91타를 쳐서 필자보다 12타를 더 치고 장 사장은 필자보다 2타를 더 쳤다.

핸디가 어디가나? 라는 말이 있다. 실제로는 홍 사장의 핸디는 15인데 갑자기 싱글을 두 번 한 후 자신감이 생겼던 것이다. 74타를 친 후 다른 동반자와 칠 때는 싱글의 언저리를 왔다 갔다 했는데 필자와 칠 때만 3번 모두 보기 이상을 친 것이다. 골프가 맨탈 게임이라는 것을 여기에서 찾아볼 수 있다. 그리고 따이닝 성(호찌민에서 2시간 정도 걸리는 곳)의 최고수 장 사장은 필자에게 3번 패한 후 4번째에 이기더니 다시는 도전해 오지 않아서 매치메이커인 정 사장이 불러서 재대결을 한 후 2타차로 필자에게 패배하였다. 그는 필자에게 1승 4패의 기록을 남겼다. 그 후 두 사람 모두 다음 대결을 기피하고 있다. 그래서 필자는 또다시 외로운 늑대가 되어 동반자를 찾아서 어슬렁거려야할 입장이 되어 버린 것이다.

타이거 우즈를 비롯한 메이저 선수들 모두 맨탈 훈련을 받는다. 아마추어들은 정신적 훈련은커녕 육체적 훈련도 제대로 할 시간이 없다. 홍 사장과 장 사장은 기술면에서 필자보다 우위겠지만 정신적인 면에서 뒤지는 것이다. 골프에서 이기려면 평상심을 유지해야 한다. 걸음도 일정한 속도로 걷고 상대방이 가끔씩 던지는 구찌 겐세이(입으로 방해한다는 일본말로 다른 적당한 말이 없을까?)에서 자유로울 수 있어야 한다.

장 사장과의 마지막 대결에서 그는 첫 홀에서 혼자 Birdy로 시작하였다. 필자는 "촌놈 마라톤이지" 라는 말로 한방을 먹였다. 이런 말에 장 사장은 대수롭지 않게 받아 넘기지만 그의 맨탈 어딘가에서 촌놈 마라톤이라는 말이 각인될 것이고 그것이 몇 홀 지나지 않아 그를 혼란스럽게 만들며 따라서 SHOT이 흔들리게 되며 Double Bogey를 만들게 하는 것이다. 그런 면에서 매치메이커인 정 사장은 필자를 여우라고 부르기도 한다.

닭장 프로라는 말이 있다. 연습장에서는 프로같이 잘 치지만 필드에 나오면 많이 흔들어대는 골퍼를 말한다. 골프도 전쟁과 마찬가지로 실전 경험이 무엇보다 중요한 것이다. 그러나 훈련 없는 실전의 발전 속도는 훈련을 동반한 실전의 발전 속도보다 훨씬 느리다는 것을 알 수 있다. 그래서 군대에서 "연습은 실전같이 실전은 연습같이" 라는 말이 있는 것이다. 한국이 베트남을 비롯한 여러 나라에 파병하여 실전 경험을 익힌 것은 국익에 많은 발전이 있으므로 어디로 파병한다고 하면 무조건 반대만 하는 사람들은 그런 면에서 문제가 있어 보인다.

골프를 시작한 후 108개를 깨는 것이 108번뇌를 벗어나는 것이고 100개를 깨는 것을 "깨백"이라고 한다. 일전 골프를 갓 시작한 변호사 한분과 라운드 하였는데 필드의 출전 회수가 10번이 되었으나 깨백을 하지 못하였는데 필자와 동반하여 전반 9홀을 10타를 기록하였다. 그대로 갔으면 충분히 깨백을 하였을 것인데 필자가 후반전은 내기를 하자고 제안했다. 그런데 후반부터 트리플 보기를 여러 번 하더니 결국 깨백을 하지 못하고 108번뇌 속으로 다시 들어갔다. 이것이 골프다. 내기를 하여 잔잔한 마음에 파동이 갔을 것이고 그 파동은 트리플을 만들고 그 트리플은 또 다른 트리플을 잉태한 것이다.

골프가 Mental Sports라는 것을 깨닫지 못하는 골퍼는 아직 득도를 하지 못한 것이다. 한마디씩 내뱉는 구찌 겐세이(말로 훼방하는 것)에서 스스로 자유롭다고 주장하는 사람은 사실 자유롭지 못한 것이다. 보이지 않는 손이 그의 Shot을 망가뜨리는 것을 느끼지 못할 뿐이다. 그런데 골프가 어디 신사들만의 스포츠인가? 악동도 있고 매너가 더러운 사람도 있고 무지 소란스러운 사람도 있고 스코어를 잘 속이는 사람도 있다. 인간이 있는 곳이면 필드라고 자유로울 수는 없는 것이다. 필드도 인간들이 속세로 만들어 버린다. 그러나 인간들이 빠져 나간 후의 필드를 보라. 대자연의 고요함을 간직한 정적은 말할 수 없는 아름다움을 선사한다. 골프장에서 바라보는 석양이 베트남에서 살고 있는 이유라고 말하는 골퍼들도 있다.

필자가 기술적으로는 못하지만 정신적으로 동반자들을 이길 수 있는 이유는 구력이다. 구력이라는 것은 실전경험이라는 말이다. 수많은 적과 싸운 경험이 신무기로 무장한 동반자들을 압도할 수 있는 것이다. 사실 필자의 무기는 구형이다. 필자같이 신형 골프채를 구입하지 않는 사람이 많으면 골프 숍은 대부분 문을 닫아야 할 것이다. 아마추어 플레이어에게는 구형이나 신형이나 대동소이하다. 신형 클럽이 물론 조금 더 낫겠지만 그것보다는 정신적인 문제가 하드웨어보다 스코어에 더 큰 작용을 한다는 것을 깨닫는 골퍼는 많지 않은 것 같다.

골프가 Mental 게임이라는 것을 느끼지 못하는 보기 플레이어 이상의 사람들은 우선 기본기를 충실히 익혀야 한다. 육체가 받쳐 주어야 정신적인 플레이가 가능한 것이다. 기본기가 부족한 사람들은 골프를 한 달만 하지 않아도 심하게 흔들린다. 그러나 기본기가 튼튼한 사람들은 몇 달 만에 필드에 나와도 자기핸디보다 더 잘 치기도 하는 것이다.

골프는 Physical Sports이기도 하지만 한편으로는 Mental Sports라고 하여도 무방할 것이다. 즉, 운동 중에 가장 정신적인 영향을 많이 받는 운동이 골프라는 것에 동의하지 않는다면 당신은 Beginner이거나 고집불통인 사람일 것이다.

이기고 싶은가?

우리가 세상을 살아가노라면 수많은 경쟁을 피할 수 없게 된다. 입시와 입사 그 후에는 동료들과의 경쟁 심지어 아파트 당첨에서조차 경쟁을 하게 된다. 인생의 경쟁에서 낙오하면 불리한 여건을 감수해야 되지만 골프에서는 경쟁에서 진다고 해도 과히 큰 상처를 받게 되지 않는다. 프로 골퍼들이야 계속 경쟁에서 지게 되면 프로생활을 접어야 하겠지만 아마추어들이야 저녁 값 정도 부담한다고 생각하면 된다.

그런데 4명의 동반자들에게 매번 저녁을 사게 되면 이 또한 썩 기분 좋은 일이 아닐 성 싶다. 매번 지는 사람은 핸디를 조정받아도 또 지게 된다. 승부근성이 부족한 탓이다. 그렇다고 저녁내기 정도의 내기에 혼자 빠지기도 그렇고 해서 마지못해 내기에 참가하지만 성적은 항상 3, 4위에 머문다. 이런 부류의 사람들은 승부에 별로 관심이 없고 그냥 즐기는 것이 목적이라고 말한다. 이런 사람들은 핸디캡이 좀처럼 내려가지 않는다. 승부근성이 없으면 발전이 없는 것이다.

그런데 골프를 하게 되면 어디 저녁내기만 하게 되는가? 이른바 오장내기라고 하는 점당 5만동 더블 판 10만동의 홀 매치와 스트로크 믹싱 플레이도 하게 되는 것이다. 이런 판에 잘못 끼이게 되면 몇 백 불정도 날아가는 것을 각오해야 한다. 4명이 플레이하는데 혼자서 내기에 참가하지 않겠다고 하는 것은 너무 이기적인 사람으로 치부되기 쉽다. 다수결의에 따라서 게임에 참가하는 것이 전체분위기를 생각하는 매너 있는 사람으로 환영 받을 수 있는 것이다.

골프장에서 홀마다 현금을 주고받는 민족은 한민족 밖에 없는 것 같다. 왜냐하면 게임 끝에 계산하면 만세를 부르며 부도내는 경우가 많기 때문이다. 그래서 홀마다 게임을 끝내고 돈을 주고받는데 그것이 거액이 되면 볼썽사나울 뿐만 아니라 전쟁을 치루는 것 같이 긴장감이 감돌고 가끔은 육박전도 일어난다. 그러므로 내기가 커지면 거부권을 행사해서 그 내기에 동참하지 않아도 욕먹을 일이 아니다.

강 사장은 베트남에서 골프를 시작했는데 백파(100을 깨는 것)

를 하고 골프에 한참 맛을 들이고 있을 때 싱글 언저리에서 노는 동반자들과 이른바 오장내기에 동참하게 되었다. 핸디만큼 돈을 받고 시작했으나 전반전도 되지 않아 받았던 돈이 다 나가고 자본금이 홀마다 몇 십 만동 나가서 급기야 16번 홀에서 가지고 갔던 300만동(약 200불)이 다 나갔다. 웬만한 사람이면 만세를 불렀겠지만 머리 없을 때부터 교육받은 돈 계산은 철저히 해야 한다는 고수님의 말씀 때문에 돈이 다 떨어졌다고 파산신고를 했다. 그러나 고수들은 친절하게도 외상을 받아줄 테니 포기하지 말고 계속하라고 했다. 그리고 마지막 3홀은 모두 더블 판이니 잘 쳐서 본전을 찾으라고 했다. 그러나 불행히도 3홀에서 또 300만동을 잃게 되었다.

이 정도면 보통 외상은 받지 않고 끝나련만 그 최악질 선수는 다음날 300만동을 달라고 친절하게 사무실로까지 찾아왔다고 한다. 돈을 주고 난 후 강 사장은 그날 저녁부터 매일 연습장에 갔다. 하루도 빠지지 않고 복수의 칼을 갈면서 6개월을 연습장에서 보냈다. 필드에 나타나지 않고 연습장에만 갔으니 핸디는 그대로 인정될 것이었다. 대부분의 공이 길고 똑바로 나가는데 6개월이 걸렸을 즈음 복수의 칼을 가슴에 품고 최악질 선수를 비롯한 그 동반자들을 불러서 복수전을 벌였다. 종전과 같은 핸디를 받았는데 받은 돈은 한 푼도 나가지 않고 오히려 돈을 더 따서 잃었던 600만동보다 더 수입을 올렸다. 보기 좋게 복수를 한 것이다. 그 후 핸디를 조금만 받고 또 따고 이윽고 스크래치로 붙어서 또 땄다. 강 사장은 그 후 몇 년 만에 그 클럽의 챔피언이 되었다.

골프는 노력한 만큼 보답이 간다. 손가락에 물집뿐만 아니라 피가 나도록 하루 500개 이상의 공을 때리며 6개월간 하루도 빠지지 않고 연습하여 복수한 것이다. 인생에 있어서는 노력한 만큼 꼭 보답이 가지 않는 경우도 많은 것을 볼 수 있다. 이런 점에서 골프는 노력에 대한 보답이 더 확실하다. 그런데 코치를 받지 않고 혼자서 계속 연습하는 것은 미련한 짓이다. 기초를 3개월 정도는 연습장에서 레슨프로에게 배우는 것이 좋다. 그 후에도 프로나 싱글들에게 자기의 나쁜 점을 지적해달라고 자주 부탁하는 것이 좋다.

왜 기초를 튼튼히 해야 하는지 수영을 생각해보자. 개헤엄을 쳐도 잘 가지만 개헤엄으로 시합에 나갈 만큼 발전하지는 못하는 것이다. 모든 운동이 그렇듯이 기초를 튼튼히 하지 않으면 후일 더 많은 고생을 하게 된다. 며칠 연습장에서 연습하고 필드에 나간 어떤 친구는 공이 날지 못하고 기어 다니는 것을 보다가 어쩌다 잘 맞은 볼은 어김없이 숲으로 사라지곤 하였다. 그뿐인가. 앞에 물이 있으면 그의 공은 물 만난 고기처럼 물속으로 사라지는 것이다. 그는 혼비백산하여 다시는 골프장에 나타나지 않는다고 한다. 승자의 위치에서 노닐려면 기초를 튼튼히 해야 하는 것을 잊지 말자.

따이닌 성의 최고수 장 사장과 74타의 라베(Life Best)소유자 홍 사장은 지난 토요일에 각각 9홀을 EVEN PAR(36타)를 기록하고 나머지 9홀을 5타를 쳐서 회심의 미소를 지으며 매치 메이커 정 사장을 통해 도전장을 제시했다. 필자에게 복수전을 하겠다는 것이었다. 필자는 토요일에 공을 치지 않고 일을 하다가 갑자기 도전장을 접수하고 다음날인 일요일에 약속한 박 사장에게 사과하면서 취소 통지를 하였다. 그래서 VGCC(투득 골프장) EAST

COURSE에서 혈전을 벌이게 된 것이다.

전반 9홀은 모두 5 over par로 마감하고 10번 홀에서 필자의 Shot은 그린 넘어서 러프에 안착했다. 내리막 치핑인데 장 사장의 OB(그린을 벗어나는 것)조심하라는 구찌 펀치에 걸려서 실제로 필자의 공은 그린을 지나 다시 러프에 안착했다. 그래서 더블 보기를 한 후 3미터 남은 장 사장의 퍼팅 시에 필자의 카운터 구찌 펀치는 버탐 보득(버디를 탐하면 보기를 얻는다)이라고 들릴 듯 말듯 말했다(이 때 크게 말하면 효과가 없다. 상대가 무슨 말인지 알듯 모를 듯 작은 소리로 해야 효과가 있다). 장 사장은 4퍼팅을 하였다.

그 후 홍 사장도 15번 홀에서 4퍼팅을 하였다. 필자는 두 타를 리드해 가다가 2미터 퍼팅을 놓치고 3퍼팅을 하여 17번 홀에서 결국 필자는 두 선수에게 1타 차로 리드하였다. 대망의 18번 홀에서 홍 사장의 공은 핀을 맞고 굴러 1.5미터 떨어지고 장 사장의 공은 홀에서 3미터 떨어져 안착했다. 두 사람 모두 버디 퍼팅을 남겨두고 필자의 공은 그린을 넘어 안착했다.

그런데 장 사장의 공은 홀을 핥은 후 나오고 필자는 치핑으로 홀에 1미터 붙여서 파를 바라보고 1.5미터 남은 홍 사장의 공은 구멍을 만져보지도 못하고 휘어졌다. 결국 모두 파를 하여 복수전을 승리로 이루지 못한 이 친구들 이제 중국과 미국으로 전지훈련을 갔다 온 후 도전하겠다고 하면서 필자에게 하는 말. "같이 골프하고 싶지 않은 인물"로서는 약하고 "베트남 골프계에서 추방해야 할 최고악질 골퍼"라고 소문내겠다고 한다.

이기고 싶으면 기본기를 잘 익히고 평상심을 유지하고 집중하는 법을 연구해야한다. 어차피 아마추어 골퍼들은 소란스러운 분위기를 벗어날 수 없다. 그 속에서 어떻게 집중하느냐가 승리의 관건일 것이다.

기본기와 이미지

골프나 인생이나 기본기가 중요하다는 것은 두말하면 잔소리가 된다. 부모님들이 자녀교육에 관심을 가지고 가르치고자 하는 것이 인생의 기본기다. 정직하고 성실하고 약속을 잘 지키고 등등 우리인생에서 지켜야 할 덕목뿐만 아니라 가능하면 대학교육까지 시켜서 사회생활을 함에 있어서 장차 리더가 될 수 있는 대들보를 만들고자 하는 것이다.

어느 국가나 단체가 기본교육을 잘 받지 못한 사람이 리더가 되면 그 단체는 발전하기 어렵게 된다. 기본이 되어있지 않은 사람은 향상을 위한 노력을 게을리하고 편법이나 술수로 상황을 타개해 나갈 뿐 아니라 시대의 변화에 적응하지 못하고 고루한 생각에서 벗어나지 못하여 단체의 발전을 저해하는 것이다. 그러므로 우리가 지도자를 뽑을 때는 기본교육이 되어있는지 그 사람이 책을 읽으며 변화에 대한 적응력을 키우고 있는지 등을 살펴야 할 것이다.

골프의 기본기를 이미지와 연관하여 설명해보고자 한다.

첫째, GRIP이다. 그립의 세기는 달걀을 잡듯이 혹은 치약을 짜듯이 해야 하고 왼쪽 새끼손가락 쪽에 힘이 가장 많이 주어져야 한다. Weak Grip, Strong Grip 등이 있다. 그립은 자기의 신체와 골프채가 하나가 되도록 하는 연결 부분이므로 아주 중요하다. 애인을 잡듯이 해야 한다. 너무 세게 잡아도 너무 약하게 잡아도 안 된다.

둘째, 자세이다. 태권도의 기마자세는 너무 딱딱하니 그 자세에서 힘 빼고 고릴라가 약간 앞으로 꾸부정하게 서 있는 듯한 Natural Form이 좋다. 엉덩이에 힘이 잔뜩 들어간 자세는 공이 바로 날아갈 확률을 훨씬 낮게 한다.

셋째, Alignment(정렬)가 중요하다. Stance가 Open이든 Close이든 간에 공이 날아갈 방향을 위한 정렬이 얼마나 중요한 것인지는 아무리 강조해도 지나치지 않는다. 대강 정렬을 하면 공도 대강 날아간다. 공이 날아가는 궤도를 이미지화 하고 난 후에 Shot하는 것도 좋은 방법이다.

넷째, 두 다리이다. 다리의 힘이 좋아야 하는 이유는 회전 시에 몸을 받치는 축이 흔들리면 Shot의 성공률이 낮아지기 때문이다. Back Swing시에는 오른쪽 발이 축이 되어야 하고 다운스윙에서는 축부터 오른쪽에서 왼쪽으로 이동한 후에 Finish자세에서는 왼발이 축을 이루어야 한다. 축이 최대한 수직을 이루고 있어야 뒷 땅이나 Topping등을 방지할 수 있다. 하체가 약해서 흔들리면 골프 동반자들은 좋아할 것이나 인생의 동반자는 좋아하지 않을 것이다.

다섯째, Swing의 이미지는 Back Swing 시의 오른팔은 웨이터가 쟁반을 나르는 자세를 유지하면 좋고 왼팔은 구부리지 않는 것이 좋으나 나이가 들면 구부려지니 생긴 대로 치면 된다. 백스윙의 Top에서는 잠시 멈추는 것이 좋다. 시골에서 도리깨질을 할 때를 연상하면 좋고 강가에서 돌을 던져 수제비를 뜨는 것을 연상하라. 스윙의 세기도 그 정도가 좋다. 수제비를 많이 만들려면 너무 세게 던져서도 너무 약하게 던져서도 너무 빨리 던져서도 너무 느리게 던져서도 안 된다. 수제비를 가장 많이 만들려면 어느 정도의 속도가 좋은지 터득하고 그 정도의 스윙을 하는 것이 좋다.

여섯째, Finish이다. 스윙을 하고 난 후에 Finish Form을 유지하려고 노력해야 한다. 공을 보고 어드레스를 한 후에는 다른 모든 생각을 버리고 머리 들지 말고 Finish Form을 유지하겠다는 생각만 하면서 집중해야 한다.

그 외 중요한 몇 가지는 다운스윙 시에는 천천히 내려오고 클럽 헤드가 공을 지난 후에는 가속을 하면서 Finish 까지 가는 것이다. 전반적으로 후려치지 말고 설렁설렁 치는 것이 유리하다. 호랑이가 다른 짐승을 잡아먹을 때는 생각을 하지 않고 본능적으로 공격한다. 공을 칠 때에도 생각이 많으면 집중하기가 쉽지 않으니 그냥 본능적으로 스윙을 해야 한다.

어드레스 후에 기도를 오래 하는 습관은 악습이다. 프로들이 공 치는 것을 보라. 그렇게 뜸들이고 치지 않는다. 공 앞에서 정렬을 한 후에 부드럽게 스윙한다. Finishing Form도 수려하다. 몸이 출렁대지 않고 간결하게 끝난다. 그런 것을 많이 보고 이미지를 입력해 놓는 것 또한 중요하다. 쓸데없이 못된 것만 배우는 사람들이 있다. 가령 그린에서 이리저리 사방을 돌다가 퍼팅을 하는가 싶더니 다시 어드레스를 풀고 여기 저기 보다가 기도를 시작한다. 그런데 그것이 홀로 들어가면 괜찮은데 쓰리 퍼팅을 하여 다시 시간을 잡아먹는 고야한 사람들이 많다. 후진국 사람들일수록 느리다. 당신이 오랫동안 기도를 하면 후진국 사람으로 낙인찍힐 공산이 크다. 기도는 잠들기 전에 혼자서 얼마든지 오래해도 괜찮다. 남이 보는 데서는 될수록 기도를 짧게 할수록 좋다. "어제하고 똑같습니다." 이렇게 짧게 하도록 노력하자.

장타, 좋다. 그런데 그것이 똑바로 가지 못할 바에야 단타가 좋다. 아마추어들이 Full Swing을 할 때에는 거의 100% 힘을 다 쓴다. 그런데 프로들은 보통 70% 정도의 힘밖에 쓰지 않는다. 그래서 부드러워 보이는 것이다. 프로들은 100% 힘을 다 사용하면 300야드는 보통 나간다. 그러나 페어웨이에 안착시키기는 힘들다.

힘을 빼라는 말을 쉽게 이해하려면 힘을 100% 사용하지 말라는 것이다. 부드러운 타격이 공을 더 멀리 보내는 것을 느낄 때가 많을 것이다. 그러나 힘없는 여자들 보고 힘 빼라고 하면 공이 더 짧게 나가는 것을 볼 수 있다. 기초체력의 70~80% 정도의 힘을 사용하는 것이 바람직하다고 본다.

지금까지 한 이야기는 프로가 하는 이야기가 아니고 겨우 싱글을 유지하는 아마추어가 하는 말이니 참작하기 바란다. 취사선택하라는 말이다. 프로가 보면 웃음거리가 될 말도 있겠지만 연습량이 적지만 이기기 위한 골프를 하고자 하면 따라 해도 좋을 것이다.

프로와 아마추어

'골프 강국' 남아프리카공화국 선수들이 남자골프 시즌 첫 메이저대회인 제72회 마스터스골프토너먼트의 처음과 끝을 장식했다. '커리어 그랜드슬래머' 게리 플레이어(72)가 이 대회 최다(51회) 연속 출전으로 대회 초반 화제가 된 데 이어 이름도 생소한 트레버 이멜만(28·이상 남아공)은 합계 8언더파 280타(68·68·69·75)로 2008년 그린재킷의 주인공이 됐다.

4월 14일(한국시간) 미국 조지아 주 오거스타내셔널 GC (파72)에서 끝난 대회에서 '그랜드슬램'의 첫 단추를 끼우려던 타이거 우즈는 합계 5언더파 283타로 2위를 차지했고, 최경주(38·나이키골프)는 합계 10오버파로 커트를 통과한 45명 가운데 하위권인 41위에 머물렀다. 이멜만이 마스터스에서 메이저 첫 승을 올리기까지 고국의 대선배 플레이어의 도움을 빼놓을 수 없다.

5세 때 골프를 시작한 이멜만은 1998년 US 아마추어 퍼블릭 링크스 챔피언십에서 우승한 뒤 그 이듬해 프로로 전향했다. 2001년 유러피언투어 멤버가 된 이멜만은 그 이후 세 차례 우승을 차지하면서 주목받기 시작했다.

이를 종합해 보면 프로는 50위까지는 누가 더 잘 친다고 말할 수 없을 정도로 근소한 차이의 실력을 가지고 있다. 다만 정신력과 그날의 운이 많이 작용할 것이다. 그 중에 그래도 타이거 우즈의 실력은 타 선수보다 한 수 위임에 틀림없다. 타이거 우즈에게 우승비결을 물었더니 자기보다 연습을 많이 하는 선수는 없을 것이라고 답했다고 한다. 그래서 그런지 타이거 우즈는 이 대회가 끝난 후 무릎수술을 받기로 결정했다.

　과로한다는 얘기다. 일등을 지키기 위해 몸을 아끼지 않고 연습을 하다 보니 무릎수술을 여러 번 받아야할 지경까지 온 것이다. 프로들은 이렇게 혼신을 다하여 연습하고 시합에 임한다. 연습량이 적은 선수는 낙오하게 되는 것이다. 그러므로 골프에서는 프로와 아마추어의 실력이 현격하게 차이 나게 된다. 아마추어 중에도 주말 골퍼들의 실력은 아무리 잘 친다고 해도 실력에 있어서는 프로와 비교대상이 되지 않는다.

　그것을 몇 달 전 실제 경험하였다. 필자는 하나은행 주최로 'Hana Bank Vietnam Masters'를 작년 11월 22일부터 25일까지 베트남 하노이 인근 호아빈에 위치한 Pheonix Golf & Resort에서 개최한 대회에 초청되었다. David Howell, Paul McGinley 등 해외유명선수들과 위창수, 강경남, 석종률, 배상문, 홍순상 등 국내선수들 총 144명이 참가하였다. 이 대회는 STAR Sports를 통해 전 세계에 위성중계 되었다. 경기방식은 4라운드 72홀 스트로크 플레이로 진행되었으며 필자는 본 경기가 있기 하루 전에 시행되는 프로암대회에 초청되어 Paul McGinley와 함께 18홀을 라운딩 하는 영광을 갖게 되었다.

　닉 팔도 등 유명선수들과는 사실 한 홀만 함께 라운딩 하였지만 이번에는 18홀을 함께 라운딩하다 보니 느끼는 점이 많았다. 그는 챔피언 티에서 티오프를 하고 아마추어 3명은 부루 티에서 티오프했지만 공이 떨어지는 지점은 별로 차이가 나지 않았다. 거리가 문제가 아니었다. 그의 구질은 그야말로 환상적이었다. 아마추어의 구질과 확실히 다르게 공이 날아가고 아이언 Shot은 백스핀을 먹어 뒤로 굴러오는 것 또한 환상적이었다. 경기 도중 아마추어를 배려하는 그의 매너 또한 인상적이었다. 그는 보기 없이 버디를 5개 잡아서 5언더파를 기록했다. 그는 라이더 컵의 유럽 측 선수로 활약할 정도로 세계적인 선수이다. 그와 라운딩한 후에 느낀 점은 "과연 프로로구나!" 하는 것이었다.

최경주는 마스터스 대회에서는 꼴찌에 가까웠지만 한국에서 4월 19일에 끝난 SK Telecom Open에서는 2위와 4타나 리드하면서 우승하였다. 필자의 생각으로는 마스터스 대회에서 최경주의 의욕이 너무 강해서 꼴찌 가깝게 끝을 맺었으나 그것을 깨달은 후에 한국으로 돌아와 평상심을 갖고 집중하지 않았나 생각된다. 우승 후에 발표한 최경주의 소감은 갤러리들의 소음을 극복해야만 우승할 수 있다는 것이다. 프로든 아마추어든 동반자나 갤러리의 소음으로부터는 자유로울 수 없는 모양이다.

SK Telecom Open에서도 남아공 출신의 리티프 구센이 3위를 하였다. 마스터스에서 우승한 이멜만의 이미지는 리티프 구센의 이미지와 흡사하다. 필자는 리티프 구센으로부터 싱가포르에서 개인레슨을 받은 적이 있는데 그의 프로정신은 지금도 잊혀지지 않는다. 필자의 조 4명을 가르치는 시간이 20분 정도였는데 얼마나 열심히 가르치는지 한쪽 무릎을 꿇고 앉아서 공을 놓아주며 정성스레 가르치는데 그의 이마에는 땀이 송골송골 맺혀 있었다.

한국의 프로들이 과연 매트에 공을 놓아줄까? 유혹하고픈 사랑스런 미인에게라면 가능한 일일 것이다.

애니카 소렌스탐 또한 리티프 구센 못지않게 정성스레 가르치는데 감동받았다. 이렇듯 프로들은 자기가 맡은 일에 최선을 다하는 모습을 느끼게 하는 것이다. 이에 반해 아마추어들은 자기 자신의 연습조차 게을리 할뿐만 아니라 왜 골프를 그렇게 열심히 쳐야하는지 의문을 가지고 있는 골퍼들도 많다. 어차피 핸디를 받는 것인데 왜 그렇게 죽을힘을 다하여 공을 쳐야하는지 납득이 가지 않는 모양이다. 특히 서양 사람들 중에 그런 사람들이 많다. 서양인들은 핸디 18만 되어도 잘 치는 축에 속하는데 동양인 그중에 한국인들은 적어도 핸디 18보다는 낮아야 한다는 생각을 가진 사람들이 많다. 골프를 하는 것만 봐도 한국인들의 근성은 머지않아 경제대국 8강에 들어갈 것이 틀림없어 보인다.

　프로와 아마추어의 다른 점은 프로는 그것으로 생계의 문제가 달렸고 아마추어는 그렇지 않다는 것이다. 여기에서 실력의 차이가 나지 않을 수 없는 숙명을 가지게 되는 것이다. 그러므로 우리 아마추어들은 프로만큼 잘 치려고 버둥거릴 것이 아니라 스윙이나 치핑 퍼트 등을 어떻게 하는지 프로들의 이미지를 머리에 입력해 놓고 따라하는 정도로 만족해야 할 것이다. 시간이 나는 사람들은 싱글에 도전해 보고 더 시간이 나는 사람들은 언더파에 도전해 보는 것 또한 아마추어의 낙일 것이다. 아마추어들은 잘 치는 것보다 잘 즐기는 것이 더 중요하다. 그러나 혼자 즐기는 것보다 동반자 모두 즐기는 골프가 진정 아마추어다운 골프일 것이다.

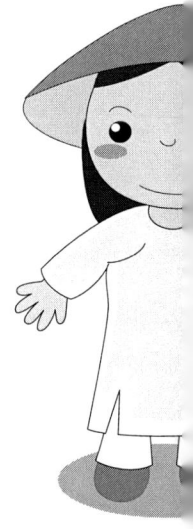

4부 교민 사회 이야기

Socialist Republic of Vietnam

용감한 사람들

　개발도상국들의 국민들은 대체로 해외여행이 자유롭지 않다. 근본적인 이유는 국민소득이 낮아서 의식주 해결하기도 바쁘기 때문이며 또한 외화가 부족하여 정부에서는 국민들의 해외여행을 컨트롤하기 때문이기도 하다. 1970년대의 한국도 마찬가지였다. 해외여행을 다녀오는 것이 뭐 대단한 것인 줄 알고 온 식구들이 모두 공항으로 배웅하고 마중하는 등 법석을 떨었다.
　요즈음의 호찌민 공항에도 30년 전의 한국과 같은 풍경을 볼 수 있다. 한 사람 오가는데 10명 정도가 배웅하고 마중하는 진풍경을 쉽게 볼 수 있다. 고관대작도 아닌 평범한 한 사람이 오는데 그렇게 많은 사람들이 공항에 몰려온다. 한편 외국인이 한명 오는데 베트남 아가씨 혼자서 상기된 얼굴로 꽃다발을 들고 연인을 기다리는 풍경도 볼 수 있다. 반면에 남자가 여자를 기다리는 경우는 참 드물다. 그래서 남자는 배 여자는 항구라 하였던가.
　호찌민으로의 관광객들이야 주로 그룹투어에 묻어 와서 며칠간 몰려다니지만 비즈니스로 오게 되는 사람들은 지인이나 지인의 소개로 오게 되는 것이 대부분이다. 한국에서 하던 사업이 벽에 부딪치자 친구나 친척이 이곳에 사업기반을 가지고 있어서 뭘 해볼까 하고 방문해 보니 뭘 하면 좋다하는 충고를 듣고 그 사업을 시작하게 된다. 그러나 그 사업이 한국에서 하던 사업이 아닌 전혀 다른 사업을 추천하고 그 충고를 받아들인다. 그리곤 대부분이 실패한다. 이른바 베트남 경제대학 등록금을 내게 되는 것이다.
　그 후 수업료를 꼬박 꼬박 바치다가 돈이 떨어져서 후미진 동네로 들어가 현지인과 비슷한 수준의 생활을 연명해 가는 사람들도 많이 생겨난다. 돈이 있을 때야 차도 렌트하고 통역도 고용하며 사업을 하는 듯 보이지만 예기치 않던 일들이 연일 발생하고 화가 나면 고함을 지르던 성깔도 돈이 줄어들면서 목소리도 따라서 잦아들게 된다.

김 사장은 한국에서 꽤 큰 사업체를 운영하다가 IMF로 인하여 부도를 맞게 되고 부도가 났지만 꿍쳐 놓은 돈으로 새로운 사업을 해보기 위해 베트남에서 사업을 하는 친척을 방문하였다. 그 친척의 권유로 생전 해보지 않던 봉제 부자재 제조업을 시작했는데 이것이 쉬운 일이 아니었다. 기계 구입비로 50만 불을 투자하였고 투자방식도 100%투자하는 등 투자 형태는 잘 갖추어 나갔다. 그런데 불행히도 오더가 없는 것이었다.

매월 몇 만 불씩을 벌어도 될까 말까 하는데 매월 몇 만 불씩 까먹기를 1년 정도 하고 나니 더 이상 투자여력이 없어진 것이다. 김 사장은 영어도 베트남어도 잘 못하고 오직 한국어만 잘 하는 사람이었다. 그래서 통역을 사용하였으나 베트남 통역의 대부분이 그렇듯이 그가 고용한 통역도 통역을 제대로 하지 않는다. 통역의 임무는 상대방이 이해할 수 있도록 최대한 주체를 위한 서비스를 하면 되는 것인데 베트남인 통역은 자기 생각을 많이 함유하여 통역하게 되어 주체가 의도하는 바와 다른 결과에 도달하게 하는 경우가 많다.

후진국 생활에서 행운인 경우는 좋은 가정부와 좋은 기사 그리고 좋은 통역을 만나는 일이다. 김 사장의 경우는 가정부와 기사까지는 행운이었는데 통역이 항상 일을 그르침으로 급기야는 그

통역을 파면시키고 말았다. 당시 나이든 한국어 통역들은 대부분 김일성대학이나 김책 공대 등에 유학하고 온 엘리트 들이었다. 그런데 이 엘리트들 중 일부는 꼴통인 경우가 많아서 통역의 반은 자기 생각을 섞어서 전달하고 급기야 자기 생각으로 결말이 나도록 유도하는 것이다.

통역을 해고하고 베트남어를 잘 하는 한국인 관리자를 고용하였는데 이 사람 또한 영업에는 별 재간을 발휘하지 못하여 개점 휴업상태로 일 년을 더 지나다 보니 경상비마저 떨어졌다. 공장의 관리비뿐만 아니라 50명되는 직원들 봉급까지도 밀리게 되자 김 사장은 드디어 폐업을 결심하게 되었다. 그간 기계를 팔려고 여기저기 수소문해 보았으나 50만 불에 산 기계를 5만 불도 주지 않겠다는 제안뿐이었다.

비가 억수로 쏟아지던 어느 날 김 사장은 직원 50명을 불러 모았다. 그때는 베트남어를 하던 한국인 관리자도 떠나간 후였다. 2년간 그가 배운 베트남어 실력은 인사도 제대로 못하는 정도였다. 무작정 직원들을 불러 모아 놓고 폐업통고를 하는데 통역이 없이 한국말 조금, 베트남어 조금, 영어 조금씩 넣어서 비빔밥 연설을 하였다.

"앰으이야, 또이 콤꼬띤 해서 유한테 짜띤 더 콤득이다. 해유? (여러분, 나는 더이상 돈이 없어서 여러분들에게 봉급을 지불할 수 없습니다. 이해하겠습니까?)"

비장한 각오로 연설을 시작했다. 이런 식으로 비빔밥 연설을 10분이나 했는데 대부분의 직원들이 알아들었다. 한 직원이 흐느끼자 여기저기서 울음소리가 들리기 시작했고 급기야는 공장이 온

통 울음바다가 되었다. 김 사장도 그때서야 연설을 멈추고 눈물을 감추기 위하여 사장실로 들어갔다.

두 시간쯤 흘렀을까. 베트남인 관리 책임자가 비탄에 잠겨 있는 김 사장 앞으로 다가 왔다. 베트남어로 말하기를 "우리는 사장님과 우리 공장을 위하여 업무가 정상화될 때까지 봉급을 받지 않겠습니다. 폐업은 안 됩니다. 한국으로 돌아가지 마십시오."

평소 베트남어를 조금밖에 알아듣지 못하던 김 사장은 이상하게도 관리 책임자의 말을 정확하게 알아들었다. 그리고 폐업 결심을 철회하고 다시 한 번 도전하기로 결심하였다. 다음 날 직원들 모두가 출근하였고 김 사장은 직원들을 모아 놓고 비빔밥 연설을 다시 하였다. 직원들이 모두 알아듣고 환호하였다.

그날부터 김 사장은 큰 공장들을 무조건 방문하여 오더를 달라고 간청하였다. 환갑이 다된 분이 자꾸만 찾아와서 오더를 달라고 조르자 큰 공장들이 조금씩 오더를 주기 시작했다. 가격도 자기들이 진행하고 있는 가격보다 더 싸게 오퍼를 하였다. 오더가 들어오기 시작하자 직원들은 물 만난 고기들처럼 활기차게 일했다.

이렇게 시작된 오더가 점점 불어나기 시작하더니 소나기처럼 오더가 쏟아지기 시작했다. 가격이 싸고 품질이 좋다는 소문이 큰 공장들 사이에 돌기 시작하자 이제는 오더를 주겠다고 방문하라는 전화까지 오기 시작했다. 그래서 야간작업까지 해야 될 지경에 이르더니 몇 달 동안 야간작업을 해야 될 정도로 오더가 넘치기 시작했다.

김 사장은 베트남 직원들에게 감사한 마음을 잊지 않고 야간작업 중에 복리후생에 대한 신경을 쓰며 함께 밤새기를 6개월 하고 난 후 그동안의 손실을 많이 만회하였다. 그러나 호사다마라고 하였던가. 김 사장은 자꾸 피로해지기 시작하여 한국에 간 김에 건강진단을 해 보니 당뇨라는 것이다. 직원들 먹인다고 6개월 동안 사다 날랐던 사탕, 초콜릿 등이 원인이었던 것 같았다.

김 사장은 입원을 하고 난 후 베트남인 공장 책임자에게 전화를 하였다. 아파서 베트남에 당분간 들어가기 힘드니 어떡하면 좋겠느냐고 말했다. 물론 비빔밥으로 말하였다. 그가 답하는 베트남어를 김 사장은 또렷이 알아들었다.

"사장님 염려 마십시오. 사장님이 하시던 일은 제가 하고 제가 하던 일은 부책임자에게 맡겨서 착오 없도록 진행하겠습니다."

3달간 투병 생활을 한 후 베트남으로 다시 돌아온 김 사장은 감격의 눈물을 흘리고야 말았다. 남자는 일생에 3번만 울어야 한다는데 김 사장은 4번째의 눈물을 떨어뜨리고야 말았다. 공장은 정상적으로 돌아가고 직원들은 꽃다발로 환영 아치를 만들어 그를 환영하였다.

김 사장은 경리과장을 불러 21인치 TV 30대를 구매하라고 지시하였다. 한 해 동안 한 번도 결근하지 않은 직원들에게 특별상을 주기로 한 약속을 지키기 위함이었다.

언어가 통하지 않아도 마음이 통하면서 몇 년을 같이 지내면 눈빛만으로도 상대방의 의사를 알 수 있고 이심전심이 되는 것이다. 호찌민에는 김 사장처럼 언어가 통하지 않아도 사업에 성공하는 용감한 사람들이 많이 살고 있다.

룰에 대하여

지난 주말에는 호찌민에서 3시간 쯤 걸리는 판티엣이라는 리조트로 갔다. 위스키로 유명한 조니 워커에서 주최하는 골프시합이 있었다. 참가 선수 72명중 한국인은 필자 혼자밖에 없었다. 그래도 그동안 자주 만나지 못했던 외국인 골퍼들과 다시 어울릴 수 있어서 좋았다. 베트남인들과 함께 라운드를 했는데 룰을 철저히 지키는 것을 보고 놀랐다. 몇 년 전까지만 해도 룰을 지키지 않아서 곤혹스러웠는데 이제는 서양인들 수준으로 잘 지키고 있었다. 공정한 게임이란 룰을 지킨다는 전제가 이루어져야 가능하다는 면에서 이제는 그들과 공정한 게임이 가능해진 것이다.

RULE은 여러 의미를 포함하고 있다. 원칙, 규칙, 규정, 기준, 약속, 명령, 규범, 풍습, 습관, 통치권 그리고 긴지 짧은지 재어 보는 자를 의미하기도 한다. 즉 모든 가치를 측정하는데 기준 되는 단위를 의미하는 것이다. 그런 기초측정의 기본단위인 룰이 교민사회에서는 어떻게 지켜지는가를 실감한 경우가 있었다.

지난 3월 25일에 제2회 상공인 연합회 총회가 있었다. 필자가 사회를 보았는데 성원이 되지 않아서 유회되었다. 총회진행을 위한 만반의 준비를 하였으나 회원의 3분의 1인 100명이 와야 성원이 되는데 40명도 채 오지 않았다. 다 준비가 되어도 기본으로 정한 성원수를 채우지 못했으니 출발을 못하는 것이다. 엄격하고 공정한 적용이다.

유회 원인을 스스로 분석해 보았다. 결론은 2가지였다. 리더십의 공백과 룰을 지키지 않아서 발생한 사건이었다. 현 회장은 상공인 연합회를 한 해 동안 잘 이끌어 왔다. 그러나 본인의 사업이 바빠서 한 해 더 하라는 운영위원들의 강력한 권고를 받아들이지 못했다. 그래서 총회 준비와 함께 차기 회장을 추천하기 위하여 3월 10일 운영위원회를 열었다.

허술한 정관도 개정하는 등 진지한 토의를 거쳐 정관 수정 작업을 마치고 민감한 부분인 신임회장 추천을 토의하였다. 운영위원 8명, 감사 1명, 고문 2명, 자문 2명, 법률자문 1명 모두 14명이 회의를 하였다. 신임회장 후보로 4명이 추천되었다. 호찌민투자협의회 회장, 빈증성 투자협의회 회장, 자영업협의회 회장 겸 코참 부회장 그리고 체육문화위원장인 필자가 추천되었다.

필자는 추천된 것만으로도 영광으로 생각하며 회장으로써 부족함을 느낀다고 피력했다. 그러나 추천된 3분은 모두 바빠서 회장 수행이 불가능하다고 고사하였고 마침 회장이 연임할 수 있도록 정관을 수정하고 있으므로 전임회장이 한 번 더 하라는 의견도 나왔으나 그 역시 본인에 의해 사양되었다. 결국 호찌민 투자협의회 회장이 결론을 내었다. 그렇다면 체육문화 위원장을 제외한 다른 추천인은 다 고사를 했으니 최종으로 남은 필자가 신임회장을 맡아야 한다고 말하고 모든 분이 박수로 동의를 한 후 협의를 마칠 수 있었다. 일차 정한 룰에 의한 결론이다.

전혀 예상하지 못했던 일이 필자에게 닥쳐왔다. 물론 회장이라는 자리는 회원들의 의사에 의해 최종적으로 결정되는 자리이긴 하지만 일차 운영위원회의 추천이 이루어졌고 별다른 특별한 변수가 없다면 회장의 직무를 수행할 처지에 다다른 것이다. 다음 날부터 전해오는 축하 전화를 받으면서 필자는 피할 수 없는 일거리를 맡아야 한다는 실감을 느끼기 시작했다. 과연 부족한 내가 가능한가 라는 번민도 들기는 했지만… 마음 한편 정식으로 결정 나는 총회에서 나보다 출중한 분이 나와 그 자리를 맡아 소인의 마음의 짐을 벗을 수 있기를 바랐다.

  3월 14일 월요일에 신임 영사와 코참 간부들을 상견례를 겸하여 점심에 함께 하였다. 이런 저런 이야기를 하다가 영사가 물었다. "신임회장은 누가 되는 겁니까?" 이 질문에 필자는 에고 어쩔 수 없이 확인되는구나 하는 생각이 들었는데 순간 현 회장이 대답했다. "부 회장과 여기 이사장님(필자)이 경선을 할 예정입니다." " 어? 이거 무슨 뚱딴지같은 소리? 부회장은 운영위원회 당시 사업상의 이유로 고사를 한 분 아닌가? 그 이후에 다른 결정이 내려진 건가?" 그러나 필자는 침묵했다. 그 이후 이건으로 다시 운영위원회가 열린 적은 없었다. 짐작이 되는 바 아닌가. 뭣 때문에 장시간 회의를 거쳐 신임회장 후보를 단일화하였단 말인가. 뭔가 설명이 따르리라 믿은 거다.

  총회가 있기 이틀 전에 회장에게서 전화가 왔다. 부회장으로부터 신임회장을 맡기로 승낙을 받았다고 했다. 즉 필자는 잘린 거다. 뭐 이런저런 생각에 마음의 갈등은 있었지만 또 한편 뭔가 명예롭지 못한 다툼의 가운데로 나갈 수 있다는 우려에 무거운 짐을 벗어 놓은 것으로 기분을 털기로 했다.

  이미 필자가 단일후보로 추천된 사실을 아시는 운영위원과 가까운 지인에게 전화를 하지 않을 수 없었다. "이러저러 해서 페일언하고 잘렸습니다." "그런 법이 어디 있나? 운영위원회를 재소집해서 다시 결정을 해야지 회장 마음대로 이래라 저래라 해두 되는 것이냐?" "회장이라는 자리가 개인의 생각에 의해 좌우될 수도 없는 일이지만 일단 운영위원회에서 정한 일이 개인의 생각에 의해 뒤집어지면 그 운영위원회 뭐에 쓰는가?" 기본 룰이 깨지는 소리에 마찰음이 난다.

이 마찰음의 소리가 바로 총회의 유회로 이어진 것 같다. 회의에서 단일 후보가 정해졌으면 자기 마음에 들지 않더라도 모두가 한 마음이 되어 밀고 단일 후보는 회원들에게 모두 전화를 하여 총회에 참석해 달라는 부탁을 해야 한다. 기껏해야 300여명이다. 참석 못하면 위임장을 팩스로 보내 줄 것이다. 그렇다면 성원에 전혀 문제가 되지 않을 것이다. 그러나 총회를 준비하던 운영위원회에서 정한 합의의 인위적 탈효가 리더십의 공백을 부르고 결과적으로는 총회의 구성원조차 참석시키지 못하는 해프닝을 낳았다. 3월14일 회장의 부회장과 필자의 경선이 이루어질 것이라는 말로 운영위원회의 결정이 와해된 이후 3월25일 총회까지 열흘간 아무도 적극적으로 나설 수가 없었다. 리더십의 공백상태가 바로 총회의 유회로 나타난 것이다.

필자는 지금 생각해도 필자가 회장을 안 맡는다는 것은 개인적으로 잘된 일이라 믿는다. 부족한 능력에 과중한 의무는 건강에도 안 좋고 교민들에게도 유쾌한 일이 아닐 것이다. 그러나 개인의 생각에 관계없이 많은 사람이 모여 결성된 공동의 단체에서 기분 룰이 깨지는 일이 아무렇지 않게 일어나는 것을 본다는 것, 그리고 그 일이 개인적으로 필자에게 연류되었다는 점에서 사념이 생기지 않을 수 없다.

마지막으로 말씀드리고 싶은 것은 이 칼럼이 현 회장이나 다른

분을 비난하기 위한 것이 아니다. 앞으로 상공인 연합회가 무궁한 발전이 되기 위한 마음에서 모두가 룰을 지키자는 캠페인성 글을 올려보는 것이다. 단위협의회 회장이나 코참 회장이나 모두 봉사정신으로 일하고 있는 것이다. 무슨 이권이 있는 것이 아니고 명예일 뿐이다. 그러나 모두가 살기에 바빠서 명예에도 관심이 없는 것 같다.

The Good, The Bad and The Ugly

영문으로 제목을 달아 보았다. 어린 시절 보았던 서부영화의 제목이다. 제목만 기억날 뿐 스토리는 전혀 기억나지 않는다. 서부영화에는 필수적으로 보안관이 나오고 악당이 나오고 그리고 치사한 인간들이 나온다. 한글로 번역해 보면 "선한 자, 나쁜 놈 그리고 더러번 놈" 혹은 "선과 악 그리고 추" 뭐 이런 것일 것이다.

존 웨인, 비트 랭커스터 등이 주연하였던 정통 서부극에서는 선과 악을 대조시켰다. 그리고 악한이라고 할지라도 뒤에서 총을 쏘지는 않았다. 그 후 서부극도 변질이 되어 마카로니웨스턴이라고 하여 권총과 함께 따발총이 등장하고 뒤에서도 총을 쏘아대는 추악한 인간들이 등장하였다. 악당과 함께 치사한 놈들을 머쉰 건으로 싹 없애주는 통쾌한 장면들이 등장하고 클린트 이스트우드 등이 등장하는 황야의 무법자 등 마카로니웨스턴은 하이 눈, 아파치 등의 정통 서부극을 빛바랜 흑백사진으로 만들어 버렸다.

요즘 교민사회도 뭔가 좀 어수선하다. 대부분의 선한 교민들이 열심히 살아가고 있는데 반해 교민들을 리드하는 단체에서 잡음이 일어나고 있는 것 같다. 교민사회라는 것이 조국을 떠나와 새로운 삶의 터전을 마련하기 위해 혹은 마련하여 살아가는 사람들의 집단이다. 따라서 직업도 가지각색이고 교육수준도 차이가 크고 어린 아이들부터 70을 넘은 사람들까지 나이도 다양하다.

그러다 보니 착한 사람들, 나쁜 사람들 그리고 추한 사람들이 공생하는 사회가 형성될 수밖에 없다. 이는 교민사회 뿐만 아니라 어느 사회에서도 나타나는 현상이다. 인간의 본질이 착하다는 성선설이 있는가 하면 성악설도 옛날부터 주장되어 오고 있다. 필자는 아직까지도 철이 덜 들었는지 성선설에도 성악설에도 가담하지 못하고 있다. 굳이 주장하라고 한다면 성선설도 성악설도 일리가 있으므로 성선악설이라는 퓨전학설을 제창하고 싶다. 학설이라면 거창하고 그냥 느낌일 뿐이다.

서부개척민들이 인디언들과 싸우며 곳곳에 마을을 형성하고 그 집단에 리더들이 등장하며 리더들은 개척민들의 권익을 위하여 혹은 자신의 이익을 위하여 불량배를 동원하기도 하고 혹은 유능한 보안관을 뽑아서 치안을 유지하곤 하였다.

교민사회라는 것은 서부개척민들과 달리 그 나라의 기본질서를 지키며 자국민들의 커뮤니티를 형성해 나가는 것이다. 베트남에서는 대만 다음으로 큰 KOREAN COMMUNITY가 형성되어 있으며 현재는 한국교민이 팽창일로에 있다. 어떤 이는 5만 명에 이르렀다는 믿기지 않는 말을 하고 있다. 베트남은 여러모로 한국과 관혼상제 등 풍습이 흡사하여 한국인들이 정착하기 편한 곳이다.

그러다 보니 별의별 사람들이 다 모이고 별별 사건들이 발생하고 있다. 대부분이 바쁘고 고달프게 살아가고 있는 것 같다. 그래서 무엇이 좋고 나쁜지 무엇이 추한지도 분별하지 못하고 살아가게 될 것 같아 억지로나마 분류를 해 보았다.

The Good! 먼저 자선모금을 위하여 항상 바쁘게 노력하는 부인들이 있다. 자선금을 모아서 한국학교에도 기부하고 베트남의 불우이웃들을 돕는다. 이런 분들이 행사를 마련할때 마다 관심을 가지고 도와주면서 참여하는 사람들도 The Good에 속한다. 이에 반하여 아무런 행사에도 참여하지 않고 오히려 핀잔만 주는 사람들은 The Bad에 속할 것이고 아무 하는 일 없이 끼리끼리 모여서 하릴없이 남의 흉만 보는 사람들은 The Ugly에 속할 것이다.

돈을 벌어서 남을 도울 줄도 알고 봉사활동도 하는 사람들은 The Good에 속할 것이고 자기가 살겠다고 남에게 피해를 주면서 돈을 벌어야 하는 사람들은 The Bad에 속할 것이다. 그리고 모르는 사람인데도 핸드폰을 잠깐 빌려가서 사라지고 그 핸드폰을 다른 사람에게 싸게 팔아서 연명하는 The Ugly도 있다. 여기 저기 몇 백 불씩 빌려서 카지노에 가서 탕진하고 신용이 떨어져 더 이상 돈을 빌릴 수 없어 구걸하다시피 하는 사람을 자기 집에 무료로 재워 주다가 금고를 털린 사람도 있다. 돈을 벌어서 카지노에 탕진하는 사람들도 추한 사람들이다. 말이 나온 김에 좀 더 명확하게 구분해 보자.

The Good : 불우이웃을 위해서 봉사하는 사람들 그리고 그 사람들에게 적극적으로 협조하는 사람들. 세금을 많이 내는 것을 자랑으로 아는 사람들. 남의 사생활을 들먹이며 제 삼자를 험담할 때 그러면 못쓴다고 면전에서 충고하는 사람들. 정치인들에게 이러저러한 비판과 비난을 하는 것은 우국충정에서 있을 수 있지만 자기와 아무 이해관계가 없는 사람을 음해하는 것은 바람직하지 못한 짓이다. 잘못을 했을 때 과감하게 사과하고 잘못을 뉘우치는 사람들. 그리고 남을 돕지는 못하더라도 남에게 피해를 주지 않고 열심히 살아가는 사람들도 이 카테고리에 넣을 수 있다.

The Bad : 돈을 많이 벌었다고 자랑만 늘어놓을 뿐 자선이나 불우 이웃 돕기를 외면하는 사람. 사과하고 나서 뒤에서는 변명하고 합리화 시키는 사람들. 며칠 만에 약속을 저버리고도 아무렇지도 않은 듯 당당하게 처신하는 사람들. 남의 사랑은 불륜으로 몰고 나의 사랑은 로맨스로 이야기하는 사람들. 그러나 불의를 알면서도 불의라고 당당하게 말하지 못하는 사람들은 이 범주에 넣을 수 있을지 모르겠다.

The Ugly : 나이를 속이거나 밝히지 않고 형님 노릇을 하려는 사람들. 사람들만 모이면 왕년의 자기가 잘 나갔던 이야기를 끝도 없이 늘어놓는 사람들. 사사건건 불평만 하고 남의 험담을 늘어놓는 사람들. 관이나 부자들에게 끝없이 아부하는 사람들. 순간적으로 거짓말을 잘 하는 사람들. 과거 경력을 미화하고 속여서 리더가 되는 사람들. 여기 저기 다니면서 감 놔라 대추 놔라 거들면서 정작 정확한 정보는 없이 소문만 퍼뜨리고 다니는 사람들. 그리고 나이가 좀 더 들었다고 해서 젊은 사람들에게 반말 지껄이는 사람들.

생각나는 대로 짚어 보았다. 어디 이것뿐이겠는가. 그 외 많은 예가 있을 수 있을 것이다. 필자도 나쁘고 추하게 행동한 적이 없는지 반성해 보아야겠다. 절대선이나 절대악 그리고 절대추는 없을 것이다. 사람은 어차피 양면성을 띠고 살아가는 것일 것이다. 선을 향해서 노력하면서 살아갈 때 우리는 그런 사람들을 The Good의 범주에 넣을 수 있을 것이다.

악과 추를 반성하고 선을 향할 때 우리는 구원을 받을 수 있다. 그런데 어떤 사람들은 악과 추를 너무 자주 반복하고 있다. 이런 경우에도 신은 그들을 용서할 것인지 궁금하다.

부활

처음 강 사장을 만난 것은 호찌민 시내에서 40분 정도의 거리에 있는 투덕 골프장에서였다.

그는 우리 동호인 모임의 게스트로 참여하여 나와 한 조가 되어 라운딩을 하게 되었다. 무슨 일을 하느냐고 물었더니 화장품 관계 사업을 한단다. 그러고 보니 옷차림새가 좀 세련된 듯하였다. 워낙 얌전한 분이어서 더 이상 사업 관계 일은 물어 보지 않고 그냥 라운드를 즐겼다.

돈 내기를 했는데 핸디를 듬뿍 주었건만 9홀이 지나자 7의 지갑이 얇아지기 시작했고 게임이 끝난 후 그가 잃은 돈은 100불이 넘었다. 그냥 물 값만 내게 하고 모두 돌려주었다. 그는 고맙다고 하면서 저녁 식사에 초대를 하였다.

그의 집은 호찌민 변두리에 있었으며 사무실과 함께 사용하고 있었다. 식사를 마친 후 한잔 하면서 그가 하는 이야기를 듣고 깜짝 놀랐다. 월 매출액이 80만 불을 넘는다는 것이다. 연간 1,000만 불 정도의 매출을 올린다고 한다. 이익금이 15%만 되어도 150만 불이 된다.

호찌민에 온 지 얼마나 되는지 물었더니 8년째라고 한다. 술이 취해서 늘어놓은 그의 이야기는 눈물겹다.

"IMF 때 부도를 맞았습니다. 여기저기서 빌린 돈으로 베트남으로 왔지요. 20만 불을 갖고 아이스크림 만드는 공장을 만들었는데 판매가 부진하여 전전긍긍하다가 결국 베트남 동업자에게 모두 넘겨주고 빈손이 되었습니다."

아이스크림 공장을 한 경험이 있는지 물었더니 그가 하는 말,

"더운 나라니까 아이스크림 공장을 하면 무조건 잘 될 줄 알았지요. 허허."

강 사장이 2년 만에 20만 불을 까먹고 귀국하니 빚쟁이들이 아우성이었다. 빚쟁이들이 친척들이니 어디 숨어 있을 수도 없어서 친척들을 만나 반드시 재기할 테니 기다려 달라고 하였다. 집 잃은 가족들은 친척집으로 뿔뿔이 흩어졌고 강 사장은 오도 가도 못하는 신세가 되었다. 주머니에 남은 돈이라고는 몇 만원 밖에 없었다. 진퇴양난에 사면초가였다. 아무리 생각해도 묘수가 생각나지 않자 자살을 결심하기에 이르렀다. 죽기로 결심하니 마음이 편해졌다. 산으로 갈까 강으로 갈까 생각하다가 산으로 정하고 서울 근교의 검단산으로 향했다. 강에서 죽으면 시체가 발견될 것이라는 생각에 이르자 산으로 가서 스스로 땅을 파고 죽기로 작정했다.

검단산 입구 부근의 철물점에서 삽을 하나 샀다. 삽을 들고 산으로 오르니 산새소리 계곡의 물 흐르는 소리도 처량하게 들렸다. 가끔 오가는 등산객이

이상한 눈으로 강 사장을 쳐다보고 지나갔다. 길 없는 길을 올라가다 보니 이윽고 인적이 없는 적막한 장소에 이르렀다. 스스로 묻을 땅을 파다가 유서라도 하나 남기자고 볼펜을 들었으나 쓸 말이 없었다. 머릿속이 하얗게 비어 있는 것 같았다. 무슨 말을 써야 할 지 도통 생각이 나지 않았다. 그냥 사라지기로 결심해 놓고 유서는 무슨 유서하면서 볼펜과 종이를 구덩이에 던지고 더 깊게 파고 들어갔다. 이윽고 구덩이가 제법 깊어지자 그는 구덩이로 뛰어 내려갔다. 구덩이에 누워서 올려다 본 가을 하늘은 바닷물같이 파랗다. 그런데 문제가 생겼다. 그를 덮을 흙을 어떻게 구덩이로 다시 부어내려서 자신의 몸을 덮을 것인지 연구를 하여야 하였다. 구덩이에서 다시 나와 나뭇가지를 얽어매고 지붕같이 만들어서 그 위에 흙을 잔뜩 올려놓았다. 그 지붕에 끈을 매달아 아래에서 끈을 잡아당기면 흙이 쏟아져 내려서 스스로의 몸을 덮도록 장치를 하고 다시 구덩이로 내려가 하늘을 향해 누웠다.

　이제 끈을 당기기만 하면 흙이 쏟아져 내려와 자신의 몸을 덮고 그는 죽을 수 있는 것이다. 가족들이 눈에 어른거리고 친구들, 친지들 그리고 베트남 처녀 투이의 얼굴이 마지막으로 아른 거렸을 때 그는 줄을 힘껏 잡아 당겼다. 흙이 쏟아져 내리고 갑자기 사위가 깜깜해졌다. 아 이렇게 죽는구나 생각하고 가만히 있었더니 숨이 가빠왔다. 너무 답답하여 흙을 헤집었더니 손이 밖으로 삐져나오면서 빛이 쏟아져 들어왔다. 자살도 실패한 것이다.

　산을 내려오면서 강 사장은 문득 깨닫는 바가 있었다. 죽었다가 살아났으니 무슨 일이든 못하겠는가 하는 자신감이 불끈 솟아나는 것이었다. 예수는 3일 만에 부활했으나 강 사장은 3분 만에 부활했다. 부근 우체국에서 호찌민의 미스 투이에게로 전화를 했다. 화장품을 사다 팔면 장사가 될 것이라는 말을 들었다.

　이리 저리 구걸하다시피 하여 화장품을 한 보따리 사가지고 호찌민 행 비행기를 탔다. 화장품 한 보따리를 사가지고 와서 호찌민 공항에 내렸다. 큰 보따리가 수상했던지 세관원이 열어 보라고 했다. 선물할 거라고 둘러 대었지만 세관원은 관세를 물리겠다고 하여 애걸복걸하였으나 화장품은 몰수당했고 관세를 물어야 통관이 되었다.

　경리를 보던 베트남 아가씨 투이와 함께 오토바이를 타고 시상으로 놀아다니며 일주일 만에 화장품을 모두 팔았다. 항공료와 제반 경비를 공제하고 나니 순수익이 200불도 되지 못했다. 오버 차지와 관세만 물지 않으면 1,000불 수입은 되겠다는 계산이 나왔다. 강 사장은 보따리를 5개로 나누어 짐이 적은 승객에게 부탁하여 오버차지도 줄이고 탄손넛 공항의 관세장벽도 넘었다. 짐이 적은 승객들은 대체로 까다로운 사람들이어서 짐을 맡아 주는 것을 꺼렸다. 궁하면 통한다는 말이 있듯이 강 사장은 화장품 한 개를 먼저 선사하고 나서 짐을 맡기는 작전을 펴서 매주 마다 보따리를 나르는데 성공을 하였다.

이렇게 해서 매주 호찌민과 서울을 오갔다. 일 년이 지나자 30,000불이 모아졌다. 일년 동안 숱한 고생을 하였지만 가장 힘든 일이 식사문제였다. 강 사장은 베트남 음식을 전혀 먹지 못했고 한국 음식은 비싸서 한국식당에 가게 되지 않았다. 그래서 강 사장의 주식은 계란이 되었다. 하루에 계란 10개와 쌀밥으로 연명하였다. 자주 오가니 공항 세관의 검색이 강화되어 더 이상 보따리 장사를 하기 힘들자 강 사장은 현지에 화장품 공장을 시작해야겠다는 결심을 하게 되었다. 종자돈 30,000불로 이것저것 기초 화장품 만들 수 있는 기계를 사 모았다. 기계라고 해 보아야 옛날 한국의 동동 구리무(크림) 생산 시스템 정도로 원시적인 것이었다.

강 사장은 어려울 때마다 부활이라는 단어를 생각했다. 새로운 인생! 다시는 실패하지 않을 새로운 인생을 기획하고 실행하였다. 그래서 아이스크림 공장의 경리였고 현재 화장품 회사 사장이자 부인인 투이에게 청혼을 하였다. 투이와 결혼을 한지 벌써 7년이 되었다. 그새 5살 된 아들이 하나 생겼고 투이 명의로 된 회사는 베트남에서 화장품 매출 선두 그룹의 급신장 회사가 되었다. 부활한 후의 생활은 현지인과 똑같은 생활방식이었다.

한 달 생활비 100불 정도의 검소한 생활을 했으며 돈이 아까워 한국 식당에 가지 못했고 10,000동 짜리 베트남 식 식사 중 돼지고기를 쌀밥에 얹어 놓은 것만 먹을 수 있었다. 이제 100억 정도의 재산을 모았으나 아직도 그의 주식은 10,000동짜리 식사와 계란 10개를 벗어나지 못한다. 어렵게 모은 돈은 쉽게 쓰게 되지 않는 것이다. 내기 골프로 잃은 그 100불은 어려운 시절 자신의 한 달 생활비였다면서 씽긋 웃는다.

황 사장 바람났네!

황 사장은 90년대 중반에 대기업의 호찌민 지사장으로 발령을 받아 몇 년간 근무하던 중에 IMF의 회오리에 모기업이 파산하자 따라서 직장을 잃게 되었다. 한국에 돌아가 봐야 마땅한 일자리가 없어서 호찌민에서 자리를 잡기로 결심하고 이것저것 사업에 손을 대어 보았다.

대기업의 울타리에서 일하다가 개인 사업을 벌이니 해야 할 일이 한두 가지가 아닐 뿐더러 손대는 족족 손해를 보았다. 그간 벌어 놓은 재산이 바닥이 날 무렵 황 사장은 마음을 둘 데가 없었다. 일을 마치고 집에 돌아가 봐야 마누라와 하찮은 일로도 다투게 되고 애들까지도 아빠 알기를 우습게보기에 이르렀다.

그 즈음 황 사장은 새로운 사업을 제안한 미모의 노처녀와 사업을 함께 구상하게 되었는데 그 사업마저도 벽에 부딪히게 되었다. 정직하고 성실했던 그 베트남 처녀도 그동안 모아 두었던 재산을 함께 날려 버렸다. 사업엔 실패했지만 일 년간 함께 지내다 보니 서로가 정이 들었다. 더구나 사업이 기울어져 더 이상 버티기 힘들 정도가 되었을 때 그녀는 개인의 장신구로 팔에 휘감고 다니던 금붙이도 팔아서 사업자금에 보탰다.

현지 판매 사업은 예상대로 되지 않았다. 나름대로 열심히 노력 했건만 이익창출이 되지 않았다. 따라서 집에 생활비를 제대로 주지 못하니 집세와 관리비 등이 밀리기 시작하자 부인은 짜증을 내고 아이들 학비까지 제 때에 납입하지 못하니 아이들까지 덩달아 아버지를 원망하기에 이르렀다. 대기입에 다닐 때에 이런 지런 힘든 일도 많았지만 돈 걱정은 하지 않고 살았는데 막상 자영업을 하게 되니 모든 일이 악순환 되고 있었다.

마음의 갈 곳을 잃은 황 사장의 가슴에 황사바람이 불기 시작하며 황 사장은 도대체 현실 적응이 잘 되지 않았다. 집에서는 가족과의 대화도 삼가하고 텔레비전에만 눈을 꽂았다. 이에 못 마땅한 부인은 시비를 걸어오고 아이들까지 스테레오로 비난하니 자연히 귀가 시간이 늦어지고 부인은 그가 혹시 바람이 나지 않았나 의심을 품게 되었다.

부인이 의심할 그 즈음 황 사장은 사실 노처녀이며 파트너인 미스 투이에게 마음이 기울어지고 있었다. 그렇게 어려운 상황에서도 자신을 돌보지 않은 채 열심히 일할 뿐만 아니라 자신의 재산을 모두 바쳐서 사업에 올인 하는 희생적인 자세가 감동적이었다.

단 둘이 있을 때는 사업 이야기뿐만 아니라 인생에 관한 이야기도 하게 되고 음악, 미술, 연극, 영화 등 예술에 관한 이야기로 밤 늦게까지 대화가 이어지는 날이 많아졌다.

둘이서 나누는 대화가 비록 유창한 영어는 아니지만 충분히 서로의 마음을 읽을 수 있었다. 더구나 집에 일찍 들어가기 싫어진 황 사장의 대화의 심도가 깊어지고 미스 투이 또한 황 사장의 인간미에 빠져들게 되었다. 낮에는 둘 다 세일즈맨이 되어 열심히 뛰고 저녁에는 식사를 함께 하는 일이 이어지면서 둘의 관계는 가을 숲처럼 익어가고 있었다.

황 사장은 필자와도 잘 아는 사람인데 그의 특성은 거짓말을 하지 못하는 것이다. 그것이 그의 장점이긴 하나 이러한 상황에서는 단점으로 작용하게 되었다. 부인이 왜 그렇게 늦느냐고 물으면 미스 투이와 저녁 먹고 이야기하다가 늦었다고 답변하는 것이었다. 무슨 사업 이야기가 그렇게도 많은가? 그렇게 늦도록 일하면 돈이라도 벌어야지 하는 핀잔을 주기에 이르렀다. 이런 상황이 몇 달이 전개되던 중 드디어 황 사장은 일을 저지르고 말았다.

황금빛 노을이 사이공 강을 적시던 어느 날 저녁, 사이공 다리 부근의 신항 레스토랑의 강변 테이블에서 함께 술을 마시던 중, 황 사장은 오늘 집으로 돌아가지 않겠다고 미스 투이에게 선언을 하게 되었다. 그녀가 왜냐고 물었다. 그는 자유인이 되고 싶다고 말했다. 자유인? 무엇으로부터의 자유인지 투이는 잘 이해가 되지 않았다. 가족의 굴레로부터의 자유라고 설명하자 투이는 만류하였다. 그런 자유는 방임에 가깝고 무책임한 사람이 되지 말라고 설득하며 귀가를 종용하였다. 그리고 자유보다 더 큰 이유가 있어야 할 것이라고 미스 투이가 말했다.

황 사장은 자유보다 더 소중한 것은 사랑이라고 이야기하며 사랑을 고백하였다. 투이 역시 "I love you, too"라고 말했다. 그 날 둘은 기나긴 포옹을 하였다. 이리하야 황 사장은 사랑에 눈이 멀게 되어 외박도 잦아지게 되었다.

황 사장의 부인은 필자와도 잘 아는 사이이다. 나에게 전화를 하여 하소연을 하기 시작하면 전화하는 시간이 1시간이 넘을 때도 있을 정도로 구구절절 사연이 길었다. 요약하면, 남편이 집에 오면 일체 묵비권을 행사한다. 사람이 그렇게 변할 줄 몰랐다. 책임감이 없어졌다. 자다가도 사랑한다는 말을 영어로 잠꼬대한다. 생활비를 주지 않은 지가 오래 되었다 등이다.

여기에 대한 대답을 어떻게 해 주어야 할 지 모르는 상태에서 이야기를 들어주며 맞장구를 치다보면 보통 30분 이상은 지나간다. 다른 곳에서 전화가 왔다고 거짓말을 해야 대화가 끝이 날 수 있었다. 부인의 전화를 받는 것이 하루 일과의 괴로운 부분이 될 즈음 부인은 무시무시한 제안을 해 왔다.

이곳의 심부름센터를 이용해 현장을 잡아서 둘 다 요절을 내겠다는 계획이니 간첩 역할을 좀 해 달라는 것이다. 필자는 그래서 팔자에 없는 이중간첩 역할을 하게 되었다. 부인에게는 황 사장이 어디로 간다는 정보를 주고 황 사장에게는 부인이 언제쯤 추적할 것이라는 정보를 제공하였다. 그러나 하늘에 맹세코 양쪽에서 한 푼도 받지 않았다.

부인은 현지인 오토바이 추적조 2명을 5분 대기조로 해 놓고 두 연인의 행방을 추적하였다. 그러나 이중간첩의 교묘한 역할로 황 사장은 아슬아슬하게 위기를 모면할 수가 있었다. 이렇게 곡예하기에도 진력이 난 우리의 용감한 황 사장은 어느 날 밤 드디어 일을 저지른다.

"여보! 나 투이와 한 달만 살다가 돌아올게."

누가 감히 이런 제안을 부인에게 할 수 있을 것인가? 황당한 진실이다. 이렇게 막가파로 나가던 황 사장도 돈이 떨어지자 더 이상 외도하기가 힘들어졌다. 집으로 돌아온 황 사장에게 부인은 필자의 조언대로 남편을 따뜻하게 맞이하고 과거를 묻지 않았다. 찬송가 405장을 함께 부르며 황 사장은 사랑의 늪에서 빠져 나왔다.

그 후 황 사장 부부는 친인척에게 도움을 청하여 난생 처음 돈을 빌리게 되었고 빌린 돈 20만 불로 봉제공장을 인수하여 열심히 사업에만 몰두하여 현재는 승승장구하고 있다. 봉제공장도 평생해 보지 않던 일이었지만 필자의 조언으로 그 사업을 시작하게 되었고 투이를 사랑했던 그 열정으로 열심히 사업에만 몰두하고 있다.

이해와 오해

이해는 영어로는 UNDERSTANDING이라고 한다. UNDER-STAND라고 단어를 띄어보면 STAND의 아래라는 뜻이다. 그런데 이 STAND의 뜻은 10여 가지가 있다. 그 중에 가장 흔한 뜻이 서다 기립하다는 뜻이 있는가 하면 (찬성. 반대의) 태도를 취하다 라는 뜻도 있다. Stand for free trade 라고 하면 자유무역에 찬성이다 라는 뜻이 된다.

이런 맥락에서 보면 이해는 아래에 서 있을 때 그리고 저자세를 유지할 때 이해가 가능한 것으로 보인다. 눈높이 교육이란 교재를 만들어 돈을 많이 번 회사도 생겨났다. 아이들의 입장에 서서 이해하며 교육하는 프로그램이다. 그리고 서양 사람들이 아이들과 대화할 때 아이는 서 있고 어른은 아이와 키를 맞추기 위해서 쪼그려 앉아서 대화하는 경우를 많이 볼 것이다. 저자세를 유지하여 아이를 이해하며 대화하겠다는 의지의 표현이다.

오해는 영어로 MISUNDERSTANDING이라고 한다. 실수로 잘못 이해한다는 뜻이다. 필자가 20대였을 때 "Don't let me be misunderstood"란 노래를 부른 The Animals 라는 록밴드 그룹의 인기가 대단하였었다. 가슴을 후련하게 하는 노래로 아직도 그 노래가 나오면 따라할 정도로 기억에 남는 노래다. 주여, 그녀가 나를 오해하게 내버려 두지 마세요 라는 말이 반복되는 노래이며 나도 인간인데 실수하는 일이 없겠느냐 그까짓 일로 뭐 그렇게 오해 하냐 제발 이해해 다오 라는 뜻이 담긴 답답한 심정을 토로한 노래이다.

이렇듯 남녀 관계에서 뿐만 아니라 가족 관계 그리고 비즈니스 관계에서도 이해의 부족으로 인한 오해가 많이 발생한다.

이제 호찌민에 산지 10년이 넘는 사람들이 많이 생겨나고 있다. 좌우간 생존 경쟁에서 살아남은 사람들이라고 볼 수 있다. 그 중 성공한 사람도 있고 아직도 연명하는 수준의 사람들도 있다. 돈을 떼먹고 달아난 사람들도 있고 돈을 빌리고도 갚지 못하고 주저앉아 계속 성공의 의지를 불태우는 사람들도 있다.

10년 전 어려운 환경에 처한 사람에게 돈을 빌려 준 적이 있는데 금방 갚을 것 같이 빌려 가더니 10년이 지나도 갚지 않고 있다. 최근 어느 정도 성공한 것 같아서 이제 돈을 갚아야 되지 않겠냐고 점잖게 말했더니 2년만 더 기다려 달라고 한다. 최근에 빌린 돈부터 갚아야 한단다. 그 사람의 이야기는 내가 골프를 합니까? 자동차를 타고 다닙니까? 오토바이를 타고 다니면서 이렇게 어렵게 살지 않습니까 라고 답하지만 맥주를 몇 병씩 부담 없이 마시고 담배 값 정도는 껌 값 정도로 알고 생활하는 것 같았다.

필자가 생각하기에는 그런 정신 자세로는 단시일에 성공하기는 힘들 것 같았다. 담배와 술값이 문제가 아니라 의지가 중요한 것이다. 아무런 자본도 없는 사람이 담배와 술 정도는 끊을 수 있는 의지도 없이 어떻게 성공할 것인가 하는 의문이 들었다. 성공을 하려면 첫째 자기 건강관리부터 하여야 한다. 이런 말을 하는 자체가 그 사람을 오해하고 있는 상태가 아닌지 모르겠지만 자세를 낮추어 이해를 하려고 해도 좀처럼 이해가 되지 않는다. 아무튼 그 사람의 근본은 좋은 사람이고 언젠가 돈을 갚겠지 하는 생각은 들지만 작은 것도 제어하지 못하는 사람이 어떻게 성공할 수 있을 것인가 하는 생각이 필자의 오해이길 바란다.

호찌민에 오래 살다 보니 좋은 일 궂은 일이 생기고 터무니없는 루머에 시달리기도 하고 반대로 필자를 과대평가하는 오해도 받게 되는 경우가 있다. 그러나 이제 웬만한 일들은 웃어넘길 수 있는 지혜와 아량이 생겨나는 것 같다. 오해하기도 하고 오해받기도 하는 등 인간이기에 어쩔 수 없는 일들도 시간이 가면 강물이 바다에 이르듯이 이해를 하게 되는 것 같다.

해외에서 교포로 살아가면 고국이 그리워질 때도 있지만 에고 그 소란스런 구석에서 잘 피해왔지 뭐 하는 생각도 든다. 요즈음은 필자 자신이 교포사회에 너무 드러나는 것 같아 조심스럽다. 이것저것 조심해야 될 일도 많고 처신도 자유롭지 못하여 부자유스러울 때가 많아 자유스럽게 살아온 내가 구속당하는 느낌이 들어 내가 지금 뭘 하고 있는가 하는 생각이 들 때도 있다.

그러나 어떤 단체의 장은 그런 것과는 아랑곳없이 사생활을 즐기고 노름하고 돈 때문에 싸우는 경우도 볼 수 있다. 참 용감한 사람들이라는 생각이 든다. 단체의 장을 맡는다는 것은 생활이 안정

되고 경제적으로 베풀 수 있는 사람이 해야 효율적인데 호찌민 같이 열악한 환경에서는 모두가 살기에 바빠서 단체의 장뿐만 아니라 회원이 되는 것 자체도 부담스러워하는 분들이 많은 것 같다. 그것보다 서로가 오해를 하게 되고 보이지 않는 곳에서 서로 욕하는 상태로 발전되는 경우가 많아지는 것 같다.

오해를 이해로 발전시키기 위해서는 어떻게 해야 하나? 제 삼자가 중재를 하는 것은 별로 효과적이지 않은 경우가 많다. 결자해지가 중요하나 오해의 골이 깊어 매듭을 당자들이 풀기는 어려운 것 같다. 만나서 대화하다 보면 서로를 이해하게 되는 경우보다 오해를 더 촉발시키어 큰 소리가 나게 되고 심지어 육박전으로 치달을 경우도 발생된다.

요즘 교민사회에 몇 가지 분쟁이 있어서 필자에게도 하소연하면서 분쟁의 해결사 노릇을 해 달라고 요청하는 경우가 몇 건이 생겼다. 한 쪽 말만 들으면 다른 쪽이 나쁜 넘이 되어 버리므로 양측 말을 모두 듣지 않고 판단하지는 않는다. 양쪽 말을 다 들으면 양측 모두 일리가 있다. 제 삼자이기 때문에 쉽게 이해가 되는 것이다. 그러나 당자들끼리는 좀처럼 이해를 할 수 없는 모양이다.

이런 경우의 해법은 어떤 것이 있을 수 있을까? 사실 필자 자신도 생활에 쫓기다 보니 남들의 문제를 해결하려고 고민할 시간이 별로 없다. 그러므로 대강 대강 좋게만 이야기하고 시끄럽지 않게 하려고 할 뿐이지 근본적인 해결책에 대하여 심각히 고민하게 되지 않는다. 나 자신의 문제도 해결하지 못하고 시간을 보내는 주제에 다른 사람의 문제까지 왈가왈부 할 수 있겠는가.

문득 떠오르는 신종 직업이 생각난다. 해결사! 그런데 이것이

구식 해결사처럼 폭력으로 해결하는 것이 아니고 경륜으로 그리고 지혜로 해결하는 해결사라는 직업 말이다. 보통 변호사들은 자기의 고객을 위하여 분쟁에서 승리하게 하는 역할을 주임무로 하지만 변호사에게 가기 전 단계에 화해를 위한 해결사 아니 화해사가 더 적당한 표현이겠다. 화해사를 거치면 경비나 시간을 절약하고 효율적이 아닐까 하는 생각을 해 본다.

Negotiator(교섭자, 협의자)라는 직업이 있기는 있는 모양이다. 경찰에서도 인질범을 박살내기 전에 네고시에이터가 먼저 범인들과 교섭을 한다. 성공하는 경우도 꽤 있는 모양이다. 화해자 혹은 조정자란 직업이 있으면 오해의 매듭을 푸는데 더 효율적이겠다 라는 생각도 해 본다. 분쟁 당사자가 분쟁을 해결하기 위해서는 화해 조정자에게 양자가 모두 돈을 지불하고 해결하도록 요청하는 기능이 필요한 것 같다.

원로들 중에 시간적 여유가 있는 분에게 양측이 소정의 금액을 지불하고 조정역할을 해 달라고 부탁하는 것도 좋은 방법의 하나가 될 수 있을 것이다. 처음에는 분쟁 당사자가 만나서 오해를 풀도록 노력해 보고 힘들 것 같다고 생각되면 양측이 동의하는 화해 조정자를 선정하는 것도 오해를 이해로 이끌어 내는 해결의 한 방법이 될 수 있을 것이다

개인과 단체

사회생활을 하는데 있어서 개인은 단체에 속할 수도 있고 개인 그대로의 생활을 즐길 수가 있는데 어느 편이 좋다고 단언할 수는 없으나 장단점이 있을 것이다. 호찌민에 사는 인구가 약 4만 명이 된다고 추정하지만 그 중 10% 정도만이 정식 허가를 받고 일 년 이상의 비자를 받으며 생활하고 있는 것으로 생각된다. 대다수의 교민들이 6개월 복수 비자를 받으며 어떤 방식으로든 적법화 하여 생활하고 있는데 이는 한국에 있는 베트남 교민들도 4만 명 정도가 되고 장기체재 방식이 한국과 비슷한 것으로 사료된다.

그러고 보니 한국과 베트남은 교민 수도 얼추 비슷하게 되어 가고 있으니 닮은 것이 한두 가지가 아니다. 이래저래 한국과 베트남은 어느 나라보다도 우애가 깊은 나라로 발전해 나가고 있다. 두 나라 사이에 결혼도 많이 늘어나고 있으니 혈맹이라는 단어를 사용해도 어색하지 않게 느껴진다.

한국남자와 베트남여자가 결혼하여 사는 것은 한국 농촌에서뿐만 아니라 베트남에서도 성행하고 있는데 베트남의 경우는 부인도 인텔리인 경우가 많아 사업도 잘 해나가고 있는 가족이 늘어가고 있어 보기가 좋다.

10년 전 호찌민에서 학생 신분으로 있던 학생이 이제는 어엿한 사장이 되어 코참 디렉터리의 광고 협찬까지 하는 것을 보고 뿌듯한 마음을 금할 수 없다. 그간 몇 번의 사업실패로 사라졌던 청년이 옛날 필자의 이름을 기억하고 전화를 하여 식사 대접을 하고자 하였다. 바빠서 식사를 함께 할 수 없어서 코참 사무국에서 잠시 만난 김에 광고 권유를 하였더니 선뜻 응해 주어 식사 대접 수십 번 받는 것보다 더 기뻤다.

　이 청년은 베트남 부인 명의로 사업을 하고 있으며 부인도 대학 교육을 받은 재원이라고 하니 사업이 번창하지 않을 수 없을 것이다. 부인의 현지화 된 정보와 남편의 국제화된 정보가 합하여 경쟁력을 키울 수 있었을 것이다.

　자살하는 청년도 있었지만 이렇게 칠전팔기하여 성공하는 사람들도 많다. 호찌민에서 방황하는 청년들은 이렇게 성공한 청년들을 만나 어떻게 성공했는지 벤치마킹하는 것도 괜찮은 방법이리라.

　어느 날 또 어떤 사람이 전화를 하였다. 혹시 한국의 B통상 사장님이 아니냐고 물었다. 그렇다고 했더니 필자의 직원이었다고 하면서 자기 이름을 말하는데 어렴풋이 기억이 났으며 15년 만에 해후를 하였다. 그는 모자 공장의 사장을 하고 있으며 그간 필자를 돕기 위해 여러 일을 주선해 주었다. 또한 코참 행사에 모자를 무료로 찬조하고자 했다. 회원도 아니면서 이렇게 도와 줄려는 청년들이 나서고 있어서 인생이 무의미한 것만은 아니라는 실감을 하게 된다.

　이 모자 공장 사장에게도 코참의 회원사가 될 것을 권유하였으나 고사하였다. 미국에서 오랫동안 생활해서 단체에 가입하는 것이 자유롭게 느껴지지 않았을 것이다. 이렇듯 단체에 가입하는 개인도 있고 그렇지 않은 개인도 있으므로 단체 가입을 무리하게 권유하는 것은 바람직하지 않겠다는 생각을 하게 된다.

　코참 디렉터리를 만들면서 나온 결과를 보니 베트남에 투자한 한국의 정식 투자업체가 약1,050개사 정도 되며 남부가 약800개사 북부가 약 250개사 정도가 된다. 그 중 소재파악이 되는 회사는 남부가 650여 개가 되고 북부가 230개사 정도가 된다. 그렇다면 10년 정도에 걸쳐 15%정도의 업체가 휴업이나 폐업을 한 것으로 추정된다. 그리고 정식으로 투자하지 않은 개인사업자들의 실패율보다 정식 투자업체들의 실패율은 훨씬 낮은 것으로 판단된다.

그런데 남부의 코참 회원사는 투자사 대비 50% 미만인데 반하여 북부의 코참 회원사는 85%이상 되는 것으로 추정된다. 남부의 회원사 가입률이 저조한 원인은 다낭 이남의 투자사 전체를 어우르다가 보니 지역적으로 넓게 분포되어 있으나 북부는 하노이와 하이퐁 시에 주로 많이 있기 때문에 지역적으로 가까이 있는 면이 있다고 볼 수 있다. 그 외에 소규모 투자가 남부에 많고 대규모 투자가 북부에 많이 있어서 소규모 투자사의 어려움이 많은 것도 다른 원인이 될 것이다.

어떤 분은 회사 자체를 가지지 않고 호찌민에서 주식과 부동산에만 신경을 쓴다. 어떤 단체에도 가입하지 않으며 자식들도 공부를 못하면 못하는 대로 그에 맞게 진로를 마련해 준다. 참 배짱 편한 사람들이다. 사실 이런 사람들이 부러운 면도 있다.

단체 중에도 구성원에 대하여 유급을 주는 단체가 있는가 하면 무급으로 봉사하는 단체도 있다. 한인회 등 각 봉사단체의 장들은 무급이며 오히려 자기 돈을 더 써야 하는 경우가 많고 한국학교의 이사들은 모두 무료 봉사하는 사람들이다. 그런데 이번 한국학교의 감사에서 무료 봉사하는 이사들도 싸잡아 비판의 대상이 되었다. 속된 말로 뭐 주고 뺨 맞는 격이 되어버린 일부 이사들의 분노가 대단하다. 자칫 교민의 화합에 금이 가게 될 우려가 있다. 필자가 보기에는 감사를 열심히 했고 사심이 없이 한 것으로 보인다. 그러나 아쉬운 점은 감사를 너무 법적인 테두리 속에서 하다 보니 과정의 어려움을 간과한 면이 있다.

  감사관은 그간 수고한 이사들의 노고를 치하하고 간과한 부분을 사과하고 이사들은 감사관의 법적 해석을 이해하는 것이 좋겠다. 또한 이사들도 전문성이 결여된 사람들이 오랫동안 이사의 자리를 지키고 있어서 이상한 소문이 나돌게 한 것에 대하여 반성하고 사과할 부분이 있으면 과감히 사과하면 좋겠다. 그리고 피차 용서할 부분이 있으면 대화합과 발전적인 방향을 제고하여 용서를 하는 것이 좋겠다.

  사실 필자는 감사관과 피 감인들 간의 중간 입장에 있다고 할 수 있다. 그래서 이런 경우에는 아무런 의사를 표시하지 않는 것이 외교적이고 무사안일 할 수 있는 방법이지만 양 측에 욕을 얻어먹을 셈 치고 칼럼니스트의 역할을 하는 것이 비겁하지 않다고 판단하여 과감히 뜨거운 감자를 건드려 보았다.

  필자는 자신이 사과할 일이 아닐 때에도 사과하여 화합을 유도하고 종국에는 상대편이 사과하도록 만든 경험이 있다. 필자의 경험이 이번에도 통하도록 용기를 내어 이 글을 쓴다. 자칫하면 양측으로부터 몰매를 맞을 각오로 이 글을 쓰지만 이 글이 독자들에게 읽힐 쯤에는 벌써 화합의 잔치가 끝나 버렸을 것을 예견하기도 한다. 대를 위하여 소는 희생될 수가 있으며 소를 위하여 대는 관대하여야 개인과 단체 모두 발전할 수 있는 것이다.

한국의 청년실업자 어디로 가야하나?

2006년 1월 5일 한국청년이 호찌민 근교의 관광지 구찌터널에서 자살한 사건이 발생했다. 이 사실이 연합뉴스 1월 6일자에 알려졌으며 호찌민에서도 이 소식을 접할 수 있었다. 구찌터널은 베트남전 당시 공산게릴라들의 지하요새이며 땅굴의 길이가 200km나 된다. 이제는 베트남 남부지역에서 가장 유명한 관광코스가 되었다. 그곳에는 사격장이 있어서 관광객에게 사격연습을 할 수 있도록 실탄 5발을 주는데 자살한 청년 K는 마지막 한 발을 자신의 머리에 발사해 자살을 하였다.

K는 더 이상 갈 곳이 없었던 것 같다. 그야말로 NO WAY OUT 이었던 것이다. 이 청년의 죽음을 그냥 보고 넘어갈 수 없을 정도로 한국 청년실업자 대책의 현실화가 시급한 시점에 이르렀다. 30대 초반인 K는 일류대학은 아니지만 대학원을 졸업하고 중소기업청의 청년실업자 해소대책의 일환인 해외시장 개척요원으로 작년에 베트남으로 와서 3개월간 해외시장 개척활동을 하였다. 그는 IT쪽에 능력이 있어서 2005년 3월부터 6월까지의 베트남 체류기간 중 IT 방면의 대기업인 서울 소재 D사의 베트남 사업인 한국어 어학당 공사를 도맡아 해 왔다. 그 일을 맡길 때 D사의 해외사업부장은 그에게 그 공사가 끝나면 정식직원에 채용하겠으며 그에 해당하는 해외 체재비를 지급하기로 약속했다고 그와 친하게 지내던 다른 동료가 말했다.

공사가 끝난 후 D사는 K에게 한 약속을 지키지 않았고 베트남 사무소장을 현지인으로 임명하였다. 일설에는 베트남 사무소장을 향후 마케팅을 원활하게 하기 위하여 베트남 고관의 아들로 정했다고 한다. 따라서 K는 D사의 베트남 사무소 대표가 될 기회를 잃어버린 것이다. 설상가상으로 본사의 사장이 바뀌면서 K는 팽당하게 되었으며 K에게는 더 이상 해외체재비용이 지급되지 않았다. 중기청에서 지원하던 해외시장 개척비용도 기간이 만료되어 끊어진 상태에서 D사의 약속도 지켜지지 않자 K는 앞길이 막막하였다. 한국에 돌아가 보니 지병을 가진 형님이 돌아가신 상태이고 생활능력이 없는 노모를 부양해야 할 책임만 남아 있고 생활대책이 없었다.

베트남에서 D사의 지사장으로 임명되어 노모를 모셔 와서 생활해야 되겠다는 청운의 꿈이 산산이 부셔져 버렸다. 한국에 일자리도 없어 헤매다가 베트남에서 일하게 된 그 기쁨이 큰 만큼 실망도 컸던 것이다. 베트남에서 여기 저기 일자리를 찾아 다녀 보았지만 IT전문가인 그를 받아 줄 만한 한국 회사는 없었고 베트남 회사에 취직해서 받는 월급으로는 노모를 모셔올 수가 없었다. 혼자 몸이라면 어떻게 해서라도 방법을 찾아보겠는데 노모까지 부양하기에는 역부족이었던 것이다.

그가 죽은 후의 호찌민 상황은 어땠는가? 가족이 아무도 오지 않아서 한인회에서나 영사관에서 이 사건의 처리를 위하여 동분서주하였다. 특히 해외 시장 개척요원으로 이곳에 남아 있는 동료들이 힘을 합하여 도움의 선봉에 서면서 한인교회에도 협조를 요청하였던 것 같다. 마침 교회에는 목사님과 장로님이 출장 중이어서 어떤 단체에서 협조공문을 보내 달라고 요청하였다. 그러나 어느 단체에서도 이런 일로 공문을 보낼 입장이 아니었던 것 같다.

누구도 협조공문을 보내지 않았고 교회에서는 협조를 하지 못하는 것으로 결론이 난 모양이다. 이 과정에서 어떤 오해가 있었는지 모르지만 1월 13일자 한겨레 인터넷 신문에는 영사관이 할 일을 교민에게 떠맡긴다는 비난성의 기사가 게재되었다. 담당 영사의 입장이 난감하였을 것이다. 영사관에서는 열심히 일을 하였지만 어떤 과정에서 오해가 있었을 것이고 그것이 감정을 격하게 만들어 이런 기사를 쓰게 한 요인이 아닌지 모르겠다. 아무튼 기사를 쓸 때는 충분한 인터뷰를 거친 후 써야 인민의 지팡이 역할을 한다는 것을 유념하였으면 좋겠다는 생각이 든다.

오래 전부터 호찌민 교민사회에는 장례를 맡아보는 변 사범이라는 경찰학교의 태권도 사범이 이런 궂은 일을 도맡아 해 오고 있다. 그동안 많은 시신들에 대하여도 말썽 없이 처리해 왔었는데 왜 이번 경우에는 이렇게 신문에도 날 정도로 이슈화 되었는지 모르겠다. 아마 무연고자 그리고 자살이란 특수한 경우가 발생했으며 또한 그가 건장한 청년이었기 때문이 아닐까 하는 생각이 든다.

K군의 자살사건을 계기로 한국청년 실업자들이 가야할 길이 어디인지 한번 돌아볼 필요가 있다. 한국의 대졸실업자가 80%가 되어버린 이 마당에 소 잃고 외양간 고치는 격이지만 정부에서는 실질적인 방향을 제시해 주어야 한다. 대량 실업자를 양산하는 우리나라의 교육정책이 과연 현실에 맞는 것인지 짚고 넘어가야 한다. 정부의 현 교육 정책은 나약하고 이기적인 청년을 양산하고 있으며 경제 정책 또한 실업자에 대한 배려를 하지 않고 외국 근로자 수입으로 고급 실업자를 양산하고 있으니 나침반 없는 선박처럼 방향을 잃고 있다. 정부는 언제 암초에 걸려 좌초할지 모른 채 한

국청년들을 싣고 어디론가 항해하고 있다.

　취직을 못한 대졸 학생들은 대학원에 진학하여 백수생활을 면하려고 하지만 대학원 졸업생은 고교 졸업생보다 취직하기가 더 힘드니까 학력을 낮추어서 취직하는 사례들이 많이 발생되고 있는 실정이다. 그렇게도 하지 못하는 마마보이들은 대학원을 졸업하고도 취직을 하지 못하는 현실을 비관하여 자살해 버린다. 대학이나 대학원은 실제 학문을 연마할 능력이 있는 학생만 받고 나머지는 고교 졸업 후 바로 직장으로 취직하여도 별로 차별이 없이 대우해 주는 시스템을 개발해야 하는데 정부에서는 대학을 무더기로 인허가하여 취직을 못하는 학생들의 도피처를 만들어 주고 있다. 이름도 알지 못하는 대학들이 개인회사가 생겨나듯 우후죽순처럼 생겨났다. 대학은 고교로 가서 학생들 유치활동을 하는 세일즈도 한다고 하니 참 세상이 바뀌어도 많이 바뀌었다. 한국의 문교 정책이 청년 실업자를 양산하는 역할을 하고 있다.

　현재 정부에서 실시하고 있는 해외 인턴사원 지원제도나 시장 개척 요원 지원제도는 그런대로 성과를 거두고는 있지만 해외에서 낙오되는 사람들은 국내에서 낙오되는 사람들보다 더 심각한 문제를 발생시키고 있다. 호찌민에도 노숙자들이 늘어나고 있다는 사실이 그냥 소문이기만 바랄 뿐이다.

　K군의 자살 소식을 듣고 한국청년 실업자 대책의 미미함을 탓하며 한스러운 마음을 주체할 길이 없어 몇 자 적어 보았다. K군의 죽음을 계기로 뜻있는 분들이 나서서 청년실업자들에 대한 어떤 대책을 세워 줄 수 없을까 하는 기대를 해본다. 사실 필자는 K군을 만나서 그의 진로에 대하여 상담해 준 적이 있다. D사의 명

함을 갖고 있었으며 베트남 IT 시장의 현황에 대하여도 의견을 나누었다. 예의도 바르고 성실성이 있어 보이던 K군의 모습이 지금도 눈에 선하다. 어딘지 어두운 구석이 있다고 생각을 했지만 자살을 할 만큼 심각한 상태로 느끼지는 못하였다.

그의 시신은 베트남 병원의 영안실에 안치되었고 그곳에 빈소가 차려져 있었다. 문상 온 손님이 몇 사람이 되지 않는 쓸쓸한 빈소에 수수한 차림의 베트남 아가씨가 홀로 빈소를 지키고 있었다. 망자에게 재배를 한 후 누구신지 물었더니 K군의 여자 친구라고 하는 것이다.

결혼은 물론 약혼도 하지 않은 여자 친구가 자살한 남자 친구의 빈소를 지키고 있는 것을 보고 베트남 여인을 재평가하지 않을 수 없었다.

사랑하는 여인에게도 자신의 고민을 상세히 알리지 않은 채 외롭게 숨져간 한국 청년! 그의 자살은 한국 청년 실업자의 고뇌를 대변하고도 남음이 있었다.

초대장

몇 년 전의 일이다. 홀인원을 4번째 했을 때 동호회 멤버들이 한 턱 내라고 아우성이었다. 그 때의 동호회는 GAMMA TOUR 라는 회였는데 서양인들이 중심이 되어있고 베트남인 골퍼들도 몇 명 있었고 동양인 골퍼들은 나라별로 한두 명씩 섞여 있었다. 모두 30명 정도의 회원들로 구성되어 있었다. 당시 총무를 보던 영국인이 사기를 당하여 모아둔 회비까지 날아가 버려 깨어져 버린 동호회였는데 아무튼 매월 만나 실력을 겨루던 괜찮았던 동호회었다.

송베 골프장으로 기억된다. 그 때 한국 음식점이 송베 골프장 부근에 생겨서 송베에서 골프를 한 후 그곳으로 모두 모이라고 저녁 초대를 하였다. 30명 분의 뷔페를 준비해 놓고 저녁 7시에 모이라고 하였건만 10명 정도밖에 참석하지 않았다. 20명 정도의 음식이 낭비가 되어버렸다. 양주도 몇 병 준비해 놓고 가라오케도 설치해 놓았는데 손님이 별로 없어 한산한 파티가 되어버렸다.

그렇게 한턱내라고 하던 사람들이 멍석을 깔아 놓으니 나타나지 않아서 야속했지만 곰곰이 생각해 보니 나의 실수였다. 파티에 초대를 하려면 적어도 일주일 전에 초대장을 보내어야 하는 것을 골프 친 후 당일 날 저녁 먹으러 오라고 구두로 전하니까 선약이 있는 사람도 있었을 것이고 위치도 잘 모르는 사람들이 있었을 것이다. 그래서 항상 초대는 적어도 일주일 전에 초청장을 주면서 해야 하는 것임을 깨달았다.

그리고 베트남인 들을 비롯한 외국인들은 초대장이 없는 행사에는 잘 나타나지 않는다는 것을 알았다. 하긴 베트남 사람들은 자기 생일에도 일일이 초청장을 예쁘게 만들어 보낸다. 젊은이들은 생일날 자기 월급의 몇 배를 써 버리는 사람들도 많다. 이런 관습도 차츰 바뀌어져 가겠지만 자기가 태어난 날을 무슨 성탄절로 착각하는 것이 아닌가 하는 생각도 든다.

초청장에는 R.S.V.P 라는 말이 마지막 부분에 써 있는데 참석 여부를 확인해 달라는 요청이다. 그러나 한국인들은 대체로 참석 여부에 대한 확인을 해 주지 않기 때문에 중요한 사람들에게는 초청장을 보낸 후에도 일일이 전화를 해서 확인을 받아야 한다. 그렇지 않고는 몇 명 정도 올지 예상하기가 힘들다.

그리고 Dress Code 는 꼭 적어 주는 것이 좋다. 어떤 모임에는 모두가 정장인데 혼자서 캐주얼을 입고 와서 어색해지는 경우가 있고 또한 모두 캐주얼인데 혼자 정장을 하고 나타나는 것도 어색하기 짝이 없어지는 것이다. 사실 이런 경우가 자주 발생하기 때문에 초청장에는 Dress Code가 필수이다. 위에 언급한 GAMMA TOUR라고 하는 동호회의 연말 파티에서는 나비넥타이를 매고 오라고까지 지정하여져 있어 평생 매어 보지 않았던 나비넥타이를 구해서 목에 달고 갔더니 참 어색하였다. 서양인들은 폼이 나는데 동양인들은 웨이터 같은 느낌이 들었다. 그래도 그 때 나비넥타이를 매지 않았더라면 평생 한 번도 보우타이를 매어 보지 않았을지 모른다.

지난 6월 초에는 APEC 통상장관 회의가 있어서 호찌민에 교통이 통제되는 일이 많았다. 6월 1일에는 베트남 무역부 장관이 20개국의 장관과 각국 비즈니스 그룹의 대표들을 오찬에 초청하였다. 필자도 초대되어 12시 30분에 소피텔 호텔에 갔더니 장관들은 오지 않고 비즈니스 대표들만 모여 있었다. 사회자가 발표하기를 다른 곳에서 진행된 회의가 늦어져서 1시간 정도 기다려 달라고 한다. 할 수 없이 이 사람 저 사람과 이야기를 하면서 시간을 보내는데 1시간이 되어도 오지 않았다. 거의 2시가 가까워 와서야 장관들이 입장하기 시작하였다. 그런데 희한한 것은 모두들 불평하지 않고 장관들의 입장 시 박수로 환영하는 예의를 갖추었다. 장관들의 일정은 바쁘니 우리가 이해해야 한다는 뜻이리라. 그래서 오후 2시가 되어서야 점심식사를 시작할 수 있었다.

필자에게 보내어진 초청장에는 TABLE : DIAMOND라고 적혀져 있었다. 그런데 대부분의 테이블에 DIAMOND라고 써 있었고 장관이든 비즈니스 대표든 아무 자리에 앉으면 되게 되어 있었다. 그래서 자연스럽게 각국 통상장관들과 각국 비즈니스 대표들이 어우러져 앉아서 식사를 하면서 이런 저런 이야기를 나누었다.

어떤 장관들은 넥타이를 매지 않았다. 그래도 그것이 이상하다거나 예의에 벗어났다고 생각하는 사람은 없는 것 같았다.

한국은 장관이 오지 못하고 외교통상 교섭본부장이 대신 왔다. 그 분과도 인사를 하면서 명함을 주었는데 자신의 명함을 필자에게 주지 않아서 이름을 기억할 수 없다. 명함이 떨어져서 미안하다는 말을 하긴 했지만 외교관이 그런 준비도 하지 않다니 하는 생각이 들었다. 수행원들은 몇 명씩이나 데리고 다니면서 그런 기본을 소홀히 하는데 대해서 유감스런 마음이 들었다. 대신 주제발표는 잘 하여서 외국인들로부터 한국 잘 한다는 말을 들을 때 우쭐한 기분이 들었다.

한국인들은 예약 문화가 아직 성숙되지 않아서 어떤 행사를 할 때에 가장 신경이 쓰이는 부분이 몇 명이 올지를 예상하는 일이다. 예약 신청을 해 놓고도 나타나지 않는 사람들이 있는가 하면 예약을 하지 않고도 불쑥 나타나기 때문에 행사를 몇 번 해 보면 통계가 나온다. 보통 20% 정도가 예약 후 나타나지 않고 20% 정도가 예약 없이 나타나기 때문에 피장파장이 되긴 하지만 예상을 잘 못하면 불필요한 낭비를 가져온다. 50명 분의 식사를 예약해 놓았을 때 40명이 오면 10명 분도 지불해야 하기 때문에 예산 낭비가 되는 것이다.

 6월 중순에는 경남도지사가 방문하였는데 경남도에서 운영하는 호찌민 사무소는 비상이 걸렸다. 동나이 성과 자매 결연을 맺은 지 10주년이 되는 기념행사에 참석하기 위하여 도지사가 동나이와 호찌민을 방문한 것이다. 호찌민 사무소에서는 만반의 준비를 하느라고 동분서주 하였지만 초청장을 보내지 않아서 이곳저곳 차질이 빚어졌다. 요즘은 꼭 초청장을 보내지 않아도 스케줄을 팩스나 메일로 주어도 되지만 말로만 언제 참석해 주세요 라고 하면 안 된다. 초청을 받는 사람의 대부분은 바쁜 스케줄대로 움직여야 하기 때문에 구두로 한 말은 별로 신경을 쓰지 않고 잊어버리는 경우가 많다. 그래서 초청장을 보내는 것이 실수를 예방하는데 도움이 된다. 아무튼 경남 도지사 일행은 만족스런 방문을 마치고 돌아갔다.

 한국인은 청첩장은 꼭 보내면서 초청장은 소홀히 하는 경향이 있다. 초청장을 일일이 보내지 않더라도 프로그램이나 스케줄을 보내어 알려야 한다. 프로그램이나 스케줄에는 예약하라는 안내가 있으나 한국인들은 예약을 잘 하지 않는다. 선진국으로 진입하기 위해서는 의욕만 있어서 되는 것이 아니다. 관습에 이런 인프라가 더 구축되어야 한다.

 예약, 배려, 정직 등.

자선을 위한 소통

KOCHAM(한인상공인연합회)에서는 연 중 가장 큰 행사인 베트남 장애인 돕기 자선골프대회를 11월 4일에 개최하였다. 어떤 행사를 할 때에는 목적이 뚜렷해야 하므로 이번에는 자선과 코참 기금 모으기라는 목표설정을 분명히 하였다. 그래서 5만 불 목표를 설정하고 메인 스폰서를 교섭하였으나 실패했다. 작년에는 삼성전자에서 20,000불을 스폰서 하여 어렵지 않게 목표를 달성하여 호찌민 장애인협회에 25,000불을 보낼 수 있었으나 올해에는 예상했던 메인스폰서들의 영업활동이 부진하여 메인 스폰서 교섭에 실패하여 20,000불정도만 성금전달이 가능하였다.

다행히 10월 25일에 기공식을 한 금호타이어와 금호건설이 2,500불씩 5,000불을 모아주어 금호아시아나 그룹 명의로 5,000불의 Major Sponsor가 있어서 베트남장애인 돕기를 계속하는데 큰 도움이 되었다. 그러나 올해부터는 호찌민, 동나이, 빈증 그리고 바리아붕따우 성에 5,000불씩 분배하였기 때문에 20,000불의 성금을 4곳으로 나누어 전달하였다. 그리고 호찌민의 어린이장애인협회에 1,000불을 더 전달하기로 하였다.

그 외 1,000불에 해당하는 현금과 물품이 25곳이나 되었고 몇 백 불씩의 소액 현금과 물품도 다양하게 찬조되었다. 성금을 모으는 과정에서 여러 가지 해프닝이 있었다. 소액이나마 사무국으로 찾아와서 전달하면서 격려해 주는 사람이 있는가 하면 사무국 직원을 이곳으로 오라 저곳으로 오라하면서 뺑뺑이를 돌리는 사람도 있었다. 어쨌든 네 지역의 인민위원회와 장애인협회 대표들을 모아서 200명 정도의 사람들이 모인 5성 호텔의 볼룸에서 성금을 전달하였다. 일부에서는 고급호텔에서 만찬을 하는 비용도 아껴서 자선을 하면 좋겠다는 의견이 있었으나 전체적인 상황으로 볼 때 협찬사들의 광고도 매스컴에 해야 하고 중요인사들이 모이는 점을 감안하면 안전이 보장된 호텔에서 하는 것이 더 좋다는 의견이 지배적이다.

참가비가 비싸다는 불평이 있고 연회비를 제 때에 잘 내지 않는 회원들이 많아서 올해는 10월 30일까지 연회비를 납부한 회원에 한하여 50% 할인을 하였으며 비회원은 종전대로 100불과 120불을 받았다. 코참 회원우선으로 하고 비회원도 회원으로 유도하는 이중 효과를 기대하였다. 골프장의 비회원인 경우 골프장에 60불을 내고 만찬비용이 30불이므로 90불이 원가인데 코참 회원사의 임직원들과 가족들은 50%의 할인혜택을 주므로 60불만 내게 되므로 30불의 적자가 발생한다. 그래서 전반적으로 계산해 보면 3,000불 정도의 적자가 발생했다. 이 부분은 각단위협의회의 보조비로 충당하였다.

결과적으로 소기의 목적을 달성한 성공적인 행사였다. 그러나 행사 준비 중에 깨달은 사실은 사람이 살아가는 방법 중에 가장 중요한 것의 하나는 의사소통이라는 것이다. 소통이 잘 되지 않아서 오해가 발생되고 분쟁이 발생하는 사실을 새삼 알 수 있었다. 그리고 평균적으로 볼 때 아직 한국인은 선진국 사람들이라고 보기 힘들다는 사실도 깨달았다. 예약을 제 때에 하지 않는 것은 물론 예약을 해놓고도 취소통보도 하지 않고 나타나지 않는 사람들이 있기 때문이다. 160명 이상 받을 수 없어서 15명의 참가신청을 수용할 수 없었다. 그런데 실제 나타난 사람은 151명이니 9명이 예약을 취소하지 않아서 실제로 참가신청한 사람들이 참가할 수 없게 된 것이다. 일단 예약을 해 놓고 불가피하게 오지 못하면 미리 통보해 주면 Waiting List에 올라온 사람들에게 기회를 줄 수 있는데 가타부타 말이 없이 나타나지 않으니 참 안타까운 현실이다. 이 9명 때문에 한국인 전체를 통틀어 선진국에 오를 자격이 없다는 판단을 하게 되는 것이다.

중요한 일은 회장인 필자가 각 회원사의 대표들과 교섭을 하여 협찬을 받기로 약속하고 구체적인 일은 사무국의 실장과 회원사들의 실무자와 진행하게 된다. 그러나 결과가 전혀 엉뚱한 사실로 나타나기도 한다. 협찬 내역이 2,500불 어치인데 1,000불로 둔갑하는가 하면 협찬사의 회사명도 다른 것으로 바꾸어서 이미 제작된 광고판을 다시 만들어야 하는 경우가 발생한다. 그뿐인가. 상관의 참석을 팩스로 이미 보냈다고 했으나 팩스를 받은 사실이 없고 어떤 이는 자기 상관의 참석이 불가능하다고 분명히 이야기 해놓고 왜 참가 신청자 명단에 없는가 하면서 떼를 쓰기도 한다.

베트남 진출기업들은 참 바쁘고 한 사람이 일하는 분량이 너무 많은 것 같다. 도저히 짬들을 내지 못하고 이일 저일 한꺼번에 하다보니까 본인의 기억용량이 넘치고 메모한 내용도 기억해내지 못하는 것 같다. 그렇지만 자기 실수를 인정하지 않고 그 실수를 상대편 탓으로 넘기는 행위는 지양해야 하겠다.

한국인들끼리도 이렇듯 의사소통이 원활하지 않은데 한국인과 베트남인들과의 소통은 오죽 하겠는가. 며칠 전 호찌민 인문사회과학 대학에서 한국어 말하기 대회가 열렸다. 필자가 심사위원장으로 위촉되어 각 대학 한국어학과에서 본선으로 올라온 22명의 베트남 학생 참가자를 심사했는데 90% 정도의 실력을 갖춘 참가자들이 있지만 평균적으로 볼 때 한국어 이해도가 70%가 되지 않았다. 한국인들끼리도 의사소통이 원활하지 못한데 불완전한 통역이 중간에 끼일 경우에는 의사전달이 100% 된다는 생각을 가지지 말아야 한다.

호찌민에서 꽤 큰 기업의 한 대표는 왜 베트남인에게 자선을 해야 하는지 퉁명스럽게 되묻기도 하였다. 참 한심한 사람이다. 그런 사람이 어떻게 기업을 이끌어 나가는지 모르겠다. 베트남 장애인을 도움으로써 베트남인들이 한국기업들에게 좋은 인상을 갖게 되며 앞으로 예상되는 노사문제의 해결에 도움이 되게 된다는 것은 기초적으로 알 수 있을 것이다. 또한 베트남 정부의 한국기업에 대한 우호적인 관계를 유지하는데 베트남의 불우한 이웃을 돕는 일만큼 적절한 일은 없을 것이다. 그래서 자선 바자회도 하고 자선골프도 하는 것이다.

우리가 베트남에 살지 않고 한국에 산다면 한국인의 불우이웃돕기부터 할 것이나 우리가 현재 살고 기업을 하는 곳은 베트남인 것을 잊지 말아야 한다. 각 동호회나 단체에서도 모임의 목적에 불우이웃돕기라는 목표설정을 추가해 주면 우리 교민들이 베트남이라는 이국땅에서 살면서 더욱 편안하고 보람된 커뮤니티를 형성해 나갈 수 있을 것이다.

베트남 교민사회

　베트남 교민수가 5만을 훌쩍 넘어섰다. 대체로 호찌민과 주변을 비롯한 남부에 4~5만 명이라고 보면 하노이와 주변에는 5천 명 정도로 추산된다. 북쪽보다 약 10배 정도의 교민이 경제수도라고 일컫는 호찌민을 주변으로 산재해 있다. 가지 많은 나무에 바람 잘 날 없다는 속담이 있듯이 교민수가 늘어나는 만큼 사건사고도 잦아지고 있다.
　한국식당도 150개가 넘는 것을 보면 베트남은 한국인들이 살기에 여러모로 괜찮은 모양이다. 아마 관혼상제와 역사의 흐름이 비슷한 탓이 아닐까 하는 생각이 든다. 베트남 역사도 한국과 비슷한 왕조가 명멸하였다. 한국의 이씨조선이 500년을 이어온데 반하여 베트남은 100년이나 200년으로 짧은 왕조가 많은 것을 보면 베트남의 정변이 더 잦았던 것 같다.
　역사와 전통이 비슷하다고 해서 국민의 생각도 비슷한 것은 아닌 것 같다. 한국과 상이한 국민성을 여러 곳에서 엿볼 수 있지만 그 중에서 몇 년 째 불고 있는 영어 열풍에 대하여 고찰해 보면 사뭇 다른 면을 발견할 수가 있다. 15년 전의 베트남인들의 영어발음은 사실 알아듣기 힘든 경우가 많았다. 그러나 베트남이 외국인에게도 활짝 문을 열어젖힌 후로 미국과 유럽인들이 많아지면서 원어민을 모방한 영어 구사가 활발해지면서 영어를 썩 잘하는 베트남인들이 많아졌다.
　베트남인들은 배운 것을 십분 활용하는 반면에 한국인들은 배운 것의 반도 활용하지 못하는 것 같다. 그러니 같은 시간에 배운

영어 구사능력은 한국인을 훨씬 앞서가는 것이 사실이다. 이는 체면이나 부끄럽다는 문제에서 찾아볼 수 있을 것 같다. 무역에서 있어서도 훨씬 개방되어 있어서 웬만한 것은 모두 수출입할 수 있다. 그래서 두리안 등 열대과일이 자국에서 나면서도 태국 것을 수입해서 팔고 있다. 옛날의 한국은 어땠는가? 어릴 적 가장 먹고 싶은 것이 바나나였고 바나나는 아무나 수입할 수 있는 품목이 아니었으며 대만에 사과를 수출하는 수출업체에 바나나 수입권을 주는 등 바터 교역 등으로 철저히 외제품 수입을 제한하였다.

베트남은 대체로 한국의 경제발전 단계에서 따져보면 30년 정도 뒤져 있다고 볼 수 있지만 어떤 품목은 거의 같이 갈 정도로 빠른 성장속도를 내고 있다. 일본이 지난 10년을 헤매는 동안 그나마 한국은 베트남에서 선점을 하는 기회를 포착할 수 있었다. 사실 일본기업은 진출하기 전에 철저한 조사를 거쳐 진출한다. 반면에 한국의 중소기업들은 감으로 결정하고 투자 후 대책을 세우는 경우가 많다. 그러다보니 실수를 연발하는 경우도 있지만 빠른 변화의 시대에 부응하는 효과도 있다.

투자결정은 6개월 이내가 좋을 것 같다. 그렇다고 철저한 조사도 거치지 않고 덥석 결정해 버리는 경우가 있어서 안타깝다. 적어도 보증금을 주기 전에는 기초조사 정도는 완벽히 해야 하는데 어떤 개인만 믿고 결정하여 후일 바가지를 썼다 아니다 다투는 것을 보면 참 한심한 생각이 든다. 작든 크든 30만 불이 넘는 투자는 스스로 사업계획서를 만들기도 해야겠지만 전문기관에 용역을 주어 조사를 해야 한다. 조사비용 2% 정도도 아까워서 요리조리 무료로 물어보고 결정하게 되면 후일 후회하는 경우가 많이 발생한다.

　한국식당이나 공공장소에서 무례한 사람들은 교민들보다는 관광객이 더 많은 것 같다. 후진국에 왔으니 후진국에 사는 사람들도 모두 도매금으로 판단해서 오만방자해 진다. 이런 사람들은 어디로 보내야 할까? 지옥으로 보내는 방법은 없을까? 하긴 천당으로 보내 준다고 해도 아무도 가려고 하지 않는다. 일단 죽어야 하니까. 그러니 지옥으로 보내기는 더욱 힘들다. 선하게 사는 사람들이 더 못살고 나쁜 행위를 하는 사람들이 더 잘 사는 것 같은 것은 한국이나 베트남이나 마찬가지인 것 같다.

　경제발전만 있었을 뿐이지 예나 지금이나 사람의 의식수준은 경제발달과 비례하지 못하는 것 같다. 요즘 자기주장이 강한 사람들이 많다. 흑백논리를 펴는 사람들은 졸부 중에 더 많다. 이익단체인 회사 같은 곳이나 공무원 사회에서는 위계질서가 있어서 그런대로 질서가 지켜지지만 각종 모임이나 비영리 단체에서는 목소리가 큰 사람이 이기는 경우가 많다. 그렇지만 그 목소리는 오랫동안 큰 소리를 내지 못하게 된다. 합리적으로 대다수가 같은 생각으로 이어갈 때 그 목소리는 지속적일 수가 있게 되는 것이다.

　쟁쟁한 회장감이 많이 있지만 여러모로 부족한 필자가 한인상공인연합회의 회장으로 연임이 되었다. 어쨌든 리더가 되었으니 어디로 가야할지 방향제시를 해야 한다. 그러기 전에 회원들이 원하는 것이 무엇인지 가려운 곳이 어디인지 파악하여 크루즈의 키를 잡아야 한다. 사실 베트남에 투자한 기업들은 너무 바빠서 설문서를 보내도 그에 답하는 것조차 시간적 여유가 없는 기업이 대부분이다. 찾아가서 문의하여 답을 얻어내야 한다. 그러기에는 예산확보가 되어 있지 않으니 답답하다. 그러나 이익사업을 벌여서 그나마 2006년 재임 시에는 5만 불의 흑자를 내었다. 그것도 21,000불의 자선기금을 베트남 장애인들에게 지급하고 남은 돈이니 알뜰 경영을 했다고 생각되지만 더 잘할 수 있었는데 하는 아쉬움도 남는다.

참 바쁘게 생활하다가 보면 우리는 어디로 가고 있는지 모를 경우가 많다. 확실한 답은 무덤으로 가고 있다. 그것도 정확하지 않다. 자신의 뼛가루가 사이공 강에 뿌려질지 한강에 뿌려질 지도 모르면서 우리는 아등바등 살아가고 있다. 사람이 살아가는 데에 있어서 가장 필요한 것이 돈이다. 그러나 그것을 부정하는 사람들도 있다. 일생을 돈 걱정 없이 좋은 직장에서 안전하게 생을 영위하는 사람들은 행복한 사람들이다. 그러나 온전히 행복한 인생은 없다. 호사다마가 있을 수 있으며 신은 우리에게 일생에 몇 번은 시련을 준다. 신을 부정하는 사람은 운명을 논할 것이고 일생을 통해 항상 좋은 사주팔자는 없다.

KOCHAM 사무국은 총영사관 별관의 한인회 옆 사무실에서 있으며 한인회와 의좋게 사업을 진행하고 있다. 한인회는 교민전체를 위한 단체이고 KOCHAM은 상공인연합회이며 베트남 정부로부터 허가를 받아 사업을 하고 있으며 사업보고를 매년 해야 한다. 양 단체가 맡은 바 업무를 성실히 해나가고 있다. 누가 교민의 대표기관이냐 상급기관이냐 따질 때가 아니다. 인위적인 해석을 하지 말아야 한다.

베트남 법을 잘 지켜나가며 맡은 바 직무를 해나가다가 보면 언젠가는 위계질서가 자연히 잡혀질 것이다. 실제상황이 다른데 형식에 억지로 끼워 맞춰 나가다가 보면 부작용이 생겨나는 법이다. 베트남 교민사회는 원로회가 정도를 걸으며 교통정리를 잘하고 있으며 관민이 우호적이어서 세계적으로 모범적인 교민사회가 형성되어 있다. 부인회 및 각 단체의 활동 역시 자랑스럽다. 각자가 맡은 바 직무를 다해갈 때 우리가 어디로 가야할지는 명약관화 하여 지는 것이다.

머지않아 교민의 수가 10만을 넘을 것이다. 그 때를 위한 준비를 미리 해 놓아야 한다. 교육은 백년지대계라 하지 않던가. 불어나는 학생들을 위하여 학교증축을 서둘러야 한다. 그래야 앞으로 예상되는 혼돈을 미연에 방지할 수 있다. 기업들 또한 힘을 모아야 한다. 사건이 터지고 난 후에 허둥대지 말고 미리 미리 연합하고 정보를 교환해야 한다. 각자의 성을 쌓지 말고 소통할 수 있는 인프라를 구축해 놓아야 한다.

대책 없는 비난만 일삼지 말고 타당성 있는 비판을 하여 바르게 나가도록 의견을 개진해야 한다. 현재 우리가 처해있는 실정을 충분히 이해하고 그 바탕 위에 실현 가능성 있는 계획을 세워서 차근차근 각자의 목표를 향해 전진할 때에 어디로 가야하는 지 이정표가 보이는 것이다.

동상이몽

교민이 부쩍 늘어가는 요즈음이다. 이런 추세로 가면 내년이면 10만이 넘어갈 수도 있겠다는 생각이 든다. 교민이 늘어가는 수에 비례하여 사건사고도 늘어난다. 근래에 조폭을 수입하여 문제를 해결하려는 어이없는 시도도 벌어졌다. 이번의 조폭 개입사건은 동업자들끼리 서로 이해관계가 상충되고 오해가 겹쳐서 일어난 일이라고 추정되며 이해 당사자들끼리 다시 만나서 해결을 했으면 좋겠으나 법정싸움으로 비화되고 있는 모양이다. 그러나 불법적인 부분은 차제에 특별 관리하여 이런 일이 재발하는 것을 방지하여야 하겠다.

동업 중에서 가장 위험한 경우가 기술자와 자본주와의 동업이다. 동업도 자본을 얼마씩 내어 놓고 전문경영인을 고용하면 파국이 적어지는데 기술자 혹은 전문경영인에게 지분을 얼마 주는 형태의 동업은 처음에는 즐겁게 시작되나 갈수록 문제가 쌓이게 된다. 동상이몽이 깊어지고 문제를 아전인수 격으로 해결하려는 것은 어쩔 수 없는 보통 인간의 한계이다. 기술자는 내가 아니면 절대 이 일이 진행될 수 없다고 생각하고 자본주는 내 돈이 아니면 진행될 수 없다고 생각한다. 또한 기술자는 자본주는 얼마든지 구할 수 있다고 생각하고 자본주는 그까짓 기술 가진 사람 얼마든지 있다고 생각하게 되는 것이다.

분쟁의 씨앗은 지분을 합리적으로 나누어 가지지 않을 때와 한쪽의 약속 불이행 때문에 생기는 것이다. 계약서대로 이행하지 않을 때의 벌칙조항도 필요하며 계약서는 변호사가 작성하여 앞으로의 문제에 대한 대비를 하여야 한다. 어설픈 계약서와 의기투합 형의 형님 동생으로 가다보면 머지않아 이놈 저놈으로 가게 된다. 서로가 합의되지 않을 때에는 사업 경험이 많은 원로를 찾아가서 해결을 부탁하고 여의치 않으면 법정으로 가야 되나 오해의 골이 깊어지면 법보다 주먹이 앞서게 되는 경우가 발생하며 조폭의 힘으로 해결하려는 시도도 하게 되는 것이다.

필자도 호찌민에서 조폭에게 당한 경험이 있다. 필자의 경우는 이해당사자의 분쟁으로 일어난 것이 아니라 필자를 굉장한 부자로 오해한 낙오자들의 음모에 의한 사주였다. 필자는 그 때 조폭에게 납치되었다가 회칼의 시퍼런 날 앞에서도 정신을 바짝 차리고 진실을 밝혀주면서 지혜로 빠져 나왔다. 내가 말한 사실이 하나라도 거짓이 있다면 언제든지 나를 죽여도 좋다고 설득하고 집과 주소를 모두 알려 주었다. 진실을 파악한 그 조폭들은 사주한 사람의 거짓을 알게 되었고 급기야는 그 조폭이 필자를 위하여 목숨을 바쳐 일하겠다는 제안을 받았었다. 하마터면 조폭의 두목이 될 뻔한 일이 있었다.

10년 전의 일이었으니 조폭의 추억이 새롭게 살아난다. 그런데 힘없는 단체장보다 조폭두목이 되어서 건방지고 버르장머리 없는 친구들을 혼내주고 억울한 사람을 도와주는 사람이 되었으면 더 좋았을 걸 하는 엉뚱한 생각을 해 보기도 한다.

한국인들의 동업은 의기투합 형이 많아서 깨지는 경우가 많다. 이제 한국계 법률회사들도 많이 진출했으니 동업을 하려면 로펌에 가서 될수록 자세한 계약서를 만들어 달라고 하는 것이 좋겠다. 동업을 하게 되면 누구나 동상이몽을 꾸게 되며 또한 아전인

수 격으로 생각하게 되어 자기의 공이 더 크다고 생각하게 되는 것이다. 처음에는 내가 좀 밑지면 되지 뭐 하는 생각을 하면서 시작하게 되나 세월이 지나면서 상대편의 떡이 점점 더 커 보이게 되는 것이다. 이는 결혼생활도 마찬가지다. 부부간에도 재산을 분배해야 될 지경에 도달하면 부인은 가사로 인한 공이 돈을 벌어다 준 남편의 공보다 더 크다고 생각하고 남편은 그 반대로 생각하는 것이다. 그래서 이혼을 하면 재산을 반반씩 나누어 가지는 것이 합리적이라고 생각하는 판결이 나게 되고 부자 서양인들은 이혼을 하게 되는 경우의 재산 분배에 대한 사항을 결혼 전에 미리 계약서를 만들어 후환을 방지하기도 한다.

금액이 적은 분쟁에서도 동업으로 인하여 친한 사이가 멀어지게 되는 이유는 사람의 생각은 얼굴 모양만큼이나 모두 다르기 때문에 간단한 메모를 하여 피차 돈 문제에 있어서는 명확하게 할 필요가 있다. 굉장히 친하게 지내다가 금전문제가 개입되면 돌이킬 수 없는 적이 되는 경우가 많다. 친한 사람들끼리는 될수록 돈 문제를 명확히 하여 오해가 발생할 여지를 예방하여야 하겠다.

어떤 분은 오래 전에 빌려준 돈이 있는데 이 핑계 저 핑계대면서 갚을 생각을 하지 않아서 조폭을 사용하여 채권회수를 해야겠다는 생각을 하고 있다고 한다. 조폭을 이용하지 않으면 해결되지 않을 사안도 사실 있는 것이다. 오죽 답답하면 조폭을 동원하겠다는 생각이 들겠는가. 당자가 되지 않으면 실감하기 어려운 일이다. 그러나 교민사회에 조폭이 등장하면 억울한 일을 해결하는 역할도 있겠지만 사리사욕을 취하기 위한 도구로도 사용되기 때문에 개인적인 손실보다 국가적인 손실을 가져오며 국가의 이미지

훼손은 교민의 생활에 악영향을 미칠 수가 있게 된다.

소크라테스가 악법도 법이라고 하며 독배를 마신 뜻을 새겨 보아야 한다. 어떤 경우든 폭력으로 해결하기보다는 원로를 찾아가서 분쟁되는 부분을 서로 이야기하여 자기의 생각이 항상 옳은지를 제 삼자를 통한 검증을 받아 볼 필요가 있다. 금액이 커지면 커질수록 문제는 더욱 풀기 힘들어진다. 원로를 찾아갈 때에는 양자가 소정의 금액을 지불하고 중재를 부탁하는 것이 좋겠다. 사실 한 쪽 이야기만 듣고서 판단하기가 힘들다. 양쪽 이야기를 듣고 난 후에 삼자 모두 모여서 열린 마음으로 토론의 장을 만들어야 한다.

그런데 지금 내가 가능한 이야기를 하고 있는 것일까? 분쟁이 심화되면 감정이 개입되고 감정이 이성을 누른 상태에서 원로를 찾게 되면 양측 모두 해결을 부탁한 원로를 욕하고 다른 원로를 찾아가게 될 것이고 그렇게 몇 번을 겪고 나면 자기편을 들어주는 변호사를 찾아가서 변호사끼리 법정에서 만나게 될 것이다. 미국에서는 걸핏하면 변호사를 고용한다. 사후의 변호사 고용보다는 사업을 시작하기 전에 변호사가 계약서를 작성하게 하고 분쟁이 일어나면 그 변호사가 중재하게 하는 풍토를 마련해야 하겠다.